Die Ayurveda-Küche

Elisabeth Veit

Die *Ayurveda*
Küche

Gesunder Genuß
nach der indischen
Ernährungslehre

BECHTERMÜNZ

Genehmigte Lizenzausgabe für Verlagsgruppe Weltbild GmbH, Augsburg
Copyright © 1997 by Droemersche Verlagsanstalt Th. Knaur Nachf., München
Umschlaggestaltung: Coverdesign Uhlig GmbH
Umschlagmotiv: Getty Images, München
Gesamtherstellung: Druckerei Appl, Wemding

Printed in Germany

ISBN 3-8289-1103-X

2004 2003 2002 2001
Die letzte Jahreszahl gibt die aktuelle Lizenzausgabe an.

Inhalt

9 Vorwort

13 Ayurveda – eine altindische Ernährungslehre

Der Ursprung des Ayurveda   15

Was bedeutet Ernährung nach Ayurveda?   18

Ayurveda in Europa   19

23 Die individuelle Ayurveda-Küche

Drei Charaktere – drei Doshas   26

Typgerecht essen   31

Der Dosha-Test   33

Das Ergebnis   36

37 Kochen nach Ayurveda

Sechs Geschmacksrichtungen bestimmen die Mahlzeiten   40

Lebensmittel mit Geschmacksrichtungen   44

Heiße oder kalte, trockene oder ölige Nahrung?   47

Gute oder schlechte Nahrung?   48

Ayurveda-Rezepte für die ganze Familie   50

51 Die Ayurveda-Küche in der Praxis

Tips für die tägliche Ernährung   54

Die drei Doshas im Tagesrhythmus   56

Ein Frühstück für jeden   58

Mittags kommt die Hauptmahlzeit   61

Das leichte Abendessen   62

Essen nach den Jahreszeiten   63

Alter, Klima und Umgebung beeinflussen die Doshas   68

71 Fünf Säulen des Ayurveda

Ghee oder Butterschmalz   74

Rohrzucker, Honig und andere Süßmacher   75

Steinsalz oder Meersalz?   75

Niemals Essig!   76
Gewürze und Kräuter   76
Pfanne, Topf, Wok oder Feuertopf?   84

 85   **Vorspeisen**

 97   **Salate**

109   **Suppen**

119   **Gemüsegerichte**

131   **Gerichte mit Getreide**

147   **Tofu**

153   **Fleischspeisen**

167   **Fisch und Meeresfrüchte**

185   **Die Ayurveda-Küche in Indien**
      Indische Vorspeisen   187
      Vegetarisches aus Indien   195
      Indische Fleischspeisen   207
      Indische Fischgerichte und Meeresfrüchte   215
      Indische Schonkost – Kichadis   221

225   **Desserts**

231   **Chutneys und Pickles**

237   **Milchprodukte**

243   **Brot selbst backen**

249   **Fruchtmus und Marmeladen**

261   **Getränke**

271 Typgerechte Ernährung

Ein Vata-Tag   274
Ein Pitta-Tag   275
Ein Kapha-Tag   276
Nahrungsmittel bei Vata-Dominanz   277
Nahrungsmittel bei Pitta-Dominanz   278
Nahrungsmittel bei Kapha-Dominanz   279
Verdauung – ein wichtiges Thema des Ayurveda   280

281 Ernährung und Krankheit

Störungen der Doshas   283
Dosha-Störungen beheben   284
Mit Ayurveda alltägliche Beschwerden heilen   288

291 Anhang

Adressen für ayurvedische Produkte   293
Adressen für asiatische Gewürze und Nahrungsmittel   295
Literatur   296
Bildnachweis   298
Register   299

Gewürze gehören in jede Ayurveda-Küche: Curry, Kreuz-kümmel, schwarze Linsen, gemahlene Hirse, Koriander, Gelbwurz.

Luft und Wind formen eines der drei ayur-vedischen Doshas: Vata, den von Natur aus schlanken Menschen.

Vorwort

Ayurveda bedeutet wörtlich übersetzt das Wissen vom Leben. Es ist eine Lehre von einem natürlichen, dem Menschen zuträglichen Lebensstil, einer Naturmedizin und gesunden Ernährung. Kein geringer Anspruch! Dabei soll gleich zu Beginn betont werden, daß Ayurveda keine Askese predigt. Nicht Verzicht heißt die Zauberformel für ein gelungenes, zufriedenes und gesundes Leben, sondern vielmehr maßvoller Genuß.

Ayurveda bietet Ihnen eine Ernährungslehre, die den rundum gesunden Menschen anstrebt. Wohl durchdacht und sinnvoll zusammengestellt sind die einzelnen Gerichte; und sie sollen längst nicht nur satt machen. Die Ayurveda-Küche ernährt Sie ausgewogen, versorgt Sie mit allen für den Körper notwendigen Stoffen, garantiert eine ausreichende Energiezufuhr ohne überreichliche Kalorien und befriedigt alle Geschmacksrichtungen. Gelüste auf ein Häppchen zwischendurch werden so im Keim erstickt.

Die Folge: Sie ernähren sich gesund, sind nicht übermäßig belastet, und Ihr körpereigenes Immunsystem ist ausreichend gestärkt, um mögliche Krankheitserreger abzuwehren. Damit sind wir schon beim Kern: Die Ayurveda-Küche soll und kann kleinere Beschwerden bis hin zu tatsächlichen Krankheiten kurieren, aber eben auch vermeiden. Kochen und Essen als Vorbeugung heißt die Devise.

Bereits 1925 schrieb kein Geringerer als Mahatma Gandhi in seinem Buch »Wegweiser zur Gesundheit. Die Kraft des Ayurveda«: »Es ist viel leichter und empfehlenswerter, eine Krankheit durch Beobachtung der Gesundheitsregeln zu verhüten, als eine Krankheit zu kurieren, die wir uns dank unserer Unwissenheit und Gleichgültigkeit zugezogen haben.« Tun Sie es ihm nach!

Nahrung als Heilmittel

Kochen im Sinn des Ayurveda bedeutet die Erhaltung und Stärkung des Körpers, Vorbeugung vor unliebsamen Krankheiten. Der Gesundheitsvorsorge kommt im Ayurveda eine Schlüsselrolle zu. Darüber hinaus ist aber auch der Genuß am Essen wichtig. Denn die Speisen sollen liebevoll zubereitet sein, den Appetit mit lecker riechenden Gewürzen anregen, die Verdauung unterstützen und optisch anziehen.

Nahrungsmittel nähren nach Ayurveda nicht allein ihre Esser, sie erhalten und machen sie auch gesund! Sie lindern Schmerzen, befreien von Krankheiten und steigern so die Lebensqualität. Ayurveda-Ärzte verschreiben konsequenterweise bestimmte Nahrungsmittel, Gewürze und Kräuter im Krankheitsfall. Daß Heilkräuter in der Naturmedizin eingesetzt werden, ist bekannt. Aber wußten Sie auch, daß Gurken Fieber senken können? Erkältungskrankheiten, Verdauungsbeschwerden, Fettleibigkeit mit Milch zu heilen sind? Sie finden am Ende dieses Buches eine Zusammenstellung häufiger Beschwerden, die Sie über den Küchenherd heilen können.

Ganzheitlich leben –
Körper und Geist nähren

Im Sinn des Ayurveda denken bedeutet ganzheitlich denken. Der Mensch bildet mit Körper und Geist eine Einheit. Ist ein Teil überfordert oder geschwächt, ist immer auch der andere Teil betroffen. Die Ernährung stärkt den Körper; doch wer gezwungen wird, etwas angeblich Gesundes zu essen, das er innerlich ablehnt, oder zur Askese überredet wird, der wird sich unwohl und unzufrieden fühlen. Die Folge sind Störungen – emotionale und/oder körperliche.

Auch das gesellschaftliche, soziale, landschaftliche und geistige sowie emotionale Umfeld spielt für das Wohlbefinden eine wichtige Rolle. Die natürlichste und gesündeste Ernährung nützt wenig, wenn die Mahlzeiten mit verhaßten Menschen geteilt werden müssen, wenn Zeitmangel das Leben prägt oder Ängste und Sorgen auf den Magen drücken.

Deshalb beschränkt sich die Ernährungslehre des Ayurveda nicht allein auf Lebensmittel und ihre Zubereitung, sondern sie bezieht den Lebensstil, das Alter, die Umgebung, Jahres- wie Tageszeiten mit ein.

Eine ausgewogene Ernährung schenkt neben Gesundheit und Zufriedenheit einen klaren Geist und die Fähigkeit, die eigenen Wünsche und Ziele auch tatsächlich zu erreichen. Lassen Sie sich daher mit der Ayurveda-Küche auf eine neue Form der Ernährung ein. Sie werden bald sehen: So viel müssen Sie gar nicht ändern. Es sind die berühmten Kleinigkeiten, die Ihre Mahlzeiten ausgewogener machen, Ihnen fast automatisch die gewünschte schlanke Figur schenken und Ihnen helfen, sich gesund und wohl zu fühlen.

Das Element Wasser ist gleich an der Formung zweier Doshas beteiligt: Pitta und Kapha.

Gewürzmärkte in Indien und auf Sri Lanka, den Herkunfts- ländern des Ayurveda, duften verführerisch.

Ayurveda – eine altindische Ernährungs- lehre

Buddhistische Mönche
wenden Ayurveda
in ihren Klöstern
und umliegenden
Dörfern erfolgreich zur
Heilung an

Der Ursprung des Ayurveda

Schon vor etwa 5000 Jahren machten sich indische Heilkundige und religiöse Gurus Gedanken über medizinische Fragen und die Ernährung, eine natürliche und gesunde Lebensweise sowie die Vertreibung von Krankheiten. Ihre Medikamente waren Heilkräuter und Zauberformeln. So entstand die vermutlich älteste Medizin dieses Planeten, die hinduistische Heilkunst, die die Quelle für den Ayurveda bildet.

Erste Quellen

Mehr als 2000 Jahre lang wurde dieses naturheilkundliche Wissen in Indien ausschließlich mündlich weitergereicht, von Arzt zu Arzt, von Familie zu Familie, bis erste medizinische Kenntnisse und Anweisungen in den altindischen Veden niedergeschrieben wurden. Im Atharvaveda und Rigveda, zwei der vier Teile uns bekannter vedischer Schriften, finden sich Verse zur Naturmedizin, Wissenschaft und mystische Zauberformeln. Darauf aufbauend verfaßte der indische Arzt Charaka im zweiten Jahrhundert nach unserer Zeitrechnung drei medizinische Sammelwerke, die noch heute in Indien ihre Gültigkeit haben und zusammen als »Charaka Samhita« bezeichnet werden.

Hier liegt der Ursprung des Ayurveda: natürliche Heilkräuter als Medizin und ihre Aufbereitung zum Medikament, Wasser als ideales Heilmittel, die altruistische Haltung des Arztes, der nur zum Wohl seiner Patienten handeln soll. Noch heute werden in Indien – und auch auf Sri Lanka – natürliche Heilmittel so hergestellt und angewendet wie vor Tausenden von Jahren.

Aber zum Ayurveda gehört auch eine wohlüberlegte Ernährung, eine ganz bestimmte Zusammenstellung der Speisen und eine individuelle Auswahl der geeignetsten Lebensmittel für den einzelnen. Dieser speziellen Ayurveda-Küche wollen wir uns hier näher widmen.

Der Name »Ayurveda«

Ayurveda ist eine Zusammensetzung zweier altindischer Sanskrit-Wörter:

- »Ayus« bedeutet Leben.
- »Veda« steht für das Wissen oder die Wissenschaft, die Lehre.

Ayurveda ist also die Lehre oder das Wissen vom Leben – und zwar dem natürlichen und gesunden, langen Leben.

Das bietet Ihnen Ayurveda

Ayurveda vereint eine Ernährungslehre, Anweisungen zur medizinischen Vorbeugung und Heilmittel zur Bekämpfung von Krankheiten. Es ist ein ganzheitliches System, das den körperlichen Zustand immer in Verbindung mit dem psychischen betrachtet, den Gesunden weiter gesund erhalten und den Kranken stärken will. Vermeidung von Krankheiten ist ein zentrales Thema.

Auch wenn wir uns hier in erster Linie auf die Ayurveda-Küche konzentrieren, so werden Sie doch darüber hinaus viele Informationen zur einfachen und schnellen Vorbeugung lästiger Beschwerden erhalten, mit denen Sie sich das Leben in Zukunft leichter gestalten können. Kochen erhält hier einen neuen Aspekt: Gesundheit bewahren.

Ernährung als Ausgleich

Jedes Lebensmittel hat nach Ayurveda einen Geschmack und eine Eigenschaft: Eine reife Orange schmeckt z. B. süß und ist in ihrer Konsistenz feucht. Essen sollte sie, wer genau dies benötigt: der zu Trockenheit und magerer Figur neigende Vata-Mensch, dem das nahrhaft Süße guttut. Sie erkennen: Die Ernährung basiert auf Gegenteilen. Sie essen immer das, was Ihnen fehlt. So ist ein steter Ausgleich gewährleistet. Die Nahrung gibt Ihnen, was Ihr Körper braucht, und gleicht so Überschüsse und Mängel aus.

Exotisches Gemüse bekommen Sie auf Wochenmärkten und in Spezialgeschäften: Bananenblüten, Kochbananen, Rote Bete, Peperoni, Auberginen, Süßkartoffeln.

Damit bietet Ihnen Ayurveda gerade heute etwas dringend Notwendiges: die praktische Anleitung zur Krankheitsvermeidung. In einer Zeit, in der die staatlichen Krankenkassen immer mehr Leistungen verweigern und der einzelne mehr denn je zur Kasse der Ärzte und Apotheker gebeten wird, ist Vorbeugung dringend geboten! Das angenehme Verdienst des Ayurveda ist nun, daß diese Vorbeugung auch noch lecker schmeckt, appetitlich aussieht und an so mancher Tafel selbst bei Gourmets Eindruck macht.

Was bedeutet Ernährung nach Ayurveda?

Das tägliche Essen soll Körper, Geist und Psyche stärken und zu einem körperlichen wie psychischen Wohlbefinden führen. Den Indern war schon vor mehreren tausend Jahren klar, daß Körper und Geist eine Einheit bilden und der Mensch nur gesund ist, wenn nicht nur Organe, Knochen und Haut intakt sind, sondern wenn zudem keine psychischen Belastungen vorliegen und man sich glücklich und zufrieden fühlt.

Da erscheint die Definition der WHO zum Thema »Gesundheit« dann nicht mehr sonderlich neu, wenn es heißt: »Gesundheit ist der Zustand völligen körperlichen, geistigen, seelischen und sozialen Wohlbefindens.« Das strebten die Inder schon vor uns an, und ihren Weg zu diesem Ziel können Sie sich zu eigen machen.

Essen nach Ayurveda

Nicht nur die Bestandteile der Nahrung – Gemüse, Getreide, Reis, Fleisch, Fisch, Gewürze – sind wichtig; auch die Begleitumstände der Mahlzeiten haben Bedeutung. Sie erhalten deshalb nicht nur Kochrezepte, sondern erfahren hier auch Wichtiges über den Ablauf der Mahlzeiten: wann, wo, wie und mit wem Sie am besten essen oder unter welchen Umständen selbst das beste Gemüse Ihnen Schaden zufügen kann.

Drei Faktoren erhalten das Leben

Nach dem Ayurveda gibt es drei absolut lebenswichtige Dinge, ohne die der Mensch sofort sterben müßte:

- die Atmung, die die lebenswichtige Sauerstoffzufuhr ermöglicht;
- die Nahrung, die den Körper nährt, aufrechterhält und stärkt;
- der Schlaf, der Ruhe und Regeneration sichert.

Mit der Ayurveda-Küche garantieren Sie Punkt 2, die notwendige Zufuhr aller Stoffe, die der Körper für seine Arbeit und seine Aufrechterhaltung braucht.

Ayurveda schult Sie

Im Laufe der Zeit schult Sie die Ayurveda-Küche, das jeweils Notwendige auf dem Teller auch tatsächlich zu begehren. Sie werden erkennen, daß Jahreszeiten, Alter, Umgebung und Anforderungen Körper wie Geist unterschiedlich fordern. Die Konsequenz daraus ist, daß Sie sich auch jeweils anders ernähren müssen.

Werden Sie flexibler in Ihrer Küche und in Ihrer Ernährung, und orientieren Sie sich an Ihren wirklichen Bedürfnissen – nicht nach Werbediktat, Mode oder noch vorhandenen Resten, die dringend verbraucht werden müssen.

Wer sensibel für die aktuelle Situation in seinem Körper geworden ist, kann leicht kleine Unausgewogenheiten mit den Mahlzeiten ausgleichen und sich selbst dauerhaft in einem gesunden Gleichgewicht halten. Probieren Sie es aus!

Ayurveda in Europa

Ayurveda bietet Ihnen eine Ernährungslehre, die auch losgelöst von der indischen Küche, ihren traditionellen Rezepten und asiatischen Gewürzen gültig ist. Sie ist in der deutschen, österreichischen und Schweizer Küche ebenso umzusetzen wie in der französischen oder italienischen oder spanischen.

Die Ayurveda-Küche ist ein Koch- und Eßprinzip, das auf drei hauptsächlichen Menschentypen und sechs grundsätzlichen Geschmacksrichtungen aller Lebensmittel, Kräuter und Gewürze basiert. Eine Wertung in gute, den Körper stärkende und schlechte, den Körper schwächende Nahrungsmittel gibt zusätzlich Anhaltspunkte, was Sie essen sollten und was Sie zusammenstellen dürfen. Doch ausschlaggebend sind letztlich immer auch Ihr ganz persönlicher Geschmack, Ihr Empfinden und Ihre momentanen Bedürfnisse. Ayurveda steht jenseits jeder Diktatur!

Ayurveda zu Hause anwenden

Wenn Sie in den nächsten Kapiteln die Grundlagen dieser Küche kennengelernt haben, können Sie sich jahrelang ayurvedisch ernähren, ohne je Ingwer, Gelbwurz oder Chili zu benutzen. Rezepte finden Sie dazu in diesem Buch reichlich.

Sie können sich aber auch von den ebenfalls hier beschriebenen exotischen Rezepten aus Indien verführen lassen, einmal etwas Neues auszuprobieren.

Oder Sie kreieren Ihre ganz persönlichen Ayurveda-Rezepte anhand der grundsätzlichen Leitlinien und der Ernährungsempfehlungen für Ihr eigenes Dosha. Die Tabelle, die die Nahrungsmittel (Seite 44 f.) nach ihrem Geschmack einteilt, wird Ihnen dabei helfen.

Die Ayurveda-Küche ist nicht rein vegetarisch

In Ayurveda-Kliniken und während ayurvedischer Reinigungskuren, den sogenannten Pancha-Karma-Kuren, ist eine rein vegetarische Kost vorgeschrieben. Doch das ist keine Regel für das tägliche Leben nach den Prinzipien des Ayurveda! Es kann sogar sinnvoll erscheinen, Fleisch zu essen, z. B. zur Kräftigung des Körpers. Dann bieten sich gekochtes Fleisch und Fleischeinlagen in Suppen und Gemüsegerichten an.

Schon die Veden erlaubten es

In den ersten altindischen Ayurveda-Texten von Charaka wird von Fleischspeisen berichtet. Danach nähren Fleisch und Fleischbouillon, sie stärken besonders Geschwächte und Kranke. Auch bei Auszehrung und Kräfteverlust wird zu Fleischspeisen geraten. Geflügel, Wild, Lamm, Hammel, Rind und Fisch sind explizit genannt.

Gemüse kontra Fleisch

Gemüse, Obst, Körner, Samen und Nüsse sind weitgehend frei von Giftstoffen, ihre Verdauung ist einfach und läßt nur wenig Abfallprodukte in Magen und Darm entstehen, und sie sind reich an Ballaststoffen – das heißt, sie sorgen für eine optimale Ausscheidung von Schlacken und Giften, die sich als Stoffwechselprodukte im Körper ansammeln.

Fleisch und Fisch dagegen sind tote Produkte; mit dem Schlachten beginnen sie sich zu zersetzen. Einmal verzehrt, bleiben Fleischgerichte bis zu zwei Tagen im Verdauungstrakt; hier verwesen sie langsam, bilden Säure, Giftstoffe und faule Gase, die den Körper belasten.

Die Folgen von Fleisch- und Fischgerichten

Fleisch, Fisch und Eier erzeugen Säure im Körper, was zu einer Ablagerung von Harnsäure führt; ab einem gewissen Grad ist Gicht das Risiko. Säurebildende Nahrungsmittel produzieren Gifte und Gase im Körper. Blähungen sind eine weitere Folge. Das bedeutet nun nicht, daß Fleisch nicht verzehrt werden sollte; wohl deutet es aber an, daß Fleisch und Fisch nicht täglich und keinesfalls in großen Mengen genossen werden dürfen.

Wer seinen Fleisch- oder Fischkonsum mäßigen möchte, sollte ihn zunächst halbieren – dann ißt man automatisch mehr Gemüse- und Getreidegerichte. Danach kann man sich die Frage stellen, ob man ganz verzichten will. Zwingen Sie sich gerade am Anfang zu nichts, was Ihnen zu ungewohnt erscheint.

Die Ayurveda-Küche ist nicht unbedingt indisch

Ayurveda ist auf alle Nahrungsmittel, Gewürze und Kräuter anzuwenden. Mit dieser Küche sind nicht notwendig bestimmte Zubereitungs- und Würzarten verbunden. Wenn Ihnen scharfe Gewürze, Currys und Kräuter wie Koriander oder asiatisches Basilikum zu fremd und ungewohnt sind, dann lassen Sie sie fort, und kochen Sie dennoch nach dem Prinzip des Ayurveda. Das ist möglich!

Einheimischer Kohl läßt sich wie alles Gemüse und Obst zu schmackhaften ayurvedischen Gerichten verarbeiten.

Kochen und Essen im Sinn des Ayurveda bedeutet, daß Sie Ihrem Typ gerecht leben und genießen. Das ist mit heimischen Produkten genauso möglich wie mit asiatischen. Deshalb bestehen die hier im Buch vorgestellten Gerichte überwiegend aus Nahrungsmitteln, die Sie bei uns kaufen oder ernten können. Daneben bietet Ihnen das Kapitel »Die indische Ayurveda-Küche« einen Einblick in die vielfältige Küche Indiens, aus der Sie sich frei bedienen sollten, wenn sie Ihnen schmeckt.

Wenn Früchte, Gemüse
und Shrimps aparte
Gerichte ergeben, dürfen
Gewürze nicht fehlen.
Wichtig ist Ingwer.

Die **Ayurveda-**
individuelle **Küche**

Vollwertiges Getreide ist ein wichtiger Bestandteil der Ayurveda-Küche: Das meiste Getreide ist allen Doshas zuträglich.

*E*rnährung hat viel mit Gewohnheit zu tun. Wer als Kind mit Fertigge-richten, Dosenfutter und Fast food großgezogen wurde, entwickelt neben Mangelerscheinungen Eßgewohnheiten, an denen er leicht ein Leben lang klebt. Zahlreiche Krankheiten entstehen durch unnatürliche Kost, zu reichliche Mahlzeiten, zuviel Süßes und viel zu süße Getränke, eben-so zuviel Salz, aber zuwenig Ballaststoffe: Übergewicht bei gleichzeitig fehlenden Vitaminen, Mineralien und Spurenelementen, hohe Fett- und Cholesterinwerte im Blut, Verdauungs-beschwerden und ein überforderter Darm, generelle Krankheitsanfälligkeit aufgrund eines geschwächten Immunsystems. Bei Kindern sind häufig Lernschwierigkeiten und Verhaltens-störungen erste Anzeichen für eine mangelhafte Ernährung.

Das muß nicht sein! Mit Rezepten aus der Ayurveda-Küche ernähren Sie sich Ihrem Typ ent-sprechend ausgewogen und versorgen Ihren Körper mit allen täglich notwendigen Nährstoffen. Zudem gleichen Sie mögliche Mängel aus. Dann fühlen Sie sich vitaler und können das Leben besser genießen.

Drei Charaktere – drei Doshas

Ayurveda geht davon aus, daß alle Menschen durch drei Grundtypen, Charaktere oder Eigenschaften geprägt sind. Das sind die drei Doshas, nämlich Vata, Pitta und Kapha. Wörtlich übersetzt bedeutet das Sanskrit-Wort »Dosha« Fehler, Makel. Das heißt: Bei einer Vata-Dominanz ist zuviel Vata vorhanden; es sollte durch die Ernährung abgebaut werden. Ziel ist der ungefähre Gleichstand aller drei Doshas.

Die Doshas bestimmen Aussehen, Gewicht, eine Anfälligkeit für ganz bestimmte Krankheiten und darüber hinaus geistige und emotionale Reaktionen. Auch bestimmt Kapha eine ganz andere Lebenseinstellung als Pitta oder Vata. Die Doshas führen also nicht nur zu einem unterschiedlichen Aussehen; sie beeinflussen auch das verschiedene Fühlen, Denken und Handeln.

Das bedeutet nun aber keineswegs, daß alle Menschen in drei Schubladen zu stecken sind oder sich ihr Leben lang nicht mehr verändern könnten! Jeder enthält Teile von jedem der drei Doshas, fast immer wird er allerdings von einem oder zweien maßgeblich geprägt. Das ist seine von Geburt mitgegebene Veranlagung, die sich im Lauf des Lebens tendenziell ändern wird und die jeder beeinflussen kann. Sie können ein Dosha mit Hilfe der täglichen Ernährung gezielt verstärken oder abschwächen. So kann sich z. B. ein ruhiger, träger Typ manipulieren und lebhaft und spontaner werden.

Fünf Elemente der Natur bilden die drei Doshas im menschlichen Körper und in seiner ihn umgebenden Welt: Luft und Äther formen Vata. Feuer und Wasser bilden Pitta. Wasser und Erde schaffen Kapha.

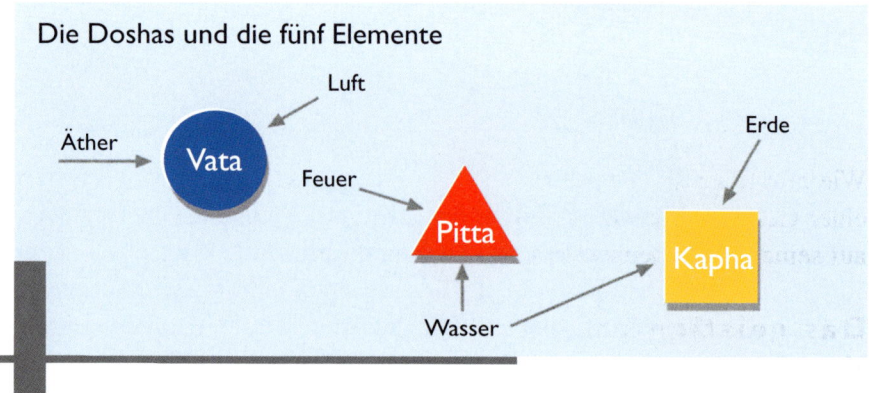

Die Doshas und die fünf Elemente

Fünf Elemente bilden drei Doshas

Grundbausteine der Natur sind die fünf Elemente: Erde, Wasser, Feuer, Luft und Äther. Sie stecken in allen uns umgebenden Dingen, in der gesamten Natur; und sie bilden nach dem Ayurveda in unterschiedlicher Zusammensetzung und Überschneidung die drei Doshas, die uns Menschen und unsere ganz individuelle Eigenart bestimmen.

- Luft und Äther bilden Vata. Nach dem Ayurveda sind Luft und Äther an allen Bewegungen beteiligt; Vata sitzt daher im Dickdarm (Verdauung, Nahrungsbewegung), im Gehirn (geistige Beweglichkeit) und in den Nerven (Informationsfluß, körperliche Bewegung).
- Feuer und Wasser formen Pitta. Das Feuer verändert die Materie; im Körper spaltet es als »Verdauungsfeuer« die Nahrung auf. Das Wasser durchspült und reinigt den Körper. Daher müssen Sie sich Pitta im Magen und Dünndarm (Verdauung), in Blut und in der Lymphe (Reinigung, Abtransport von Schlacken und Giftstoffen) vorstellen.
- Wasser und Erde lassen Kapha entstehen. Das Element Erde steht für die feste Materie, den robusten Körper und bewahrt vor Realitätsverlust. Ohne einen Kapha-Anteil würde Vata im wahrsten Sinn des Wortes abheben, den Boden unter den Füßen verlieren und den Menschen weltfremd entwickeln. Kapha steckt in Knochen und Zähnen (feste Körperteile, Halt), aber – dank dem Wasseranteil – auch im Blutplasma und in der Lymphe (Versorgung).

Vata

Wie alle Begriffe des Ayurveda stammt auch das Wort »Vata« aus dem altindischen Sanskrit, einer Gelehrtensprache wie das Latein im Abendland. Vata bedeutet Wind und verweist damit auf seine Zusammensetzung aus Äther und Luft.

Das geistige Vata

Vata sorgt für die Flexibilität und geistige Aufgeschlossenheit. Die meisten von Vata Geprägten denken schnell, sind aber auch etwas rastlos und leicht besorgt, zudem häufig unentschlossen. Zuviel kann zu einem unsteten Leben, Unzuverlässigkeit und – auf der körperlichen Seite – Untergewicht führen. Deshalb sind für diese Menschen eine nahrhafte, kalorienreiche Ernährung, die auch Süßes beinhalten darf, und ein eher ruhiger Lebensstil wichtig.

Das körperliche Vata

Im Körper sitzt Vata hauptsächlich in Dickdarm und Blase; da das Dosha von den Elementen Luft und Äther gebildet wird, sucht es die Hohlräume im Bauch auf. Die Figur ist bei einer Vata-Dominanz schlank, es ist mit viel Vata nicht leicht, an Gewicht zuzunehmen.

Typische Erkrankungen, die auf ein gestörtes Vata deuten, sind denn auch mit diesem Körperbereich verbunden: Blähungen, Verstopfung, Atemwegserkrankungen. Außerdem friert man bei einer Vata-Dominanz leicht und liebt die Wärme, ganz besonders die feuchte Wärme der Tropen.

Vata-Bedürfnisse

Wer von Vata geleitet wird, ist mit feuchter und heißer, immer gekochter Nahrung gut bedient; sie gleicht das trockene und kalte vom Vata aus. Die empfohlenen Geschmacksrichtungen heißen süß, salzig, sauer. Mit Hilfe der Lebensmitteltabellen (Seite 44 f.) und der Dosha-Empfehlungen (Seite 277 f.) finden Sie rasch die passenden Nahrungsmittel; zudem steht bei jedem Rezept hier im Buch eine Dosha-Zuordnung.

Pitta ▲

»Pitta« bezeichnet im Sanskrit die Galle und nennt damit gleich den Sitz vieler Krankheiten, die bei einem erhöhten Pitta typisch sind. Konsequent ist der Sitz von Pitta im Magen, in der Galle und im Dünndarm.

Das geistige Pitta

Von Pitta Geprägte sind energische und ehrgeizige Typen; sie schwingen sich gern zu Führungspositionen auf und leiten andere. Schnell begeistern sie sich für etwas. Nicht selten findet man Pitta in kreativen Berufen vertreten. Doch Vorsicht: Sie reagieren leicht wütend – nicht zuletzt, wenn sie hungrig sind!

Das körperliche Pitta

Da Pitta aus den gegensätzlichen Elementen Wasser und Feuer besteht, ist es in erster Linie mit der Verdauung, dem Stoffwechsel und den Ausscheidungen verbunden. Dazu benötigt der Körper viel Energie – Feuer. Damit dieses Feuer nun aber nicht mit zu hoher Körpertemperatur den Menschen vernichtet, steckt in Pitta immer auch das Wasser. Es kühlt und reinigt den Körper. Ist Pitta gestört, sind erhöhte Magensäure, Magengeschwüre, Leber- und Gallebeschwerden oder Durchfall typisch. Doch gewöhnlich vertragen diese Charaktere jede Nahrung gut.

Pitta-Bedürfnisse

Sind Sie überwiegend von Pitta geprägt, dann sollten Sie nicht zu heiße, doch gekochte und aromatische Speisen bevorzugen – sie gleichen die Hitze des Pitta sinnvoll aus. Essen Sie süße, bittere und herbe Lebensmittel.

Kapha ■

Zwei Bedeutungen hat das Wort »Kapha«: Es wird mit Phlegma, aber auch mit Schleim übersetzt. Kapha sitzt in der Brust, im Magen und in der Lunge.

Das geistige Kapha

Die von Kapha Geprägten wirken ruhig, gesetzt, sie reagieren eher phlegmatisch. Schnelle Entscheidungen sind nicht ihre Stärke. Doch sie zeichnen sich durch Beständigkeit aus.

Kapha setzt sich aus den Elementen Wasser und Erde zusammen. Dieses Dosha gibt dem Körper seine Festigkeit und Erdverbundenheit. Dank Kapha bleibt man auf dem Boden; selbst in Ihren Träumen heben Sie bei erhöhtem Kapha nicht ab.

Zuviel Kapha fördert geistige Trägheit, Gleichgültigkeit und Depressionen. Die Betroffenen verharren zu sehr in sich selbst und grübeln über ihre Probleme. Bei Streß ziehen sie sich oft zurück, anstatt in die Offensive zu gehen.

Das körperliche Kapha

Der Körper ist kräftig, die Knochen sind schwer, die Betreffenden nehmen leicht zu. Das Element Erde sorgt für Bodenständigkeit und Festigkeit. Das Wasser bringt die notwendige Bewegung, ohne die der Mensch bei einer Kapha-Dominanz regungslos verharren würde.

Bei einem gestörten Kapha sind Verschleimung und Erkältungen typisch, der Körper produziert zuviel Kapha, das heißt zuviel Schleim. Auch Übergewicht ist ein klassisches Problem. Daher sind viel Bewegung, Sport, leichte, nicht belastende Ernährung und wenig Schlaf zum Ausgleich wichtig.

Kapha-Bedürfnisse

Die ideale Mahlzeit bei einer Kapha-Dominanz ist trocken und warm, immer besonders leicht und fettfrei. So gleichen Sie die Schwere und Feuchtigkeit des Kapha aus. Greifen Sie zu allem Bitteren, Herben und Scharfen – doch meiden Sie Süßes.

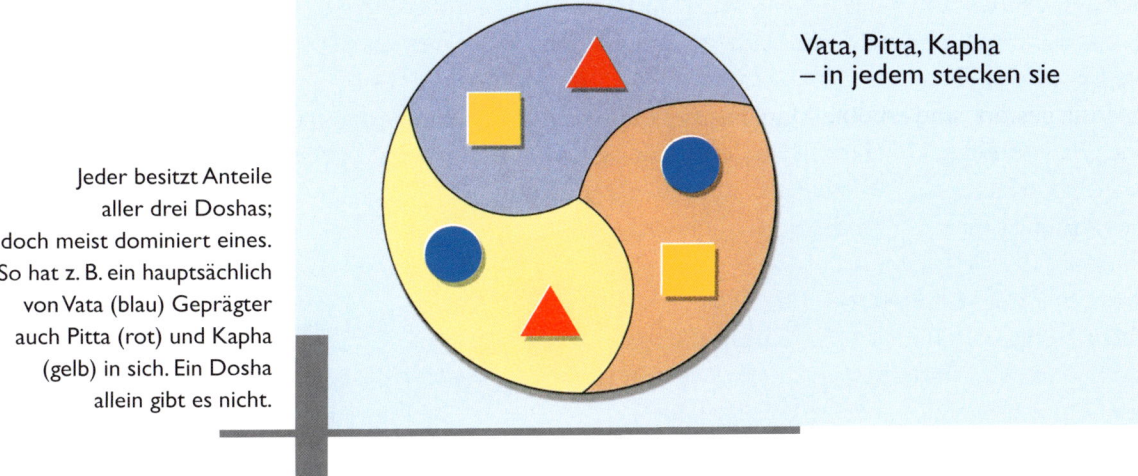

Jeder besitzt Anteile aller drei Doshas; doch meist dominiert eines. So hat z. B. ein hauptsächlich von Vata (blau) Geprägter auch Pitta (rot) und Kapha (gelb) in sich. Ein Dosha allein gibt es nicht.

Vata, Pitta, Kapha – in jedem stecken sie

Vata (blau) sitzt hauptsäch-
lich im Dickdarm und der
Blase, aber auch im Gehirn,
den Ohren, der Lunge, den
Hüften und Beinen, in Haut,
Gelenken und Knochen.
Pitta (rot) befindet sich in
Magen, Dünndarm und
Galle und zudem in den
Augen, dem Blut, der Haut,
den Schweißdrüsen und
dem Fett. Kapha (gelb)
steckt in Brust und Neben-
höhlen, dem Kopf, der
Kehle und Nase, im Mund,
den Gelenken, Lymphe und
Blutplasma.

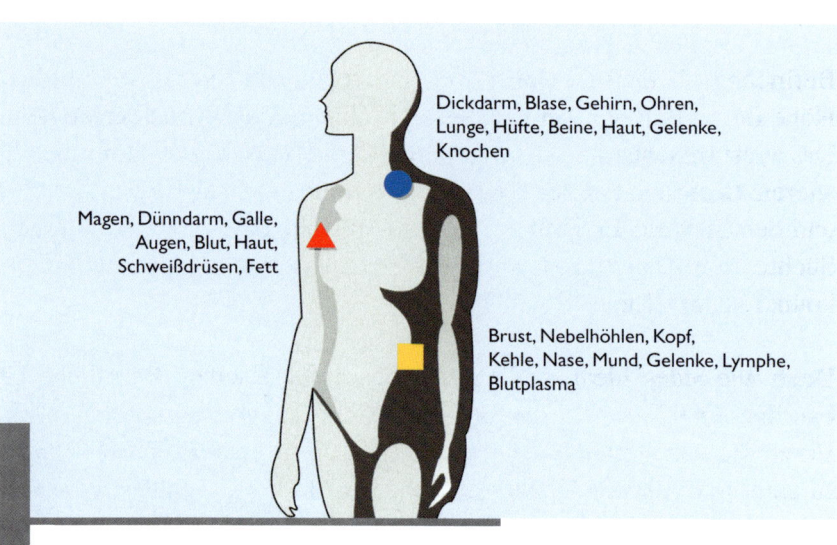

Dickdarm, Blase, Gehirn, Ohren,
Lunge, Hüfte, Beine, Haut, Gelenke,
Knochen

Magen, Dünndarm, Galle,
Augen, Blut, Haut,
Schweißdrüsen, Fett

Brust, Nebelhöhlen, Kopf,
Kehle, Nase, Mund, Gelenke, Lymphe,
Blutplasma

Die Mischung bestimmt den einzelnen

Vielleicht haben Sie beim Lesen dieser Beschreibungen schon gemerkt, daß Aussagen von zwei unterschiedlichen Doshas auf Sie selbst zutreffen; das ist nur natürlich. Jeder Mensch ist viel zu komplex in seinem Aussehen, Denken und Handeln, als daß er ausschließlich von einem Dosha geprägt sein könnte.

Es ist z. B. sehr wahrscheinlich, daß ein Dosha die körperliche Figur prägt, ein anderes aber das Denken und Reagieren lenkt. Das heißt: Längst nicht immer steckt in einem bodenständigen und kräftigen Kapha-Körper auch ein langsam agierender, träger Geist. Und nicht in jeder quirligen Vata-Figur wohnt ein großer und schneller Denker.

Sechs Mischtypen

Die Doshas können in jeder Zusammensetzung vorkommen, wobei jeweils eines ein wenig dominiert. Vata-Pitta ist z. B. mehr von Luft und Äther geprägt als eine Pitta-Vata-Verbindung; und es ist auch nicht unerheblich, welches Dosha Körper und Figur, welches Geist und Denken bestimmt.

Ernähren sollten Sie sich in erster Linie nach dem hauptsächlich vorhandenen Dosha. Überwiegt also Kapha, dann wählen Sie alle Rezepte mit dem Kapha-Symbol und ergänzen diese Ernährung mit gelegentlichen Mahlzeiten für das zweitwichtigste Dosha.

Die Harmonie der Doshas

Befinden sich alle drei Doshas im Gleichgewicht, so sind Sie emotional stabil, arbeiten auf der Höhe Ihrer geistigen Fähigkeiten und sind nicht leicht zu überrumpeln – geistig wie körperlich. Das ayurvedische Ideal sieht vor, daß alle drei Doshas in einem Menschen etwa gleichmäßig existieren. In diesem Fall lebt der Betreffende in absoluter Harmonie mit sich, seinen Mitmenschen und der Umwelt. Er fühlt sich gut, ist zufrieden, hegt keine ungestillten Bedürfnisse oder gar Süchte, lebt gesund und braucht sich vor Krankheitserregern nicht zu fürchten – er ist nicht krankheitsanfällig.

Doch wie jedes Ideal, so ist auch dies äußerst selten. Berufliche Überlastung, Ärger in der Familie, eine Enttäuschung und negative Gefühle wie Angst, Haß, Neid und Wut stören die Harmonie der Doshas, und schon entsteht ein Ungleichgewicht. Gestörte Doshas aber führen zu einer psychischen Unausgeglichenheit und können eine Krankheitsanfälligkeit hervorrufen. Unzufriedenheit macht sich dann ebenfalls schneller breit.

Gesundheit und Krankheit – eine ayurvedische Definition

Nach dem Ayurveda basiert Gesundheit – körperlich wie geistig und psychisch – auf dem Gleichgewicht aller drei Doshas im Körper. Sind die Doshas in unterschiedlicher Intensität vertreten, ist z. B. ein Dosha reduziert, ein anderes vermehrt, so ist das ideale Gleichgewicht gestört, eine Krankheit liegt vor. Das muß noch keine schwerwiegende Erkrankung sein; es kann sich um eine harmlose Unausgewogenheit handeln, die jedoch ohne Ausgleich eine Krankheitsanfälligkeit hervorruft. Wer sich in der Ayurveda-Küche auskennt, kann jetzt gezielt dagegen steuern und das gesunde Gleichgewicht der Doshas und damit aller Kräfte im Körper wieder aufbauen.

Typgerecht essen

Die Einteilung der Menschen in die drei Doshas oder in Zwischenformen ist im Ayurveda wichtig, weil jeder seinem Typ entsprechend leben und sich ernähren sollte. Essen Sie den Braten also sonntags nicht, weil es in Ihrer Familie so Sitte ist, und lassen Sie sich von Freunden nicht zur Fertigpizza überreden, nur weil sie schnell zu ordern ist. Essen Sie typgerecht nach Ihren ureigenen Bedürfnissen!

Was ist z. B. ein Vata-Gericht?

Alle in diesem Buch beschriebenen Ayurveda-Rezepte sind mit den Symbolen für die drei Doshas gekennzeichnet. Steht z. B. bei einem Rezept der runde Kreis für Vata, dann bedeutet das, Vata-Geprägte dürfen hier zugreifen.
Viele Gerichte sind so zusammengestellt, daß sie sich für zwei Doshas eignen; das macht es Ihnen leichter, für die ganze Familie oder den Freundeskreis zu kochen.

Das stärkste Dosha reduzieren

Die ayurvedische Ernährung baut auf dem Prinzip des Ausgleichs auf. Das bedeutet, daß Sie das hauptsächlich vertretene Dosha stets ein wenig reduzieren müssen, die anderen dagegen aufbauen. Alle Rezepte sind so ausgewählt, daß sie das prägende Dosha verringern. Ein Pitta-Rezept ist demnach für alle mit Pitta-Dominanz geeignet und wird dabei helfen, das überschüssige Pitta abzubauen und so ein Gleichgewicht unter den Doshas wieder herzustellen.

Für die drei Doshas werden folgende Symbole verwendet:

Vata ●   **Pitta** ▲   **Kapha** ■

Frische Zitrusfrüchte erhalten Sie das ganze Jahr. Die sauren Sorten sind nur bei überschüssigem Vata erlaubt.

Der Dosha-Test

Bevor Sie mit der Ayurveda-Küche starten, müssen Sie den aktuellen Stand Ihrer persönlichen Doshas ermitteln. Das ist mit dem Test ganz einfach. Beantworten Sie – ohne langes Nachdenken – spontan die einzelnen Fragen, kreuzen Sie jeweils das Symbol hinter der zutreffenden Aussage an, Mehrfachantworten sind möglich.

Haben Sie eine schlanke bis sehr dünne Figur, und sind Sie besonders klein oder aber sehr groß?	●
Ist Ihr Körper mittelgroß und gleichmäßig proportioniert?	▲
Sind Ihre Knochen schwer, die Figur eher üppig, und neigen Sie zu Übergewicht?	■
Nehmen Sie leicht ab, und tendieren Sie zu Untergewicht?	●
Bewahren Sie sich über Jahre etwa die gleiche gut proportionierte Figur?	▲
Nehmen Sie leicht zu und haben Schwierigkeiten, die Pfunde wieder loszuwerden?	■
Haben Sie eine trockene und rauhe, aber rasch gebräunte Haut?	●
Ist Ihre Haut hell, leicht rötlich mit Sommersprossen, und bräunen Sie schlecht?	▲
Bräunen Sie schnell, sehen im Winter aber blaß aus und haben meist eine kühle Haut?	■
Haben Sie trockene, dünne und eher dunkle Haare?	●
Ist Ihr Haar fein, hell oder rötlich, oder neigen Sie zu Haarausfall?	▲
Fettet Ihr Haar schnell? Ist es dick und wellig?	■
Sind Ihre Nägel trocken, spröde, brechen sie schnell?	●
Erfreuen Sie sich an gesunden, hellen und biegsamen Nägeln?	▲
Haben Sie etwas quadratisch geformte Nägel, die weiß und fest sind?	■
Sind Ihre Augen klein und dunkel, blitzen sie lebhaft?	●
Haben Sie grüne, blaue oder graue Augen, die mandelförmig gebogen sind?	▲
Prägen Ihr Gesicht große, sinnliche, blaue oder dunkle Augen, lange Wimpern?	■
Haben Sie schmale Lippen?	●
Haben Sie mittelgroße, schön geschwungene und rote Lippen?	▲
Haben Sie große, volle, sinnliche Lippen?	■

Sind Ihre Zähne klein und glänzend? ●

Besitzen Sie mittelgroße Zähne, und können Sie gut zubeißen? ▲

Sind Ihre Zähne groß und kräftig? ■

Haben Sie unterschiedlichen Appetit, einmal wenig, einmal viel? Und sind die Augen oft größer als der Magen? ●

Bleibt Ihr Appetit stets groß, und reagieren Sie heftig, wenn eine Mahlzeit ausfallen muß? ▲

Erfreuen Sie sich eines konstanten Appetits, sind aber nicht enttäuscht, wenn eine Mahlzeit ausfällt? ■

Leiden Sie an unregelmäßiger Verdauung, vielleicht gelegentlicher Verstopfung? ●

Vertragen Sie alles gut, haben Sie eine regelmäßige Verdauung und weichen Stuhl? ▲

Sie haben keine wirklichen Verdauungsbeschwerden, doch ist die Verdauung manchmal langsam? ■

Neigen Sie zu Nervosität, Magen- und Darmstörungen? ●

Leiden Sie häufig an Entzündungen, Hautausschlag und Fieber? ▲

Sind Sie immer wieder erkältet? Oder haben Sie Heuschnupfen? ■

Schwitzen Sie selbst im Sommer oder in der Sauna wenig? ●

Läuft Ihnen schon bei der kleinsten Anstrengung, in einer Menschenmasse oder bei wärmeren Temperaturen der Schweiß den Rücken hinunter? ▲

Schwitzen Sie nur mäßig? ■

Fühlen Sie sich im Sommer und in den Tropen wohl? ●

Lieben Sie den kühlen Windhauch am Meer und Herbst oder Winter? Sind Sie ein Fan der Berge? ▲

Fürchten Sie die feuchte Jahreszeit und heftige Schauer? ■

Ist Ihr Schlaf leicht und unregelmäßig? ●

Haben Sie keine echten Schlafprobleme, wachen aber leicht auf? ▲

Sie schlafen tief und fest, am liebsten so lange wie möglich? ■

Sind Sie ein Morgenmensch und springen früh aus den Federn? ●

Laufen Sie erst mittags zur Höchstform auf, und fühlen Sie sich oft auch um Mitternacht noch putzmunter? ▲

Werden Sie erst im Laufe des Vormittags aktiv? Können Sie am Abend noch arbeiten? ■

Erinnern Sie sich gut an Ihre Träume? Träumen Sie von den Wolken, oder fliegen Sie nachts durch die Luft? ●

Haben Sie intensive, vielleicht sogar grausame heftige Träume? Träumen Sie in Farbe? ▲

Fällt es Ihnen schwer, sich an Träume zu erinnern? Glauben Sie, gar nicht zu träumen? ■

Sind Sie oft fahrig, unkonzentriert, überempfindlich? ●

Sind Sie temperamentvoll, begeisterungsfähig, mutig? ▲

Halten Sie sich psychisch für stabil? Sind Sie geduldig? ■

Fühlen Sie sich ängstlich, unentschlossen oder nervös? ●

Sind Sie intelligent und erfolgreich? Aber sagt man Ihnen Arroganz nach? ▲

Bleiben Sie stets ruhig, sind manchmal vielleicht sogar stur oder vermeiden Streß? ■

Sind Sie reisefreudig, unternehmen gern viel und gehen das Leben von der spielerischen Seite an? ●

Engagieren Sie sich gern, übernehmen Sie öfter die Leitung und suchen die Herausforderungen des Lebens? ▲

Fühlen Sie sich bodenständig, planen Sie am liebsten langfristig und bevorzugen Ruhe und Komfort, statt sich auf die Wagnisse des Lebens einzulassen? ■

Sprechen Sie schnell, manchmal abgehackt? ●

Treten Sie entschlossen auf? Drücken Sie Ihre Vorstellungen klar und deutlich aus? ▲

Ist ihre Sprache bedächtig, wählen Sie die Worte in Ruhe? ■

Lernen Sie Neues rasch, vergessen es aber schnell wieder? ●

Macht Ihnen das Lernen keine Mühe, und behalten Sie das Wissen auch? ▲

Brauchen Sie eine Zeit, um Neues aufzunehmen, das Sie dann aber lange behalten? ■

Haben Sie ständig neue Einfälle; werfen Ideen häufig wieder um? ●

Sind Sie im Beruf leicht ungeduldig mit sich und den Mitarbeitern? Neigen Sie zu Perfektionismus? ▲

Arbeiten Sie konzentriert, ruhig, systematisch, und lieben Sie Routine? ■

Sind Sie leicht unkonzentriert und brauchen direkten Kontakt mit dem, was Sie gerade bearbeiten? Fassen Sie Gegenstände gern an? ●

Sind Sie kreativ, und denken Sie in Bildern? ▲

Arbeiten Sie gerne ruhig und methodisch? ■

Halten Sie nichts von Sparsamkeit und geben gern Geld aus?	●
Lehnen Sie Geldverschwendung ab, und kaufen Sie am liebsten Nützliches?	▲
Bedenken Sie jeden Kauf gründlich, und neigen Sie zum Sparen?	■
Sind Sie am liebsten immer auf den Beinen, immer in Bewegung?	●
Mögen Sie Wettkämpfe, sportliche Spiele, Meisterschaften?	▲
Entspannen Sie lieber in aller Ruhe, als sich sportlich zu betätigen?	■

Gesamt   ●   ▲   ■

Das Ergebnis

Wenn Sie nun zusammenzählen, wie oft Sie welches der drei Symbole angekreuzt haben, nennt Ihnen die höchste Zahl Ihr dominierendes Dosha. Haben Sie zwei Symbole fast gleich häufig angekreuzt, deutet das auf eine doppelte Dosha-Dominanz hin.

Richten Sie sich in Ihrer Ernährung nach dem hauptsächlich angekreuzten Dosha; bei zwei annähernd gleich häufig aufgetretenen wechseln Sie Rezepte für beide Doshas ab und versuchen so, beide zu reduzieren.

Berücksichtigen Sie bei der Interpretation Ihres Testergebnisses auch Ihr Alter und die Umgebung, in der Sie zur Zeit leben. Mit 16 Jahren stehen Sie am Ende der Kapha-Phase, häufige Erkältungen und eine pummelige Figur müssen jetzt nicht bedeuten, daß Sie das ganze Leben lang von Kapha geprägt sind. Wer in kaltem, windigem Klima lebt, darf sich über eine Vata-Erhöhung nicht wundern; die Umgebung prägt den Menschen und wirkt auf ihn ein.

Wiederholen Sie den Test zweimal im Abstand von einem Vierteljahr. Sie werden sehen, es gibt Veränderungen, die Sie immer wieder auf momentane Störungen, ein leichtes Ungleichgewicht zwischen den Doshas oder aber einen erreichten Ausgleich aufmerksam machen.

Wer seinen Ayurveda-Typ über diesen Test hinausreichend noch umfassender bestimmt haben möchte, wendet sich bitte an einen erfahrenen Ayurveda-Arzt. Dessen Diagnose ist von einem Laien nicht zu ersetzen; allerdings ist sie bei Gesunden nicht erforderlich für den Beginn einer Ayurveda-Ernährung.

Gemischte Blattsalate und grünes Blattgemüse gelten als herb oder bitter – ideal bei erhöhtem Pitta oder Kapha.

Kochen nach Ayurveda

Wer wie die Asiaten im Bambuskörbchen dämpft, schont das Gemüse und erhält wertvolle Vitamine.

Kochen ist längst nicht nur lästige Hausarbeit; es ist ein kreativer, sinnlicher Akt, aber auch ein chemischer Vorgang. Natürliche Produkte – Gemüse, Getreide, Obst etc. – werden mit Wasser und/oder Öl verbunden, erhitzt, vermischt und auf unterschiedlichste Art zubereitet. Dadurch werden manche von ihnen erst genießbar – Hülsenfrüchte sind z. B. roh giftig, Gelbwurz schmeckt roh unangenehm bitter.

Das gleiche geschieht beim Kochen nach dem Ayurveda. Allerdings werden hier die einzelnen Lebensmittel, Kräuter und Gewürze so zusammengestellt, daß sie sich geschmacklich und in ihrem Nährwert ergänzen und gemeinsam einen Einfluß auf den Esser ausüben. Kochen im Sinn des Ayurveda bedeutet keineswegs ausschließlich, hungrige Mägen zu füllen; diese Küche will den Körper optimal versorgen, dem Menschen täglich alle sechs in der Natur vorhandenen Geschmacksarten servieren und ihn gesund erhalten.

Kochen wertet auf

Erhalten Sie beim Kochen die Nährwerte der Nahrungsmittel: Garen und dünsten Sie im eigenen Saft, fügen Sie den Lebensmitteln wenig Wasser und Fett zu. Benutzen Sie nur Butterschmalz oder kalt gepreßte Öle. Gekochte, warme Speisen sind für alle leichter verdaulich, und das Kochen bereichert die Nahrungsmittel geschmacklich – so die Köchin oder der Koch denn ihr Handwerk versteht!

Seien Sie verschwenderisch mit frischen Kräutern. Wählen Sie die Gewürze so aus, daß sie den Eigengeschmack der Lebensmittel nicht übertönen, sie aber geschmacklich ergänzen. Süßliches Fleisch sollte nicht allein mit süßen, sondern möglichst mit bitteren oder herben Gewürzen und Kräutern zusammengebracht werden. Bittere und herbe Gemüse- und Salatsorten vereinen Sie idealerweise mit süßem Obst oder frisch gepreßtem, saurem Fruchtsaft als Marinade oder Vinaigrette.

Orientieren Sie sich an den für Ihr hauptsächliches Dosha empfohlenen Geschmacksrichtungen, und vergessen Sie dabei nicht, daß Sie täglich auch ein wenig der anderen drei zu sich nehmen sollten. So sind die Mahlzeiten ausgewogen.

Sechs Geschmacksrichtungen bestimmen die Mahlzeiten

Die einzelnen Lebensmittel, Kräuter und Gewürze lassen sich – je nach ihrer Eigenart – in sechs unterschiedliche Geschmacksrichtungen einteilen: süß, salzig, sauer, bitter, scharf und herb. Dementsprechend wirken sie auf die drei Doshas ein, gleichen sie aus oder fördern sie und können Gesundheit oder Krankheit hervorrufen.

Zwar enthalten die meisten Lebensmittel mehr als eine Geschmacksrichtung, doch fast immer herrscht eine vor. Die Mehrzahl der Obstsorten ist z. B. süß und sauer zugleich; das leuchtet bei dem Beispiel Orange jedem sofort ein.

Sollten Ihnen einzelne, hier im Buch aufgelistete Geschmackszuordnungen fremd erscheinen, dann essen Sie das Entsprechende einmal allein, ohne weitere Zusätze, und konzentrieren Sie sich ganz auf den Geschmack. Vielleicht erleben Sie ein neues Geschmacksempfinden.

Die Wirkung der Geschmacksrichtungen

Geschmack	Reduziert	Verstärkt
Süß	Vata, Pitta	Kapha
Sauer	Vata	Pitta, Kapha
Salzig	Vata	Pitta, Kapha
Bitter	Pitta, Kapha	Vata
Herb	Pitta, Kapha	Vata
Scharf	Kapha	Vata, Pitta

Wer ißt was?

Jeder ernährt sich mit Hilfe der Geschmacksrichtungen am besten so, daß er sein vorherrschendes Dosha reduziert, die anderen dagegen erhöht. So entsteht ein Ausgleich, dessen Ideal das mehr oder minder perfekte Gleichgewicht aller drei Doshas ist.

- Bei viel Vata ernähren Sie sich in erster Linie salzig, sauer, süß.
- Mit erhöhtem Pitta speisen Sie bevorzugt süß, bitter und herb.
- Haben Sie eine Kapha-Dominanz, wählen Sie in der Mehrzahl bitter, herb und scharf.

Generell gilt für alle Doshas: Süßes wie Salziges regen den Appetit an, leicht wird zuviel davon gegessen. Saures und Scharfes kann Magen wie Darm reizen; auch hier ist Zurückhaltung geboten. Nur Bitteres und Herbes darf in größeren Mengen regelmäßig gegessen werden – nicht jedoch bei bereits erhöhtem Vata.

- Bei einer Vata-Dominanz meiden Sie weitgehend Scharfes, weil es Durchfall begünstigt und zur Austrocknung führen kann; genau das braucht ein zur Trockenheit neigender Vata-Mensch nicht. Essen Sie auch wenig Bitteres, da es den Körper entschlackt und ebenfalls austrocknet. Herbe Speisen wirken ähnlich und sind für Vata auch nicht angebracht.
- Bei einer Pitta-Dominanz essen Sie selten Scharfes, da es die Verdauung unnötig ankurbelt, das aber tut Pitta schon selbst ausreichend. Sal-

ziges fördert einen Wasserstau, den das z. T. aus Wasser bestehende Pitta keineswegs noch braucht. Saures wird bei viel Pitta nicht vertragen; die warme Reaktion im Körper auf alles Saure würde das Pitta-Feuer übermäßig anfachen. Durchfall könnte eine Folge sein.

- Bei einer Kapha-Dominanz sind Sie sparsam mit Süßem, da es die meist schon vorhandene Trägheit noch fördert. Essen Sie auch wenig Saures und Salziges, beides speichert die Feuchtigkeit im Körper und führt zu mehr Gewicht. Sie gehören zu den wenigen, die wirklich Scharfes vertragen.

Die ideale Mahlzeit

Eine ideale Mahlzeit im Sinn des Ayurveda besteht aus allen sechs Geschmacksrichtungen gleichzeitig: süß, salzig, sauer, bitter, scharf und herb. Das heißt, ein Vata-Geprägter sollte nicht ausschließlich seine empfohlenen Richtungen salzig, sauer, süß bevorzugen, sondern alle sechs zumindest einmal am Tag genießen. Natürlich ist die Menge hier entscheidend! Ist er gesund, bevorzugt er »seine« Geschmacksrichtungen und nimmt zusätzlich ein wenig(!) der drei anderen zu sich.

So bringen Sie jeden Geschmack auf den Tisch

Wählen Sie z. B. die Hauptbestandteile Ihrer Mahlzeiten nach dem für Sie angebrachten Geschmack. Mit Gewürzen, Kräutern und etwas Obst vorweg, zum Salat oder als Dessert sowie den Getränken sorgen Sie für die übrigen Geschmacksrichtungen. Die hier im Buch versammelten Rezepte sind nach diesem Prinzip zusammengestellt.

- So erhält Vata schon mit einer Spur Ingwer oder dem Viertel einer Knoblauchzehe etwas Schärfe – völlig ausreichend. Etwas dunkles Blattgemüse liefert einen bitteren, einige Salatblätter geben einen herben Geschmacksreiz.
- Pitta braucht nur wenig Peperoni oder rote Paprika, um eine scharfe Nuance zu erzielen, einen Löffel Algen oder Pickles für den salzigen Geschmack und ein paar Johannisbeeren an dem geliebten bitteren Gemüse oder Salat sowie eine Marinade aus Zitronen oder Grapefruit.
- Für Kapha ist die Süße von drei bis fünf Beeren – z. B. im Salat oder als Fruchtmus – völlig ausreichend; ein Teelöffel Pickles garantiert die salzige Note, und milchsauer eingelegtes Gemüse bringt ein wenig Saures.

Ein Lebensmittel – ein Geschmack?

Etliche Lebensmittel besitzen mehrere Geschmacksrichtungen, doch fast immer dominiert eine. Manchmal ist das allerdings auch von der Zubereitung abhängig:

- So ist eine rohe Zwiebel scharf, eine gedünstete oder gekochte dagegen süß.
- Tomaten mit Möhren und etwas Rohrzucker gedünstet schmecken überwiegend süßlich; mit Zitrone roh angemacht oder mit Sojasauce gekocht dagegen säuerlich.

Warum sechs Geschmacksrichtungen täglich?

Nehmen Sie täglich alle von der Natur zur Verfügung gestellten Geschmacksarten auf, fühlt sich der Körper rundum befriedigt, und es entstehen keine kleinen Gelüste, die Sie plötzlich verführen, zwischendurch zu naschen, am Abend zu knabbern oder noch eine späte Mitternachtsmahlzeit einzuschieben. Statt dessen fühlen Sie sich mit der Ayurveda-Ernährung satt und zufrieden.

Ein angenehmer Nebeneffekt dieser Ernährung: Die nervenstrapazierenden Diäten entfallen. Wer sich einmal für Ayurveda in der Küche entschieden hat, wird langfristig Übergewicht verlieren, Eßstörungen ausschalten und für eine regelmäßige Verdauung sorgen. Das garantiert eine optimale Versorgung aller Organe im Körper und eine stabile Gesundheit. Und ganz nebenbei schmecken diese Gerichte auch noch lecker.

Lebensmittel in sechs Geschmacksrichtungen

Jedes Lebensmittel enthält mindestens eine Geschmacksrichtung; manche besitzen zwei. Daher darf es Sie nicht verwundern, daß einige Gemüse- und Obstsorten mehrfach aufgeführt sind: Tomaten sind z. B. süß und zugleich sauer, Birnen sind süß und herb. Dabei ist natürlich auch die Sorte ausschlaggebend. So schmecken einige Äpfel süß, andere sauer. Hier müssen Sie manchmal individuell einen abweichenden Geschmack bestimmen.

Lebensmittelgruppen mit Geschmacksrichtungen

Gemüse	Süß:	schwarze Bohnen, Erbsen, Fenchel, Frühlingszwiebeln (gekocht), Karotten, Kürbis, Mais, gelbe und orange Paprika Schwarzwurzeln, Spargel, Steckrüben, Süßkartoffeln, Tomaten, Zuckerrüben, Zuckerschoten, Zwiebel (gekocht)
	Salzig:	Meeresgemüse (Algen), Seegras, eingelegte Pickles
	Sauer:	milchsauer eingelegtes Gemüse, süß-sauer zubereitetes Gemüse, rote Bete, Pickles, Sauerkraut, Tomaten
	Bitter:	Artischocken, Auberginen, grünes Blattgemüse, Brennessel, Chicorée, Gurken, Lauch, Mangold, Radicchio, Spargel, Spinat, Sauerkraut
	Scharf:	Frühlingszwiebeln (roh), rote Paprika, Peperoni, Petersilienwurzel, Zwiebeln (roh)
	Herb:	Blumenkohl, grüne Bohnen, Brokkoli, Fenchel, Grünkohl, alle Hülsenfrüchte, Kartoffeln, Knollensellerie, alle Kohlsorten, Kürbis, Linsen, grüne Mungbohnen, Pilze, Okra, grüne Paprika, Rosenkohl, Sojabohnen, Stangensellerie, Zucchini
Salat	Süß:	Oliven
	Bitter:	Eichblattsalat, Endivien, Feldsalat, Löwenzahn, Lollo rossa, Radicchio, Rauke
	Sauer:	Sauerampfer
	Scharf:	Radieschen, Rettich, Sprossen
	Herb:	Brennessel, Gurken, Oliven
Getreide	Süß:	Buchweizen, Dinkel, Gerste, Getreideprodukte generell, Grünkern, Hafer, Hirse, Mais, Nudeln, Reis, Roggen, Weizen, Brot
	Salzig:	Knabbereien, Chips (abzulehnen)
	Herb:	Gerste
Fleisch	Süß:	Geflügel, Ente, Lamm, Hammel, Rind, Kalb, Wild, Kaninchen
	Salzig:	Dosenfleisch, Fast food, Pökelfleisch, Wurstwaren (abzulehnen)
Fisch	Süß:	Süßwasser- und Meeresfisch, Garnelen, Meeresfrüchte
	Salzig:	Meeresfisch, Meeresfrüchte, eingelegter Fisch (abzulehnen)
	Sauer:	Süß-sauer zubereiteter, sauer marinierter Fisch
Eier und Milchprodukte	Süß:	Milch, Butter, süße Sahne, Hühnereier
	Salzig:	Gesalzene Butter, gesalzene Lassis (Joghurtgetränke)
	Sauer:	Buttermilch, Frischkäse, Weichkäse, Hartkäse, Joghurt, alter Käse, Kefir, Molke, Quark, saure Sahne, Tofu
	Scharf:	harter, alter Käse
Obst	Süß:	Äpfel, Ananas, Aprikosen, Avocado, Bananen, alle Beeren, Birnen, Clementinen, Datteln, Erdbeeren, Feigen, Granatäpfel, Himbeeren, Mandarinen, reife Mangos, Melonen, Nektarinen, Orangen, Pfirsiche, Rosinen, Trauben, Trockenfrüchte
	Sauer:	Äpfel, Erdbeeren, Grapefruit, Hagebutten, Himbeeren,

Lebensmittelgruppen mit Geschmacksrichtungen

Obst	Sauer:	Johannisbeeren, Kirschen, Kiwis, Limonen, grüne Mangos, Orangen, Pflaumen, Rhabarber, Stachelbeeren, Trauben, Zitronen
	Bitter:	Bittermelonen, Grapefruit, Limonen, Passionsfrucht, Rhabarber
	Herb:	Äpfel, unreife Bananen, Birnen, Brombeeren, Granatäpfel, Hagebutten, Heidelbeeren, Himbeeren, Preiselbeeren, Quitten, Rhabarber, Schlehen, Walderdbeeren
Fette	Süß:	Butter, Butterschmalz, kaltgepreßtes Distel-, Kokos-, Oliven-, Lein-, Sesam-, Sonnenblumenöl; Walnuß, Cashewnuß, Haselnuß
	Scharf:	Rizinusöl
Gewürze	Süß:	Alfalfa, Borretsch, Fenchel, Granatapfelsamen, Hibiskus, Kardamom, Kokosnuß, Kürbiskerne, Mandeln, Minze, Mohnsamen, Muskat, Safran, Sesam, Vanille, Wacholder, Walnuß, Zimt, alle Zuckersorten
	Salzig:	Kapern, Meersalz, Sojasauce, Steinsalz
	Sauer:	Sauerampfer, Tamarinde, Zitronenbasilikum, Zitronenmelisse
	Bitter:	Aloe Vera, Bockshornklee, Chinarinde, Chinin, Dill, Estragon, Gelbwurz, Kamille, Koriander, Kreuzkümmel, Löwenzahn, Rosmarin, Safran, Schafgarbe, Teufelsdreck, Wegwarte, Wermut, Zinnkraut, Zitronengras, -blätter
	Scharf:	Anis, Basilikum, Bockshornklee, Bohnenkraut, Cayennepfeffer, Chili, Currymischung, Dill, Estragon, Eukalyptus, Galgant, Gelbwurz, Ingwer, Kamille, Kardamom, Knoblauch, Koriander, Kresse, Kreuzkümmel, Kümmel, Lorbeer, Majoran, Meerrettich, Minze, Mohnsamen, Muskatnuß, Nelke, Oregano, Petersilie, Pfeffer, Piment, Rosmarin, Salbei, Safran, Schnittlauch, Senfsamen, Sternanis, Teufelsdreck, Thymian, Zimt, Zitronengras
	Herb:	Alfalfa, Beinwell, Borretsch, Breitwegerich, Enzian, Fenchel, Gelbwurz, Granatapfelsamen, Hibiskus, Salbei, Wacholderbeeren
Süßes	Süß:	Ahornsirup, Honig, Kokosnuß, Mandeln, Melasse, eingedickte Obstsäfte, Rosinen, Rübensirup, Sesam, brauner Vollrohrzucker
	Scharf:	Honig
	Bitter:	dunkler Kakao, Schokolade
Kräuter und Teeblätter	Süß:	Eibisch, Fenchel, Hibiskus, Malve, Orangenschalen
	Salzig:	Irisch Moos
	Sauer:	Hagebutte
	Bitter:	Aloe, Chinarinde, Eisenkraut, Holunder, Jasmin, Johanniskraut
	Scharf:	Baldrian, Eukalyptus, Kamille, Mate, Orangenschalen, Pfefferminze
	Herb:	Brombeer-, Erdbeer-, Himbeerblätter, Malve, Mate

Der Geschmack wirkt auf den Körper

Jede der sechs Geschmacksrichtungen hat eine ganz bestimmte Wirkung auf den Körper, ist daher für einzelne Doshas besonders geeignet oder aber weniger zu empfehlen und kann überdies als vorbeugender Schutz gegen Erkrankungen eingesetzt werden.

Einige Geschmacksarten wirken erhitzend, andere abkühlend, manche haben eine austrocknende und wieder andere eine befeuchtende Wirkung. Setzen Sie die sechs deshalb gezielt ein, um ein Dosha zu kräftigen oder zu beruhigen – ganz nach der aktuellen Lage.

Der Geschmack macht sich bemerkbar			
Wirkung	Geschmack	Geeignet für	Ungeeignet für
Erhitzend	süß, sauer, salzig	Vata	Pitta
Abkühlend	süß, herb, bitter	Pitta	Vata
Austrocknend	scharf, bitter, herb	Kapha	Vata
Befeuchtend	süß, sauer, salzig	Vata	Kapha

Öle spielen eine ganz besondere Rolle in der Ayurveda-Küche. Sie werden mit Gewürzen veredelt und helfen heilen.

Heiße oder kalte, trockene oder ölige Nahrung?

Alle von Vata Geprägten neigen von sich aus zu Kälte und Trockenheit, folglich ist das Gegenteil – Hitze und Feuchtigkeit/Öliges – für die Betreffenden angebracht. Die entsprechenden heißen und/oder öligen Lebensmittel können einen Überschuß an Vata beseitigen und somit Krankheiten vorbeugen. Die Nahrung bewirkt einen Ausgleich unter den Doshas. Die zu Hitze und Feuchtigkeit tendierenden, von Pitta Beherrschten fühlen sich mit der gegenteiligen, nämlich kalten und trockenen Nahrung am wohlsten. Mit ihr bleiben alle mit viel Pitta gesund!

Und die zu Kälte und Feuchtigkeit Neigenden mit erhöhtem Kapha sind am idealsten mit heißen und trockenen Mahlzeiten bedient. Die heißen und/oder trockenen Nahrungsmittel eignen sich bestens, ein überschüssiges Kapha auszugleichen; so kann eine Krankheitsanfälligkeit gar nicht erst entstehen.

Nutzen Sie die natürlichen Kräfte der einzelnen Nahrungsmittel, um Ihren persönlichen Typ zu unterstützen und um sich so gesund und passend für Ihre Konstitution wie nur möglich zu ernähren. Essen Sie aber nie unterschiedlich wirkende Lebensmittel zusammen! Also z. B. keine kühlen Getränke zu heißem Essen.

Bedenken Sie: Wenn Sie andere Gemüse-, Salat- oder Obstsorten als die für Sie empfohlenen essen, werden Sie deshalb nicht krank; Sie müssen sich auch keinesfalls unwohl fühlen. Ernähren Sie sich allerdings regelmäßig Ihrem persönlichen Typ zuwider, so kann das langfristig negative Auswirkungen auf Ihre körperliche und psychische Konstitution haben. Und genau das soll mit der Ayurveda-Küche vermieden werden.

Das vertragen die drei Doshas

Nahrungsqualität	Vata	Pitta	Kapha
Heiß	X		X
Kalt		X	
Trocken		X	X
Ölig/feucht	X		

Gute oder schlechte Nahrung?

Nach dem Ayurveda haben Lebensmittel gute oder schlechte Eigenschaften. Die einen versorgen den Körper optimal – sie sollten hauptsächlich gegessen werden. Die anderen können dem Körper schaden und müssen gemieden werden. Manche davon dürfen aber gelegentlich in kleinen Mengen oder bei bestimmten Dosha-Konstellationen verzehrt werden.

Sattvische Lebensmittel

Mit der Eigenschaft Sattva bauen Sie Ihren Körper auf; sattvische Lebensmittel sind naturbelassen, frisch und enthalten alles Lebensnotwendige: Vitamine, Mineralien, Spurenelemente, Eiweiß, Kohlenhydrate und ausreichend Ballaststoffe. Wer sich reichlich von sattvischen Produkten ernährt, lebt ausgewogen, gesund und besitzt darüber hinaus eine positive Lebenseinstellung. Sattvische Speisen beeinflussen alle drei Doshas positiv!

- Genießen Sie alle leichten und frischen Lebensmittel reichlich.
- Trinken Sie naturbelassene Vollmilch, und kochen Sie mit selbstgemachtem Butterschmalz. Am idealsten besorgen Sie sich frische Milch vom Bauern, kochen sie einmal auf und verarbeiten sie selbst zu Buttermilch, Butter, Joghurt, Frischkäse.
- Schlemmen Sie mit Gemüse, Hülsenfrüchten, Getreide und Reis; aber beachten Sie dabei die für Ihr Dosha empfohlenen Sorten.
- Greifen Sie bei frischen Früchten zu, und bevorzugen Sie Obst aus nahen Anbaugebieten. Grün geerntete und nachgereifte Ananas enthalten weit weniger gute Nährstoffe als am Strauch oder Baum gereifte heimische Äpfel und Birnen.

Rajasische Lebensmittel

Alle Nahrungsmittel, die die Eigenschaft Rajas enthalten, erhitzen Körper wie Geist übermäßig; sie machen den Menschen ungeduldig, rechthaberisch und aggressiv. Daher sind diese Lebensmittel niemals täglich und schon gar nicht im Übermaß zu empfehlen. Denn so wollen Sie sicher nicht auf Ihre Umgebung wirken.

Wer allerdings etwas langsam ist, zu Trägheit und Gleichgültigkeit neigt und sich selbst ein wenig anstacheln möchte, der darf scharfe, rajasische Lebensmittel in kleineren Mengen essen. Sie aktivieren alle mit einer Kapha-Dominanz und machen energisch und kämpferisch.

- Halten Sie sich generell bei allen scharfen Gewürzen wie Pfeffer, Paprika, Peperoni, Chili, Zwiebeln und Knoblauch zurück. Nur bei einer Kapha-Dominanz sind sie – in Maßen – zuträglich.
- Essen Sie Fleisch, Fisch und Eier wenig und nur in kleinen Mengen. Reduzieren Sie die gewohnten Fleischspeisen.
- Essen Sie alten, harten und im Geschmack salzigen Käse gar nicht, bevorzugen Sie Frisch- und Weichkäse; Käse am Abend ist nach Ayurveda tabu.
- Trinken Sie wenig oder gar keinen Kaffee, schwarzen Tee und Alkohol.

Tamasische Lebensmittel

Hüten Sie sich vor Lebensmitteln mit einem hohen Anteil Tamas; sie machen müde und träge, belasten die Verdauung unnötig und begünstigen Krankheiten. Tamasische Lebensmittel sind nicht mehr natürlich, sondern industriell aufbereitet und verarbeitet; damit enthalten sie schädliche Substanzen. Höchstens Hektiker und Übernervöse mit erhöhtem Vata können sie gelegentlich in winzigen Mengen zur Beruhigung einsetzen.

- Essig, raffinierter Zucker und industriell gereinigtes Salz sind nach Ayurveda verboten.
- Trinken Sie keine H-Milch, und essen Sie keinen hitzebehandelten Joghurt, Quark oder andere industriell gefertigte Milchprodukte.
- Lehnen Sie alle Lebensmittel mit Konservierungsmitteln ab; frische Ware, die Sie sofort essen oder kochen, ist besser!
- Essen Sie keine gespritzten oder gewachsten Früchte; kaufen Sie Gemüse und Salate, die garantiert nicht mit Pflanzenschutzmitteln behandelt sind, bestrahlt oder gar gentechnisch manipuliert wurden. Die Natur bietet ausreichend frische und reine Produkte an.
- Tischen Sie keine industriell vorgefertigten Speisen, keine Dosen- oder Tiefkühlgerichte auf. Kaufen Sie für Babys und Kleinkinder keine Gläschenkost.
- Wärmen Sie selbst nichts wieder auf. Mit ein bißchen Überlegung und Planung können Sie täglich genügend, aber nicht zuviel vorbereiten.

Ayurveda-Rezepte für die ganze Familie

Ein Paradies für die Ayurveda-Köchin oder den Ayurveda-Koch: Die ganze Familie ist von Vata bestimmt. Das heißt, allen tut das gleiche Essen gut: gekochte, warme Gerichte, Erbsen und Karotten, wenig Huhn, wenig Milchprodukte, die gesamte Palette an reifem, süßem Obst und generell die Geschmacksrichtungen salzig, sauer, süß. Doch das ist leider graue Theorie. Der Alltag zeigt eher Familien und Freundeskreise, die aus allen drei Doshas zusammengesetzt sind. Demzufolge muß ein wenig Rücksicht genommen werden.

Die Lebensmitteltabellen zeigen Ihnen, daß viele Gemüse- und Salatsorten allen drei Doshas gleichermaßen gut bekommen; auch Huhn und Shrimps sind niemandem in Maßen abträglich. Tragen Sie alle Speisen einzeln auf; so kann sich jeder seine individuelle Mahlzeit am Tisch zusammenstellen, von einem reichlich, von anderm weniger nehmen. Bieten Sie zu einer Hauptmahlzeit mindestens zwei geschmacklich unterschiedliche Gemüsegerichte, dann ist ausreichend Auswahl garantiert. Stellen Sie separat Kräuter und Gewürze dazu, so lassen sich Gerichte leicht abwandeln und bereichern. Zusätzliche Saucen und Chutneys oder Pickles runden das Angebot ab.

Auch beim Obst und bei den Getränken sind die Unterschiede ohne großen Zeitaufwand zu berücksichtigen. Bereiten Sie z. B. zwei Kräuter- oder Früchtetees vor, und stellen Sie naturbelassene oder selbst gepreßte Säfte tagsüber bereit.

Die ganze Vielfalt erlesener Gemüsesorten: Peperoni, Kürbis, Okra, Bittergurken, Chilis, Auberginen, Kochbananen und wieder Kürbis.

Die Ayurveda-Küche in der Praxis

Das volle Getreidekorn besitzt lebenswichtige Stoffe eines Naturprodukts: Mineralien, Spurenelemente, Vitamine und Ballaststoffe.

Der Körper und Ihre Gesundheit sind das Wertvollste, was Sie besitzen. Sie dauerhaft zu erhalten ist oberstes Gebot der Ayurveda-Küche. Essen Sie daher ausschließlich hochwertige Produkte; Ihr Magen ist keine Mülltonne.

Langfristig macht eine ausgewogene Ayurveda-Ernährung jede Diät und jedes Kalorienzählen überflüssig. Sie behalten Ihr Gewicht oder können mühelos abnehmen, wenn Sie sich an die Rezepte halten, typgerecht essen und die Küchentür nach 19 Uhr geschlossen lassen.

Verabschieden Sie sich nicht nur von Fertiggerichten und Fast food, sondern bereiten Sie in Zukunft alle Speisen selbst zu! Kneten Sie den Brotteig mit Ihren Händen, mischen Sie das Müsli selbst, zupfen Sie Kräuter mit den Fingern klein. Sie machen sich selbst nicht schmutzig, wenn Sie Gemüse und Salat anfassen, mit den Fingern zerkleinern oder zerdrücken. Die Küche ist kein steriles chemisches Labor, sondern ein Platz zum kreativen Kochen, zum sinnlichen Genuß an der Zubereitung leckerer Speisen. Genießen Sie den Prozeß des Zubereitens, denken Sie dabei liebevoll an die zu erwartende Mahlzeit und die Menschen, für die Sie kochen. Ihre eigene Energie wird in die Speisen übergehen, und das wertet sie auf.

Tips für
die tägliche Ernährung

- Ernähren Sie sich von gekochten, warmen Speisen; weich gekochtes Gemüse ist am leichtesten bekömmlich und benötigt am wenigsten Energie zur Verdauung.

- Essen Sie sich nie rundum satt, so daß kein Bissen mehr in den Magen hineinpassen würde; in zu Zweidrittel gefüllter Magen ist ausreichend gesättigt.

- Essen Sie drei bis fünf Stunden nach einer kompletten Mahlzeit nichts. Der Körper braucht ausreichend Zeit zur Verdauung der Speisen, die noch im Magen liegen. Das Häppchen zwischendurch ist überflüssig!

- Verwenden Sie ausschließlich frische Lebensmittel. Dosen-, Tiefkühlkost, industriell vorgefertigte Nahrungsmittel und alles wieder Aufgewärmte mag zeitsparend und somit praktisch, nie aber gesund sein.

- Essen Sie wenig Fleisch, Fisch und Eier – wenn Sie Askese bei diesem Thema ablehnen, genießen Sie diese Speisen mittags, dann verfügt der Körper über die meiste Energie für schwer Verdauliches. Das gilt auch für Käse.

- Wenn Sie Ihre Ernährung umstellen wollen, beginnen Sie langsam und ohne Zwang. Essen Sie zunächst bewußt mehr Gemüse und Getreide; damit verringert sich automatisch Ihr Fleisch- und Fischkonsum.

- Eiskalte Getränke, Eiswürfel, kalte Speisen aus dem Eisschrank belasten die Verdauung zu stark – essen und trinken Sie alles mindestens in Zimmertemperatur. Speiseeis sollte gemieden werden; es ist höchstens in kleinen Mengen im Sommer erlaubt.

- Abends gibt es keine Milchprodukte und keinen Käse mehr – sie sind zu schwer verdaulich. Statt dessen sind Suppen und leichte Gemüsegerichte zum Abendessen ideal.

- Mindestens einmal täglich sollte jede der sechs Geschmacksrichtungen auf den Tisch kommen: Das Saure neben Süßem und Salzigem, ein bitteres Häppchen zu Herbem und Scharfem garantiert jene geschmackliche Ausgewogenheit, die verhindert, daß plötzlicher Heißhunger auf einen Schokoriegel, eine salzige Knabberstange, eine Tüte süße Leckereien entsteht.

- Passende Getränke zum Essen sind stilles Mineralwasser, Ingwerwasser, Kräutertees und am Abend ein Glas Wein oder Bier. Ayurveda verbietet Alkohol in kleinen Mengen nicht. Fruchtsäfte und Milch sollten getrennt von Mahlzeiten getrunken werden.

- Schweigen Sie während der Mahlzeiten, schalten Sie alle Störungen – wie Telefon, Fernseher, Musik – aus, und konzentrieren Sie sich auf die Speisen und das Kauen. Machen Sie die Mahlzeiten zu einem sinnlichen Vergnügen.

- Essen Sie in einer für Sie persönlich angenehmen Umgebung und ausschließlich mit Menschen, die Sie mögen. Wer mit seinen Feinden bei Tisch sitzt, wird viel Ärger und Wut mit hinunterschlucken.

- Gehen Sie nach dem Essen ein wenig spazieren; gewöhnen Sie sich den Mittagsschlaf ab – besonders bei viel Kapha ist er nur schädlich!

Oberstes Gebot – Frische

Wer sich für die Ayurveda-Küche entscheidet, sollte ausschließlich frische Produkte verarbeiten. Gerade erst geerntet, ohne lange Lagerzeiten, möglichst direkt beim Erzeuger gekauft und selbst verarbeitet sollten die Lebensmittel sein. So lautet das Gesundheit versprechende Gebot seit mehreren tausend Jahren. Doch für wen ist das möglich? Wie hilft sich die überlastete, berufstätige Mutter in der Großstadt? Bleiben Sie realistisch, setzen Sie das Mögliche um!

- Kaufen Sie auf Wochenmärkten frische, noch unverarbeitete Lebensmittel. Wählen Sie die Sorten der Saison.
- Bevorzugen Sie einheimisches Gemüse, Obst und Getreide. Mit Mangos aus Thailand und Shrimps aus Taiwan holen Sie sich die bei uns längst verbotenen Pestizide wieder ins Haus.
- Kochen Sie nicht zuviel, vermeiden Sie Reste, und tischen Sie nichts wieder aufgewärmt auf.
- Dosen, Fertiggerichte und Tiefkühlkost sind tabu! Fast food ist der Feind des Ayurveda.
- Meiden Sie Wurst und sogenannten Aufschnitt – zuviel wird in unseren Landen aufgeschnitten, was kaum noch identifizierbar ist.

Die Lagerung

Ayurveda-Ärzte lehnen Kühlschränke ab, da sie die Lebensmittel unnatürlich kalt halten. Wer nicht darauf verzichten will, muß alles – auch Getränke! – mindestens eine Stunde vor dem Verzehr aus dem Eisschrank holen.

Butterschmalz lagern Sie wie Gewürze dunkel und kühl, aber nie im Eisschrank. Es eignet sich ein irdener Topf, den Sie mit einem Teller oder einem sauberen Tuch abdecken.

Ideal für die Lagerung von frischem Obst und Gemüse ist ein Keller, in dem maximal 5° C herrschen. In Häusern, wo die Keller den Tiefgaragen weichen mußten, können Sie vielleicht einen Abstellraum zur Vorratskammer umfunktionieren.

Eiskalt belastet

Stillen Sie Durst nicht mit eiskalten Getränken, lehnen Sie Eiswürfel ab. Essen Sie am besten kein Speiseeis – und wenn, dann nur im Sommer. Das gilt auch für die lieben Kleinen!

Warum? Wenn Speisen und Getränke um ein Vielfaches kälter sind als die inneren Organe, werden sie stärker als von warmer, gekochter Nahrung beansprucht. Kalte Speisen schwächen das Verdauungsfeuer in Magen und Darm.

Die drei Doshas im Tagesrhythmus

D er Mensch, seine Leistungskraft und Belastbarkeit sind dem Tagesrhythmus unterworfen. Die einen sind Morgenmuffel, die anderen springen schon um sechs Uhr in der Früh voller Elan aus den Federn. Manche machen die Nacht zum Tag, wieder andere gähnen schon um 22 Uhr. Wenn solche Extreme in Liebe vereint sind, dann sind Toleranz und Geduld erforderlich. Da kann die Dosha-Zugehörigkeit helfen, Unterschiede zu erklären und zu verstehen.

Die Doshas zu den Tageszeiten

Uhrzeit	Vata	Pitta	Kapha
06 – 10 Uhr			X
10 – 14 Uhr		X	
14 – 18 Uhr	X		
18 – 22 Uhr			X
22 – 02 Uhr		X	
02 – 06 Uhr	X		

Vata-Zeit

Am Nachmittag während der Vata-Zeit befindet sich die intellektuelle Aufnahmefähigkeit auf dem Höhepunkt. Jetzt sind fast alle Menschen – unabhängig von ihrem persönlichen Dosha – voll leistungsfähig. Am Ende der nachmittäglichen Vata-Zeit ist der ideale Moment für die letzte Mahlzeit. Sie kann dann noch vor dem Schlafen verdaut werden.
Zwischen zwei und sechs Uhr morgens deuten vermehrte Träume auf geistige Aktivität. Kurz vor Beginn der Kapha-Zeit, gegen sechs Uhr früh, werden die Ausscheidungsorgane aktiv. Jetzt drängt es viele zur Toilette.

Pitta-Zeit

Während der Pitta-Zeit am späteren Vormittag und über Mittag ist der Körper aktiv; jetzt ist die beste Zeit für die Verdauung – weshalb man die Hauptmahlzeit zu Mittag zu sich nehmen sollte. Wer gern Fleisch ißt, sollte es unbedingt jetzt tun; abends genossen, liegt es mindestens sechs Stunden unverdaut im Magen.

In der nächtlichen Pitta-Zeit regenerieren sich die Zellen; dann werden auch die geistigen Eindrücke des Tages verarbeitet, was sich in Träumen widerspiegelt.

Kapha-Zeit

In der Kapha-Zeit fühlt sich der Körper schwer an; Sie sind müde. Am idealsten stehen Sie deshalb noch vor der Kapha-Zeit um sechs Uhr morgens auf und gehen abends noch während der Kapha-Zeit bis 22 Uhr zu Bett. Das mag vielen zunächst befremdlich erscheinen, aber Sie sollten es zumindest einmal ausprobieren.

Die drei Doshas sind zu unterschiedlichen Tageszeiten besonder aktiv: Vata (blau) in der Nacht von 2 bis 6 Uhr und am Nachmittag von 14 bis 18 Uhr. Pitta (rot) herrscht von 10 Uhr vormittags bis 14 Uhr nachmittags und abends von 22 Uhr bis morgens um 2 Uhr. Kapha (gelb) dominiert die Tagesabschnitte zwischen 6 und 10 Uhr morgens und 18 und 22 Uhr abends.

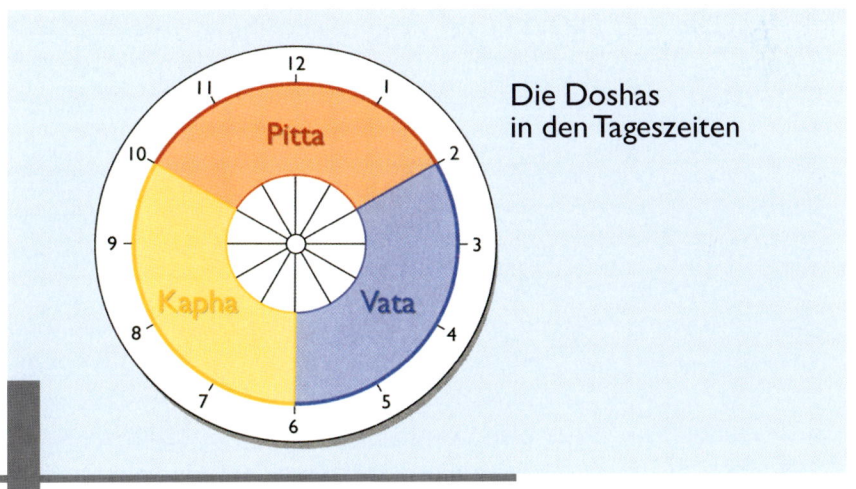

Die Doshas in den Tageszeiten

Ein Frühstück für jeden

Die Ayurveda-Küche beginnt schon am Morgen mit dem Frühstück und verbannt herzhafte Wurstbrote genauso wie knusprige Croissants aus der Küche. Doch keine Angst, Ayurveda bietet leckere Alternativen! Je nach Typ greifen Sie am Morgen kräftig zu ,oder halten sich eher zurück. Auch das Frühstück ist den einzelnen Doshas individuell angepaßt.

Für alle gilt: Bis zehn Uhr vormittags ist Kapha-Zeit, da schläft der Darm, die Verdauung ist noch nicht aktiv. Erst nach zehn Uhr dominiert Pitta und heizt das Verdauungsfeuer tüchtig an. Jetzt wird die Nahrung optimal verarbeitet, Nährstoffe werden aufgenommen. Daher muß ein frühes Frühstück immer aus leicht verdaulichen, den Magen nicht zu sehr belastenden Lebensmitteln bestehen.

Vata- und Pitta-Geprägte sollten zwischen sechs und neun Uhr vormittags frühstücken; bei einer Kapha-Dominanz frühstücken Sie besser erst nach zehn Uhr, oder Sie begnügen sich mit wenig Obst, einem Fruchtsaft oder Milch.

Das Vata-Frühstück – greifen Sie zu!

Alle Menschen mit ausgeprägtem Vata brauchen Ruhe. Nehmen Sie sich daher unbedingt ausreichend Zeit am Morgen. Setzen Sie sich gemütlich an den reich gedeckten Frühstückstisch, und bereiten Sie lieber am Abend das Frühstück schon vor, statt sich morgens zu hetzen.

- *Reis mit Haselnüssen:* Kochen Sie eine halbe Tasse Basmatireis mit einer halben Tasse grob zerhackten Haselnüsse in zwei Tassen Wasser weich. Würzen Sie mit wenig Salz, und geben Sie süße Beeren und ein paar Stücke Grapefruit dazu.
- *Süßer Grießbrei:* Erhitzen Sie einen gehäuften Eßlöffel Butterschmalz, und rösten Sie darin eine halbe Tasse Weizengrieß. Vorsicht: Damit der Grieß nicht anbrennt, müssen Sie ständig rühren. Wenn er braun ist, gießen Sie eineinhalb Tassen Milch dazu, rühren um und lassen das Ganze neben dem Herd fünf Minuten quellen. Erst jetzt kommen zwei Eßlöffel brauner Rohrzucker dazu. Sie können den Grießbrei mit Rosinen, Mandelsplittern oder süß-sauren Beeren verfeinern.
- *Rührei mit Gemüse:* Verschlagen Sie ein Ei, dünsten Sie eine kleingeschnittene, halbe weiße Zwiebel in einem Teelöffel Butterschmalz an, geben Sie einen Eßlöffel in dünne Streifen geschnittene Zucchini oder frische Erbsen dazu, lassen Sie sie weich dünsten, und gießen Sie dann das Ei darauf. Die Masse stockt in einer Minute. – Ein Eierfrühstück sollte nicht die Regel werden; maximal einmal pro Woche.

- *Müsli:* Müslifans bereiten sich ein Müsli aus Hafer-, Dinkel- oder Weizenflocken mit Milch oder Joghurt und frischem Obst der Saison; gesüßt wird mit Ahornsirup.
- *Quark mit Früchten:* Schlagen Sie Magerquark mit wenig Mineralwasser cremig. Sie können den Quark mit frisch gepreßtem Grapefruit- oder Orangensaft verfeinern und servieren ihn mit Beeren oder Fruchtmus.
- *Frühstücksgetränke:* Warmer Kräuter- oder Früchtetee und heißes Ingwerwasser eignen sich als Getränk. Sie können auch getrocknete Orangenschalen oder kleingeschnittenes Zitronengras überbrühen.

Das Pitta-Frühstück – schlemmen Sie!

Wer eine Pitta-Dominanz besitzt, kann schon am frühen Morgen reichlich essen; Pitta garantiert eine gute Verdauung. Wenn Sie am Frühstückstisch kräftig zufassen wollen, dann achten Sie schon bei dieser ersten Mahlzeit des Tages auf mehrere Geschmacksrichtungen. Unbedingt sollte für Sie etwas Süßes dabei sein.

- *Reisbrei mit Mungbohnen:* Kochen Sie für eine Portion eine halbe Tasse Basmatireis mit einem gehäuften Eßlöffel gelber Mungbohnen in zwei Tassen Wasser weich. Sie würzen mit einer Prise Steinsalz, einem Teelöffel braunem Rohrzucker. Nach einer knappen halben Stunde ist der Reisbrei fertig.
- *Haferbrei:* Kochen Sie eine halbe Tasse grobe Haferflocken in einer Tasse Wasser und einer Tasse Milch weich. Geben Sie eine Prise Salz und einen halben Teelöffel Butterschmalz dazu.
- *Getreidebrei mit Milch und Butterschmalz:* Kochen Sie eine halbe Tasse geschroteten Weizen, Gerste oder Dinkel in zwei Tassen Milch weich; dann fügen Sie einen halben Teelöffel Butterschmalz, eine Prise Salz und frische Kräuter nach Ihrem Geschmack hinzu.
- *Vollkornmüsli:* Aus Weizen-, Hafer-, Dinkel- oder Gerstenflocken bereiten Sie mit Milch oder Joghurt, Obst, Nüssen oder Mandeln ein leckeres Müsli; Sie können noch Weizenkleie darauf streuen. Süßen Sie mit eingedicktem Fruchtsaft oder Ahornsirup.
- *Frischkäse mit Obst:* Wer Frischkäse liebt, kann ihn morgens mit Fruchtmus, Melonenstücken oder Dörrobst essen. Für das Fruchtmus zerdrücken Sie süße Beeren, vermischen sie mit wenig frisch ausgepreßtem Orangensaft und süßen nach Bedarf mit braunem Rohrzucker.
- *Erdbeerquark:* Schlagen Sie drei Eßlöffel Quark mit Mineralwasser glatt, rühren Sie etwa zehn kleingeschnittene Erdbeeren unter, und süßen Sie mit einem Teelöffel Fruchtzucker. Darauf streuen Sie einen Eßlöffel Weizenkleie.

- *Pitta-Tee:* Brühen Sie sich einen Tee aus Himbeerblättern, Brombeerblättern mit getrockneten Brombeeeren, Hibiskusbättern, oder trinken Sie zum Frühstück Jasmintee. Sie können sich auch ein Glas Wassermelonensaft auspressen – am schnellsten in einem Mixer.

Das Kapha-Frühstück – verzichten Sie!

Beginnen Sie den Tag mit Schwung! Um so rasch wie möglich die Müdigkeit abzustreifen und aktiv zu werden, sollten alle mit einer Kapha-Dominanz morgens wenig bis gar nichts essen, mit Wechselduschen oder einem kalten Guß munter werden und sich durch ein paar gymnastische Übungen fit machen. Frühstücken Sie z. B. im Stehen, und hetzen Sie sich ein bißchen. Das bringt auch das Hirn in Schwung.

- *Frische Früchte:* Obst ist ein völlig ausreichendes Frühstück bei einer Kapha-Dominanz, die am Morgen in der Kapha-Zeit bis zehn Uhr nicht noch gefördert werden sollte. Wählen Sie nach Saison Äpfel, Aprikosen, Beeren, Pfirsiche oder Trockenfrüchte. Frische Früchte können Sie kleingeschnitten mit einem Teelöffel Weizenkleie und/oder einem halben Teelöffel Sesamkörnern bestreuen.
- *Fruchtsaft:* Frisch ausgepreßter Fruchtsaft ist ein vollwertiges Kapha-Frühstück: Mit einem Entsafter können Sie leicht selbst Äpfel, Beeren, Kirschen oder Pfirsiche zu Saft verarbeiten. Der Geschmack ist mit keinem industriell hergestellten Saft zu vergleichen!
- *Gemüsesaft:* Auch ein frisch gepreßter Gemüsesaft ist ein geeignetes Frühstück: Ideal sind Karotten oder Äpfel mit Staudensellerie. Sie benötigen dazu einen Entsafter.
- *Ingwermilch mit Honig:* Kochen Sie einen Viertelliter Magermilch mit einem gestrichenen Teelöffel fein geriebenem Ingwer auf, und würzen Sie mit einem knappen Teelöffel kaltgeschleudertem Honig.
- *Hirsebrei:* Haben Sie mit Kapha-Dominanz morgens Hunger und können nicht bis zum Mittag warten, bietet sich nach zehn Uhr ein leichter Hirsebrei mit getrockneten Früchten an. Kochen Sie eine halbe Tasse Hirse in zwei Tassen Wasser weich; würzen Sie scharf, und lassen Sie den Brei so lange auf dem Herd, bis er cremig ist.
- *Kapha-Tee:* Trinken Sie grünen Matetee, oder bereiten Sie sich einen Tee aus Brombeer- oder schwarzen Johannisbeerblättern. Wer zu Verstopfung neigt, trinkt ein Gläschen Sauerkrautsaft.

Mittags kommt die Hauptmahlzeit

Zwischen zehn Uhr morgens und 14 Uhr nachmittags ist Pitta-Zeit; jetzt ist der Körper ganz auf Verdauung eingestellt. Das sollten Sie ausnutzen, um die größte Mahlzeit des Tages zu sich zu nehmen! Ein ideales Mittagessen findet zwischen zwölf und 13 Uhr statt.

Das Mittagessen beginnt mit etwas Süßem, vielleicht einem Salat mit Obst. Dann folgt das Hauptgericht: viel Gemüse oder Hülsenfrüchte, Getreide, Reis oder ein Kartoffelgericht, Vegetarier können mittags ein Gemüsegericht auch mit Käse überbacken, andere nehmen ein wenig Fleisch oder Fisch, eventuell noch einen Löffel Chutney oder ein paar Pickles. Eine Joghurtspeise, Obst oder ein Lassi, bei viel Vata oder Pitta auch ein süßes Dessert, bilden den Abschluß des Mittagessens.

Lassen Sie sich am Mittag ausreichend Zeit für eine reichliche Mahlzeit – die jedoch nicht zu massig und schwer ausfallen sollte, wenn Sie anschließend noch arbeiten wollen. Genießen Sie lieber mehrere Kleinigkeiten: vielleicht eine Gemüsesuppe, etwas gedünstetes Fleisch oder Fisch, ein wenig Gemüse und/oder Salat und einen süßen Happen – das kann auch Obst sein. Wer mag, sollte das Mittagessen mit einem Ayurveda-Aperitif aus abgekochtem Ingwer und Kreuzkümmel (Seite 266) beginnen; er heizt die Verdauung an.

Wer einen harten Arbeitstag vor sich hat und – wie z. B. bei erhöhtem Kapha – nach einer reichhaltigen Mahlzeit schnell müde wird, kann das Mittagessen aufteilen: Sie essen z. B. gegen zwölf Uhr eine Suppe, einen Salat, ein leichtes Getreide- oder Gemüsegericht. Doch meiden Sie unbedingt schwer Verdauliches wie harten Käse. Wenn sich dann zwischen 15 und 16 Uhr ein leichtes Hungergefühl wieder einstellt, hilft ein Joghurt mit Obst, ein Lassi, Gemüse- oder Fruchtsaft oder ein Teller frische Früchte.

Mittags sechsmal anders schmecken

Denken Sie an die sechs Geschmacksrichtungen: Versuchen Sie, von jeder etwas im Mittagessen zu integrieren. Das kann zu ungewohnten Zusammenstellungen führen. Aber gerade sie machen die Ayurveda-Küche so interessant.

- Probieren Sie beispielsweise einmal die Kombination Salat und Obst: Blattsalate mit Pilzen und Grapefruit-, Mandarinenspalten, Himbeeren oder Erdbeeren.
- Fleisch oder Fisch mit sauer eingelegten Pickles oder süß-saurem Gemüse; z. B. gedünstete Gurken- und Möhrenstreifen lauwarm mit Zitrone und etwas frischem Chili. Fleisch und Fisch gelten im Ayurveda grundsätzlich als süß.
- Herbe und bittere Salatsorten wie Chicorée und Radicchio passen gut

zu sauren Apfelspalten, süßem Mais oder Wassermelonenstückchen. Das ist schon farblich eine Überraschung.

- Hülsenfrüchte, die als herb gelten, passen ideal zu scharfem Knoblauch und Pfeffer, dazu geben Sie eingelegte saure Pickles oder etwas süß-saures Gemüse und süßliche Getreidesorten wie Dinkel, Gerste oder Reis. Mit dieser Kombination befinden Sie sich mitten in der indischen Küche.

- Süße Trauben mit sauren Johannisbeeren oder süße Bananen mit sauren Grapefruitstückchen sind ein nicht belastender Nachtisch.

Das leichte Abendessen

Da im Sinn des Ayurveda die Hauptmahlzeit bereits mittags gegessen wird, sollte das Abendessen leicht ausfallen. Das schont den Körper während der Nachtruhe, wo er sich auf Regeneration einstellt. Deshalb findet die letzte Mahlzeit am Tag auch vor 19 Uhr statt. Ihre Gesundheit wird Ihnen das weit mehr danken als ein opulentes Mitternachtsbüffet. Bedenken Sie: Eine für den Mittag ausgezeichnete Mahlzeit kann sieben oder acht Stunden später fatale Folgen haben.

Als Aperitif bietet sich ein kleines Gläschen Holundersaft oder -wein an; er fördert bei allen Doshas die Gesundheit. Auch der klassische Ayurveda-Aperitif (Seite 266) ohne Alkohol ist ein guter Auftakt zum Abendessen, da er die Verdauung ankurbelt.

Eine leichte Abendmahlzeit bedeutet: gekochtes Gemüse, kleine Getreidegerichte, Gemüsesuppen, Nudeln mit Gemüsesaucen. Essen Sie abends keinen Salat; er würde im Magen lange unverdaut liegen und gären. Als Getränk eignen sich Ingwerwasser, Kräutertee – im Sommer kühl –, Fruchsäfte oder stilles Mineralwasser. Auch ein Glas Wein oder Bier erlaubt Ayurveda.

Ein Ayurveda-Abendessen hat nichts mit Fleisch, Wurst und Aufschnitt, Fisch, Milchspeisen, Quark, Eiern oder gar Käse im Sinn. Diese Speisen enthalten reichlich tierisches Eiweiß und sind deshalb schwer verdaulich. Genau das aber sollte die letzte Mahlzeit des Tages nicht sein. Verabschieden Sie sich daher von der Tradition des kalten Wurstbrots als »Abendbrot«. Auch Sojaprodukte liegen abends zu schwer im Magen.

Die Verdauung ruht am Abend

Bedenken Sie: In der nächtlichen Pitta-Zeit zwischen 22 Uhr abends und zwei Uhr früh findet keine Verdauung in Magen und Darm statt, sondern die Zellen regenerieren sich, und das Gehirn verarbeitet die Ereignisse des Tages – wie Sie an manchen Träumen unschwer erkennen. Es ist also die Zeit der »geistigen Verdauung«.

In der Ayurveda-Küche kochen Sie nach den Jahreszeiten: Wenn sich die Blätter verfärben, essen Sie Getreide, Hülsenfrüchte und Obst.

Essen nach den Jahreszeiten

Sicher haben Sie schon einmal bei sich selbst, in der Familie oder bei Freunden erlebt, daß Bedürfnisse und Neigungen im Sommer ganz anders sind als im Winter. Niemand fühlt sich das ganze Jahr über gleich. Wir ändern uns mit den Jahreszeiten und mögen in kalten Monaten ganz anderes als in heißen. Das ist natürlich und gut. Der Körper braucht im Herbst und Winter eine andere Ernährung als im Sommer. Darauf müssen Sie achten!

Essen Sie im Rhythmus der Jahreszeiten! Vermeiden Sie einen gleichmäßigen und damit zwangsläufig eintönigen Speiseplan für das ganze Jahr. Genießen Sie statt dessen das Angebot des Marktes und die Laune des Augenblicks.

Vata im Rhythmus der Jahreszeiten

Jahreszeit	Vata
Frühling bis Sommer	Reduziert
Herbst	Steigt an
Winter	Erhöht

Leben Sie mit einer Vata-Dominanz im Rhythmus der Jahreszeiten, und akzeptieren Sie Ihre persönlichen Hochs und Tiefs. Zwischen Frühling und Sommer wird Ihre Vata-Dominanz durch das warme, z. T. feuchte Klima ausgeglichen; im kühlen Herbst und kalten Winter erhöht sich dann Ihr Vata-Anteil.

Jetzt müssen Sie mit ausgewählter Ernährung das Vata senken; dazu essen Sie die Gerichte, die hier im Buch für Vata ausgezeichnet sind.

Pitta im Rhythmus der Jahreszeiten

Jahreszeit	Pitta
Frühling	Reduziert
Sommer	Steigt an
Herbst	Erhöht
Winter	Läßt nach

Erfreuen Sie sich am reduzierten Pitta im Winter und Frühjahr. Jetzt wirken andere Kräfte, die eine Pitta-Dominanz ausgleichen.

Im Verlauf des warmen Sommers und auch noch in einem warmen Herbst erhöht sich Ihr Pitta-Anteil; jetzt müssen Sie gegensteuern!

Kapha im Rhythmus der Jahreszeiten

Jahreszeit	Kapha
Vorfrühling	Steigt an
Frühling	Erhöht
Frühsommer	Läßt nach
Sommer bis Winter	Reduziert

Kapha erhöht sich am stärksten im Frühjahr, der feuchten Jahreszeit! Wirken Sie daher in dieser Zeit des Jahres der Kapha-Dominanz entgegen, und werden Sie aktiv.

Mit dem Sommer senkt sich der Kapha-Anteil – wenn es nicht ein Regensommer wird. Jetzt fühlen sich alle mit einer Kapha-Dominanz ausgeglichener. Das hält den gesamten Winter über an, wenn es wenig regnet.

Reinigung im Frühling

Im Frühling beginnt das Leben neu. Die Natur wird wieder grün, die Tiere erwachen aus dem Winterschlaf, und nicht wenige Menschen starten mit einer Fastenkur. Häufig belasten Erkältungskrankheiten, und die Verdauung ist geschwächt. Der Grund: Im Frühling speichert der Körper die Kälte des Winters, um sich auf den heißen Sommer vorzubereiten. Das erzeugt Schleim. Der Frühling ist eine Zeit, die Kapha intensiviert.
Essen Sie daher leichtbekömmliche Speisen, verwenden Sie reichlich verdauungsfördernde Gewürze, und meiden Sie schwere und ölige Mahlzeiten. Alle Gerichte, die Kapha verstärken könnten, sind zu streichen. Reichlich Bewegung und wenig Schlaf helfen, dem erhöhten Kapha entgegenzuwirken.

Ideale Speisen im Frühling
Bereiten Sie vermehrt Speisen zu, die Kapha reduzieren. Erbsen, rote Linsen, Rettich, Sojabohnen und Staudensellerie sollten jetzt vermehrt auf dem Speiseplan stehen.
Würzen Sie mit Bockshornkleeblättern, Ingwer, Kardamom, Knoblauch, Kreuzkümmel, Safran, Senfsamen. Aber nehmen Sie kein Salz. Meiden Sie auch süße, saure und schwere, ölige Nahrungsmittel. Essen Sie leichter, fettfrei und weniger als sonst.

Fit im Sommer

Die Hitze im Sommer macht müde und träge. Man schwitzt, verliert Wasser und Salze, und der Körper verbrennt mehr Energie als sonst. Jetzt ist viel Flüssigkeit notwendig!
Der heiße Sommer ist Pitta-Zeit; jetzt erlebt dieses Dosha seinen Höhepunkt. Vermeiden Sie körperliche Anstrengungen. Wählen Sie Ihre Mahlzeiten so aus, daß sie Pitta reduzieren.

Ideale Speisen im Sommer
Essen Sie reichlich frisches Obst und alle wäßrigen Gemüsesorten wie Gurken und Tomaten. Würzen Sie die Speisen mit Anis, Koriander, Petersilie und Minzblättern. Trinken Sie mit Wasser verdünnten Joghurt, dem Sie Obst, Rohrzucker oder etwas Steinsalz zufügen. Aber meiden Sie Alkohol. Der Sommer ist die Jahreszeit, wo alles Süße und Kalte am ehesten vertragen wird.

Aktiv im Herbst

Wie schon der Frühling so ist auch der Herbst eine Zeit der Reinigung; wieder sind Fastenkuren angebracht. Der Körper sammelt die Hitze des Sommers, um sich auf den kalten Winter vorzubereiten. In diesen Monaten arbeitet die Galle verstärkt; der Herbst ist noch Pitta-Zeit, aber mit Kälte und Stürmen erhöht sich Vata. Im Herbst verfügt der Körper über viel Energie; sportliche Betätigung und Wanderungen bereiten Vergnügen.

Ideale Speisen im Herbst

Wählen Sie verstärkt Gerichte, die Pitta und Vata vermindern. Süße, bittere und herbe Nahrungsmittel helfen dabei. Essen Sie Weizen-, Gerste-, Mais- und Reisgerichte. Auberginen, Blumenkohl, Bohnen, Erbsen, Hülsenfrüchte und Kraut sind jetzt zu empfehlen. Bananen, Beeren und Trockenfrüchte sind geeignete Obstsorten.

Ideal sind Gewürze wie Bockshornklee, Ingwer, Knoblauch (nicht bei viel Pitta), Muskat, Teufelsdreck und gekochte Zwiebeln. Meiden Sie kalte und kühlende Lebensmittel.

Ruhig im Winter

Im Winter muß sich der Körper gegen die Kälte wappnen, das erfordert viel Energie. Entsprechend rasch wird die Nahrung verdaut. Oft werden größere Mengen erforderlich als im Sommer. Auch schwere und fette Gerichte sind jetzt eher verdaulich. Der kalte Winter ist keine Zeit zum Fasten oder für Rohkost.

Während der Wintermonate ist Vata erhöht. Das Wetter – Kälte und Trockenheit – sind Vata-Zeichen; daher sollten Sie dieses Dosha jetzt mit den entsprechenden Lebensmitteln und Gewürzen vermindern.

Ideale Speisen im Winter

Weizen und Hirse, Hülsenfrüchte, grüne Bohnen und Erbsen sind zu empfehlen. Bananen und Äpfel sind geeignete Obstsorten. Jetzt ist die Zeit, in der Sie Schwerverdauliches essen können. Die Speisen sollten stets warm gegessen werden. Würzen Sie mit Kardamom, Knoblauch, Lorbeer, Nelken, Oregano, Zimt. Trinken Sie warme Milch. Kalte und kühlende, rohe sowie leichte Speisen sind im Winter ungünstig.

Stellen Sie die Ernährung mit dem Wetter um

Essen Sie stets, was aktuell zu wenig in Ihrem Körper oder in Ihrer Umgebung vorherrscht und was ein überschüssiges Dosha verringert:

- Ist Ihr Vata-Anteil erhöht, sind Sie schon älter oder ist das Klima gerade kalt und trocken, dann reduzieren Sie Vata; das heißt, Sie essen alle Gerichte, die für Vata ausgezeichnet sind.
- Dominiert Pitta, sind Sie zwischen 18 und 55 Jahren, ist das Klima trocken und heiß, dann reduzieren Sie Pitta mit den Rezepten für Pitta.
- Haben Sie ein erhöhtes Kapha, sind Sie noch Kind oder Jugendlicher, und erleben Sie gerade eine naßkalte Jahreszeit? Dann müssen Sie Ihr Kapha reduzieren und alles essen, was für Kapha empfohlen wird.

Der monatliche Rhythmus der Frauen

Der weibliche Rhythmus ist auf das engste mit der Natur verknüpft, und so ist es nicht verwunderlich, daß auch in seinem Verlauf eine Dosha-Verschiebung stattfindet.

- Kapha steigt im ersten Zyklusabschnitt zwischen dem Ende der Menstruation und dem Eisprung in der Zyklusmitte an.
- Pitta dominiert zur Zeit des Eisprungs.
- Vata beherrscht die Menstruationsphase und ist während der Blutung erhöht.

Wenn Sie Schwierigkeiten im Verlauf des Zyklus spüren, z. B. wiederkehrende ziehende Schmerzen im Unterbauch oder Nervosität vor der Menstruation, können Sie die natürlich leicht erhöhten Doshas besänftigen, indem Sie Ihre Ernährung gezielt danach ausrichten.

- Um das Kapha im ersten Zyklusabschnitt zu reduzieren, wählen Sie Gerichte, die für Kapha empfohlen sind – selbst wenn Sie kein typischer Kapha-Charakter sind.
- Bei Beschwerden kurz vor und während des Eisprungs in der Zyklusmitte, essen Sie Rezepte für Pitta.
- Bei schmerzhaften Blutungen orientieren Sie die Ernährung an allem, was einem erhöhten Vata guttut.

Diese Faktoren erhöhen die Doshas

Steigernde Faktoren	Vata	Pitta	Kapha
Lebensalter	etwa ab 55 Jahren	etwa 18 bis 55	Kindheit, Jugend
Tageszeit	14–18 Uhr, 2– 6 Uhr	10–14 Uhr, 22– 2 Uhr	6–10 Uhr, 18–22 Uhr
Klima	trockene Kälte, Wind	Wärme, Feuchtigkeit	Kühle, Nässe
Umgebung	Hochgebirge, Wüste	Wüste, Küste, Tropen	Gebirge, feuchte Küste

Alter, Klima und Umgebung beeinflussen die Doshas

Vermeiden Sie Speisen, die ein bestimmtes Dosha erhöhen, wenn Sie sich gerade in einer Landschaft befinden, die dieses Dosha sowieso schon bestimmt; das gleiche gilt für Jahreszeiten und Lebensalter.

Im Alter, bei trockenem und kaltem Klima und in windiger und kalter Umgebung muß Vata gezielt mit ausgesuchten Gerichten verringert werden. Das geschieht am schnellsten, indem Sie Vata-Rezepte kochen.

Im Erwachsenenalter, in feuchter Wärme, in südlichen Ländern oder in den Tropen darf Pitta nicht zusätzlich erhöht werden; bevorzugen Sie dann speziell für Pitta ausgezeichnete Gerichte. Sie sind gut beraten, während der Kindheit und Jugend, in der kalten oder feuchten Jahreszeit sowie an naßkalten Küsten und in kühlen Bergregionen mit der Ernährung das Kapha zu drosseln. Essen Sie daher in diesen Situationen vorwiegend Gerichte, die speziell für Kapha geeignet sind.

Erlebnisse prägen die Doshas

Neben den Tages- und Jahreszeiten, dem eigenen Lebensalter und der Umgebung prägen auch Erlebnisse und Gefühle die Gesamtkonstitution eines Menschen. Positive Erfahrungen und Gefühle machen zufrieden, negative können unglücklich machen und einzelne Doshas erhöhen.

- Vata erhöht sich bei Angst und Furcht, Sorgen oder Trauer. Auch fehlender Schlaf, hastig hinuntergeschlungene Mahlzeiten, viel Bewegung oder lange Reisen und Nachtarbeit erhöhen Vata.
- Pitta wird durch Ärger, Frustration und Gefühle wie Haß oder Versagensängste gesteigert. Meiden Sie zudem körperliche Anstrengungen in Hitze, stark gewürzte Mahlzeiten und Alkohol.
- Kapha schnellt bei Neid und Besitzstreben, bei Zweifeln und fehlendem Mitgefühl in die Höhe. Lassen Sie sich bei einer Kapha-Dominanz nie unterdrücken, seien Sie aktiv und sportlich, und faulenzen Sie weniger.

Vata liebt es warm und feucht; ideale Orte sind daher Mittelgebirge und Wälder sowie warm-feuchte Küstengebiete, nicht aber die Nordsee. Ein Urlaub in den Tropen wird guttun. Pitta fühlt sich in kühlem und trockenem Klima wohl: Geeignet sind Mittel- und Hochgebirge, auch kühle Bereiche in der Ebene, tendentiell eher Nord- als Südeuropa. Kahpa schätzt es warm und trocken und findet sich am besten in der Ebene oder in Wäldern zurecht, aber auch die Mittelmeerküsten können geeignet sein. – Wichtig ist immer, daß die Umgebung das dominierende Kapha reduzieren hilft.

Die Doshas in ihrer idealen Umgebung

Vata   Pitta   Kapha

Wacholder und Sternanis,
Muskat, Zitronengras,
Ingwer, Limonen, Chilis,
Pfefferkörner, Zimt,
Koriander, Knoblauch,
Vanille, Safran
und Kardamom.

Fünf
Säulen
des Ayurveda

Frische Kräuter verteilen Sie reichlich auf den fertigen Speisen: Salbei, frischer Koriander, Basilikum.

Vieles ist Ihnen in der Ayurveda-Küche freigestellt, nur ein paar Dinge müssen Sie neben der doshaorientierten Ernährung und den sechs Geschmacksrichtungen beachten: Fette, Süßmittel, Salz und Säuren sind vorgeschrieben; richten Sie sich bitte danach. Ayurveda sucht stets das am wenigsten Belastende und der Gesundheit am meisten Zuträgliche aus.

Mit den Gewürzen und Kräutern reichern Sie die Speisen an; sie sind in der Lage, ein Dosha zu reduzieren oder zu erhöhen. Nutzen Sie diese natürlichen Kräfte aus, reduzieren Sie als Gesunder Ihr eigenes vorrangiges Dosha, oder erhöhen Sie im Krankheitsfall ein nur unzureichend im Körper vorhandenes Dosha. Die jeweilige Wirkung finden Sie bei den einzelnen Kräutern und Gewürzen beschrieben.

Ghee oder Butterschmalz

Die Inder sagen Ghee, wir nennen es Butterschmalz oder geklärte Butter – viele Namen, doch gemeint ist immer dasselbe. Der Butter werden durch Kochen und Filtern Wasser sowie Milchrückstände entzogen. Dadurch wird sie reiner, länger haltbar und besser bekömmlich. Und Butterschmalz wird beim Braten nicht schwarz wie Butter!

Butterschmalz selbst herstellen

Erhitzen Sie ein Kilogramm ungesalzene Butter in einem flachen Topf. Lassen Sie sie für etwa eine halbe Stunde ohne Deckel bei kleinster Flamme sieden, und schöpfen Sie dabei den weißen Schaum auf der Oberfläche ab. Vorsicht: Wenn die Temperatur zu hoch wird, brennt die Butter an und wird dunkel. Das Wasser in der Butter ist verdunstet, wenn Sie einen Wassertropfen auf die heiße Butter fallen lassen und er zischend verdampft.

Gießen Sie die Butter durch ein Leintuch, einen Papierfilter oder ein Edelstahlsieb; übrig bleiben weißliche Milchrückstände. Das fertige Butterschmalz ist goldgelb und sollte am besten in einem Stein- oder Glasgefäß kühl und dunkel gelagert werden – nicht im Eisschrank! Sie können das Gefäß mit Pergamentpapier oder einem kleinen Leintuch bedecken.

Ghee oder Butterschmalz ist im Gegensatz zu gewöhnlicher Butter nahezu unbegrenzt haltbar. Das machte es in Zeiten, als es noch keine Kühlschränke gab, so beliebt. Sie können daher auch gleich mehr herstellen. Doch bevorzugen Sie immer selbstgemachtes Butterschmalz, das zu kaufende ist zwar im Prinzip genauso hergestellt, doch industriell gefertigte Lebensmittel sind nie so wertvoll wie hausgemachte.

Butterschmalz aus ayurvedisch medizinischer Sicht

Butterschmalz senkt ein erhöhtes Vata und Pitta; erhöht dagegen Kapha. Es ist einleuchtend, daß die bei erhöhtem Kapha mit dem Gewicht Kämpfenden generell mit Fett sparsam umgehen sollten. Bei erhöhtem Cholesterinspiegel brauchen Sie vor Butterschmalz keine Angst zu haben; es leitet eher aus, als daß es Schadstoffe im Körper bindet. Es fördert die Verdauung, erhöht aber Pitta nicht.

Ayurveda-Ärzte setzen Butterschmalz zur Entgiftung und Reinigung des Körpers ein. Sie gehen davon aus, daß fettlösliche Giftstoffe, die beim Stoffwechsel entstehen oder mit der Nahrung und Atemluft in den Körper gelangen, durch das zugeführte Fett ausgeschwemmt werden. Dafür wird Butter vier bis fünf Stunden lang erhitzt.

Rohrzucker, Honig und andere Süßmacher

Verwenden Sie in der Ayurveda-Küche weder weißen, raffinierten noch braunen, chemisch hergestellten Zucker. Auch Trauben- oder Vanillezucker benutzen Sie bitte nicht. Besorgen Sie sich braunen Vollrohrzucker, der aus dem Saft ausgepreßten Zuckerrohrs hergestellt wird. Er ist gröber als weißer Zucker, löst sich aber gut auf.

Zum Süßen eignen sich außerdem süße Früchte, die Sie pürieren, und eingedickter Fruchtsaft (aus dem Reformhaus); auch Trockenfrüchte dürfen Sie verwenden, sie sollten aber nicht geschwefelt oder chemisch behandelt sein. Ahornsirup und Zuckerrübensirup sollten Sie ebenfalls ausprobieren.

Eine andere süße Alternative ist Honig; er ist nach ayurvedischer Wertung sowohl süß als auch herb. Kaufen Sie jedoch nur Honig, der nicht hitzebehandelt, sondern kaltgeschleudert wurde. Seine Vitamine gehen beim Erhitzen verloren, geben Sie ihn daher an kalte Gerichte, oder rühren Sie ihn erst nach dem Kochen unter.

Honig wirkt im Körper erwärmend und kann tief in den Körper eindringen. Das nutzen Ayurveda-Ärzte bei der Heilung; Honig bringt Heilkräuter gut in den Organismus, und er kann erfolgreich bei allen Doshas angewendet werden. Er erhitzt in kleinen Mengen Pitta nicht zu stark und reduziert Kapha, obwohl er ein Süßstoff ist. Sein sinnvoller Einsatz bei einer Vata-Dominanz wird jedem sofort einleuchten.

Medizinisch hilft Honig bei so unterschiedlichen Beschwerden wie Husten, Halsschmerzen, Übelkeit, Augenerkrankungen und Blutungen. Nachgewiesen sind ebenfalls Erfolge bei Diabetes und Fettsucht – auch wenn das vielen unvorstellbar erscheinen mag. Honig leitet hier aus!

Generell gilt: Von Vata und Pitta Geprägte dürfen Zucker und andere Süßmittel gelegentlich verwenden, bei viel Kapha sollten Sie besser ganz darauf verzichten. Süßen – und salzen – Sie so wenig wie möglich.

Steinsalz oder Meersalz?

Salzen Sie die Speisen stets sparsam; oft ist Salz durch andere Gewürze oder frische Kräuter zu ersetzen. Ist ein Lebensmittel bereits von sich aus salzig, wie z. B. Meeresalgen oder Seegras, so ist zusätzliches Salzen nicht mehr notwendig. Bei einer Vata-Dominanz dürfen Sie am ehesten salzen; bei erhöhtem Pitta salzen Sie mäßig, bei zuviel Kapha am besten gar nicht.

In der Ayurveda-Küche verwenden Sie nur Steinsalz. Es enthält im Gegensatz zu Meersalz mehr

Mineralien; in Deutschland wird es z. B. in Bad Reichenhall abgebaut. Es entsteht in Kristallform in Gegenden mit ausgetrocknetem Meeresboden. Steinsalz kaufen Sie ungereinigt und grob. Sie erhalten es im Fachhandel und in Supermärkten. Dosieren können Sie es mit einer kleinen Salzmühle. – Wer einmal kein Steinsalz zur Verfügung hat, greift auf Meersalz zurück; es ist wertvoller als herkömmliches Haushaltssalz. Kaufen Sie keine gemischten Gewürze wie Kräutersalz; mischen Sie einzelne Gewürze stets für ein Gericht frisch.

Generell gilt: Salz stachelt den Appetit an; Sie essen dann mehr, als Ihr Körper braucht. Zudem fördert es den Durst, bindet Wasser im Körper, schwemmt auf und macht damit dick.

Niemals Essig!

Sauer heißt eine der sechs Geschmacksrichtungen, doch eine Ernährung im Sinn des Ayurveda kommt ohne Essig aus. Mit Essig zubereitete Speisen können den Körper leicht übersäuern.

Greifen Sie zu Zitronen, Limonen, Orangen, Mandarinen und Clementinen, pressen Sie sie aus, und bereiten Sie damit eine leckere Salatmarinade. Oder nehmen Sie frische Ananasstückchen, Erdbeeren, Himbeeren und Johannisbeeren, um einem Gericht den notwendigen sauren Spritzer zu verpassen.

Probieren Sie säuerliches Obst nicht nur an Salaten, sondern auch in Saucen zu Fleisch, Fisch und süßem oder herbem, bitterem Gemüse. Eine Orangensauce zu Brokkoli schmeckt ebenso pikant wie Johannisbeeren zu Zuckerschoten mit etwas Ingwer und salziger Sojasauce.

Zitronen reduzieren ein erhöhtes Vata und sind daher immer bei einer Vata-Dominanz sinnvoll. Saures reizt den Appetit an, was für Vata nur gut ist; bei erhöhtem Kapha umgehen Sie Saures besser. Da es die Verdauung anregt, ist es bei entsprechenden Problemen hilfreich.

Gewürze und Kräuter

Gewürze, Gewürzmischungen und Kräuter veredeln die Speisen. Sie werten sie geschmacklich auf, machen sie leichter bekömmlich und sollten dazu genutzt werden, ein harmonisches Gleichgewicht zwischen den einzelnen Bestandteilen einer Mahlzeit zu erzeugen.

Viele Gewürze wirken dank ihres Aromas appetitanregend. Wem wäre nicht schon einmal das Wasser im Munde zusammengelaufen, wenn vertraute Gerüche ahnen lassen, was auf dem Herd schmort.

Mit Gewürzen umgehen

Manche Gewürze geben Sie sofort zu Beginn des Bratens ins Fett; andere fügen Sie erst später hinzu, lassen sie aber mitgaren; wieder andere kommen zum Schluß an das Gemüse, Fleisch oder den Fisch oder werden kurz vor dem Servieren daraufgestreut.

- Gelbwurz, Chili, Senfkörner, Kreuzkümmel, Koriander- oder Fenchelsamen, Ingwer, Galgant, Mohnsamen und geschroteten Pfeffer, direkt ins heiße Fett gegeben, verändern die chemische Zusammensetzung des Fettes und werten den Nährwert der darin angebratenen Lebensmittel auf.
- Kräuter, die natürliche Öle enthalten, wie Rosmarin, werden erst kurz vor dem Essen zugefügt; würden sie lange mitkochen, verfliegen die Öle; Duft und Nährwert sind verloren.
- Gemahlener Koriander, Muskatnuß oder Mangopulver, kurz vor dem Servieren auf ein Gericht gestreut, geben einen besonders intensiven Geschmack.
- Kaufen Sie Gewürze und Kräuter, soweit es geht, im Ganzen, und mahlen oder reiben Sie sie selbst erst kurz vor dem Kochen.
- Gewürze altern wie alles andere auch! Kaufen Sie also keine lang gelagerten Gewürze, und sortieren Sie im Küchenschrank regelmäßig aus.

Für die Doshas gilt: Nur Kapha-Geprägte vertragen Schärfe. Bei einer Vata- oder Pitta-Dominanz würzen Sie milder und zurückhaltender.

Gewürze im Überblick

Anis

Süß und scharf zugleich schmeckt Anis. Am sinnvollsten geben Sie ihn an alle Nahrungsmittel, die Verschleimung und Blähungen verursachen könnten. Er ist ein ideales Gewürz für ein erhöhtes Kapha, da er Verschleimungen behebt. Vorsicht: Anis erhöht Vata.

Anis weckt den Appetit, regt die Verdauung an, führt leicht ab, entwässert, lindert Blähungen und hilft bei Erbrechen. Bei zu niedrigem Pitta, Asthma und Erkältungskrankheiten ist das Gewürz angebracht. Vorsicht: Anis fördert den Schlaf.

Basilikum

Geschmack und Aussehen von hiesigem und asiatischem Basilikum sind völlig unterschiedlich. In Indien kennt man süßes und scharfes; beides erhalten Sie in asiatischen Lebensmittelläden. Basilikum senkt Fieber und wirkt antiseptisch. Es ist angezeigt bei Husten und Erkältungen, Kopfschmerzen, Rheuma und Arthritis. Es senkt Vata und Kapha, steigert aber Pitta.

Bockshornklee

Verwenden Sie den Samen und die Blätter vom Bockshornklee; beides eignet sich für Gemüse und Salate. Versuchen Sie selbst, aus den Samen Kräuter zu ziehen; sie sind bei uns für gewöhnlich leider nicht im Handel. Auch Keime können Sie aus den Samen ziehen, sie werden roh oder blanchiert gegessen. Probieren Sie Bockshornklee an Kartoffeln, mit Kohl und Hülsenfrüchten. Der Geschmack ist bitter; die gelblich braunen Samen riechen etwas nach Heu, sie wirken erwärmend.

Bei erhöhtem Vata und Kapha setzen Sie Bockshornklee ein. Für Pitta ist das Gewürz nicht geeignet. Es hilft bei Kälte, kalten Füßen und Händen, bei Halsschmerzen, Blähungen und Verstopfung. Bockshornklee stärkt die Nerven, vertreibt Schwäche und gibt neue Energie.

Chili

Die roten und grünen Chilischoten sind unterschiedlich scharf; als Faustregel gilt: Die kleinen sind die schärfsten, große sind milder. Bei einer Kapha-Dominanz können Sie am ehesten Schärfe vertragen. Wenn Sie die weißen Kerne entfernen, wird das Gericht weniger scharf. Chili reduziert Kapha, wird in Maßen von Vata vertragen, erhöht aber Pitta.

Curry

Im Gegensatz zu einer weitverbreiteten Meinung ist Curry kein Gewürz, sondern eine Mischung aus mehreren Gewürzen, für die fast jede Hausfrau in Indien ihr eigenes Geheimrezept hat. Der Name wurde von den Engländern vom Hindibegriff »kari« abgeleitet; das bedeutet Sauce und bezeichnet die Vielzahl der indischen Gerichte, in denen die typischen Currygewürze verwendet werden. Je nach der Farbe der zermahlenen Chilis gibt es grüne, gelbe und rote Currys, die unterschiedlich scharf sind.

Braten Sie Chilischoten, Galgant, Gelbwurz, Ingwer, Koriander und Senfsamen oder Kreuzkümmel trocken in einer Pfanne an, und zerreiben Sie sie dann im Mörser; sie sind mehrere Wochen in einem dunklen Glas haltbar. Probieren Sie die Kombination mit weiteren Gewürzen. Curryblätter sind die Blätter eines indischen Baums, die Sie bei uns in asiatischen Lebensmittelläden getrocknet erhalten und mitkochen lassen wie Lorbeer.

Dill

Das feine, grüne Gewürz reduziert Vata und Kapha. Wenn Sie sich zu Heilzwecken die Samen besorgen und sie mitkochen, ist die Wirkung größer.

Fenchelsamen

Die süßen Samen gleichen alle Doshas aus. Sie lösen Krämpfe und Blähungen, helfen bei Verdauungsbeschwerden und wirken beruhigend. Fenchel wirkt schleim- und krampflösend; er fördert die Durchblutung. Auch den Menstruations- und Milchfluß stillender Mütter unterstützt Fenchel.
An schweren Gerichten sollten die Samen nicht fehlen. Sie werden zu Beginn des Bratens in das Fett gegeben. Sie können bei Unwohlsein nach dem Essen auch einen Teelöffel trocken geröstete Fenchelsamen kauen.

Garam Masala

Wie Curry so ist auch Garam Masala eine Gewürzmischung, die hauptsächlich in Südindien eingesetzt wird: schwarzer Kardamom, Nelken, schwarze Pfefferkörner und Zimt sind die Hauptbestandteile. Sie können aber auch noch Kreuzkümmel und Koriandersamen oder Fenchelsamen dazugeben.
Die Gewürze werden trocken ohne Fett einige Minuten in einer schweren Pfanne geröstet und anschließend im Mörser oder elektrischen Hacker zerstoßen. Das Mengenverhältnis können Sie nach persönlichen Vorlieben gestalten; das klassische Rezept nennt gleiche Teile aller Zutaten.

Gelbwurz

Das gelbfarbene Gewürz ist Hauptbestandteil der indischen Currys und fehlt in keiner Currygewürzmischung; es ist auch unter dem Namen Kurkuma oder Tumerik bekannt. Gelbwurz muß mitgekocht werden; verwenden Sie es nie roh, sonst schmeckt es bitter.
Am besten kaufen Sie Gelbwurz am Stück und reiben die notwendige Menge vorher. Abgepacktes Pulver darf nicht zu alt sein.
Gelbwurz wirkt appetitanregend, blutreinigend, desinfizierend und schmerzstillend, es reduziert Kapha und Vata. Es heilt Hauterkrankungen, Gelbsucht, Entzündungen, Juckreiz und Zuckerkrankheit. Auch bei Zahnschmerzen sollten Sie es einsetzen. Da es besonders die Verdauung von Eiweiß begünstigt, ist es in allen eiweißreichen Rezepten – Hülsenfrüchte! – sinnvoll.

Granatapfelsamen

Das in der deutschen Küche ungebräuchliche Gewürz paßt zu allen sauren Speisen, sollte jedoch sparsam und selten verwendet werden. Der Samen hilft bei Verdauungsstörungen, Brechreiz, Sodbrennen und nervösem Herzen, außerdem stärkt er.

Ingwer

Einen scharfen Geschmack hat der Ingwer. Meist erhalten Sie bei uns nur den außen braunen Ingwer, der geschält werden muß. In asiatischen Feinkostgeschäften können Sie manchmal den ganz jungen, noch gelblichen Ingwer kaufen, der wesentlich geschmacksintensiver und saftiger, aber auch schärfer ist. Ihn müssen Sie kaum schälen. Geben Sie Ingwer nicht nur ans Essen, sondern probieren Sie ein dünnes Scheibchen im Tee, oder kochen Sie Ingwer in Wasser. Ingwertee heilt Erkältungen und senkt Fieber! Ingwer hilft bei Magenbeschwerden, Übelkeit, Blähungen und Appetitlosigkeit; er wirkt reinigend und regt die Verdauung an. Zudem hemmt Ingwer die Blutgerinnung, senkt die Cholesterinwerte und den Blutdruck und lindert Schmerzen. Ingwer reduziert Vata und Kapha.

Kardamom

Sie erhalten roten und grünen oder schwarzen Kardamom; die kleinen Samenkörner befinden sich in einer Kapsel, die Sie aufbrechen. Kardamom ist in der deutschen Küche als Weihnachtsgewürz bekannt und wird hauptsächlich in Lebkuchen und Gebäck verwendet. Indische Köchinnen aromatisieren mit Kardamom ihre Currys und Linsengerichte. Er ist süß. Kardamom regt die Verdauung an und eignet sich für alle schweren Gerichte.

Knoblauch

Entfernen Sie bei nicht mehr ganz frischem Knoblauch den grünen Sproß im Inneren; er schmeckt bitter. Gegen den starken Geruch existieren die unterschiedlichsten Hausmittel; die einen schwören auf Petersilie, die anderen auf Anis- und Fenchelsamen. Probieren Sie es aus, oder gehen Sie zwei Tage in die Isolation.
Knoblauch reduziert Vata und Kapha, erhöht Pitta. Er wirkt blutreinigend, appetitanregend, verdauungsfördernd und baut angesammelte Schadstoffe im Körper ab. Bei Ablagerungen in den Venen, Kreislaufstörungen, Durchfall, Bronchitis und Asthma, Wetterfühligkeit und Menstruationsbeschwerden hilft er ebenso wie bei allgemeinen Alterserscheinungen. Knoblauch ist ein gutes Anregungsmittel.

Korianderblätter

Ihr Geschmack ist durch nichts zu ersetzen. Streuen Sie die feingeschnittenen Blättchen großzügig auf Salate, Currys, gekochte Hülsenfrüchte. Der intensive Geruch wird durch das ganze Haus ziehen.
Koriander wirkt appetitanregend. Die Blätter gelten im Ayurveda als süß. Sie reduzieren Pitta, senken Fieber und helfen bei Erbrechen und Entzündungen.

Koriandersamen

Koriander gleicht alle drei Doshas aus und wird daher von jedermann gut vertragen. Der braune Samen des Korianders stärkt den Körper, beruhigt das Herz und kann bei Angstzuständen eingesetzt werden. Koriander hilft bei Husten, Asthma und Erbrechen, er wirkt auch krampflösend und stimuliert. Er kühlt.

Kresse

Sie paßt auf viele Salate und Gemüse; auch neben Fleisch- und Fischgerichten macht sie sich optisch wie geschmacklich gut. Kresse reguliert ein aus dem Gleichgewicht gekommenes Vata und Kapha wieder.

Kreuzkümmel

Sie können die Körner im Ganzen verwenden oder im Mörser zerstoßen. Kreuzkümmel – auch Cumin genannt – ist vitamin- und mineralstoffreich; er wirkt appetitanregend und verdauungsfördernd, entgiftet den Körper, beruhigt, senkt Fieber und heilt alle Beschwerden, die durch ein erhöhtes Vata ausgelöst werden. Ideal ist Kreuzkümmel bei Schwäche und Erschöpfung. Der Geschmack ist nicht durch Kümmel zu ersetzen. Kreuzkümmel sollte nie mit Senfsamen zusammen an ein Gericht gegeben werden – entweder, oder. In scharfen Gerichten mit Paprika oder Chilis gleicht er die erhitzende Wirkung aus.

Kümmel

Das auch bei uns sehr beliebte Gewürz fördert die Verdauung und sollte in schwerverdaulichen und fetten Gerichten wie Kohl, besonders Kohlsalat, und in einigen Brotsorten nicht fehlen.

Lorbeerblätter

Lorbeer schmeckt bitter und süß zugleich. Die Blätter heilen Krankheiten, die durch ein erhöhtes Vata oder Kapha ausgelöst wurden. Sie regen die Geschmacksnerven an, machen Speisen bekömmlicher und lassen den Körper vermehrt Verdauungssäfte produzieren. Sie heilen Blähungen, regulieren den Menstruationszyklus, fördern den Abgang von Steinen.

Mangopulver

Hell, mit sanft süßem Geschmack kaufen Sie Mangopulver fertig. Es ist ein zartes Gewürz, das nicht mitkochen sollte, sondern am Schluß auf die Speisen gestreut oder untergerührt wird. Es wird in der indischen Küche sehr geschätzt.

Minze

Sie erhalten grüne und rote Minze; die rote ist geschmacksintensiver. Minze reduziert Pitta und erhöht Vata. Sie lindert Erkältungen und Halsschmerzen, senkt Fieber und hilft bei Ohrenschmerzen, Kopfweh, Verdauungsstörungen und innerer Unruhe.
Geben Sie die Minzblätter nicht nur ans Essen, sondern brühen Sie sich mit den ganzen Blättern einen Tee; er hat keine Ähnlichkeit mit fertigen Pfefferminzteebeuteln. Frische Minzblätter wirken erfrischend und kühlend.

Mohnsamen

Mohnsamen wird in der indischen Ayurveda-Küche verwendet; Sie braten ihn zunächst im Fett an und lassen ihn mitkochen oder verarbeiten ihn anschließend mit wenig Wasser zu einer Paste, mit der Sie Speisen andicken können. Mohnsamen hat ein mildes Aroma und schmeckt ein wenig nach Nüssen. Er paßt zu allen Currys.

Muskatnuß

Die intensiv schmeckenden und riechenden Nüsse wirken erhitzend. Sie beruhigen Vata und Kapha, erhöhen dagegen Pitta. Streuen Sie wenig Muskat kurz vor dem Servieren auf ein Gericht; der Geschmack ist dann besonders intensiv. Muskat erleichtert die Verdauung; es beruhigt und fördert den Schlaf, vertreibt Nervosität. Die Nuß soll auch bei Impotenz Erfolg haben. Verwenden Sie sie aber stets sparsam, der Geschmack ist intensiv. Drei- bis viermal die Nuß über eine kleine Spezialreibe ziehen, das reicht für ein Gericht für vier Personen völlig.

Nelken

Die scharfen Nelken wirken desinfizierend und fördern die Schleimproduktion; sie sind daher bei allen Erkältungskrankheiten, besonders einem trockenen Husten, hilfreich. Bei der Herstellung von Butterschmalz können Sie eine Nelke in die erhitzte Butter geben. Sie reinigt das Butterschmalz. Nelken gelten in Indien als Zahnreinigungsmittel, sie beruhigen Vata und Kapha, erhöhen Pitta, helfen bei Husten, Asthma und Mittelohrerkrankungen; auch allgemein bei Schmerzen und Wundproblemen. Sie kräftigen das Immunsystem, stärken die Nerven und entgiften den Körper; sie fördern die Verdauung.

Oregano

Oregano fördert die Verdauung und ist bei allen schwer verdaulichen Speisen angebracht. Der Samen lindert Schmerzen, vertreibt Blähungen und Krämpfe, Husten, Brechreiz und Hämorrhoiden. Er ist wichtiger Bestandteil ayurvedischer Zahnputzmittel und hilft auch gegen Zahnschmerzen. Verwenden Sie ihn frisch, nicht getrocknet; er läßt sich gut im Blumentopf ziehen.

Pfeffer

Schwarzer Pfeffer heilt alle Beschwerden, die durch ein erhöhtes Vata oder Kapha ausgelöst sind. Pfeffer erhöht Pitta. Er stärkt die Verdauung, hilft bei Erkältungen und Husten sowie Verstopfung. Außerdem kann er Schmerzen lindern. Er ist ein gutes Anregungsmittel. Nutzen Sie aber auch die geschmacklichen Varianten des grünen und roten Pfeffers sowie deren optische Reize. Zerstoßen Sie Pfefferkörner im Mörser, oder zermahlen Sie sie in einer Pfeffermühle. Kaufen Sie keinen gemahlenen oder aromatisierten Pfeffer.

Safran

Dieses Gewürz färbt stark und kommt am besten in Reis und Joghurtspeisen zur Geltung. Es beruhigt alle drei Doshas. Verwenden Sie nur Safranfäden, kein Pulver. Safran ist bitter und scharf. Er wirkt abführend, harntreibend und antiseptisch. Setzen Sie Safran gezielt bei Kopfschmerzen und Husten, Gicht und Gliederschmerzen ein. Safran gilt als sexuelles Anregungsmittel – probieren Sie es aus!

Salbei

Das scharfe, bittere Kraut senkt Vata und Kapha, erhöht jedoch Pitta. Es ist bei Grippe und Erkältungen, Halsschmerzen, angeschwollenen Lymphdrüsen und starkem Schwitzen angezeigt. Es wirkt blutstillend und trocknet Geschwüre aus.

Selleriesamen

Die Samen des wilden Selleries – auch als Ajawan bekannt – erhalten Sie in asiatischen Lebensmittelgeschäften. Selleriesamen senken Vata und Kapha, erhöhen Pitta. Sie regen die Verdauung an, lindern Blähungen und sind daher ideal in allen schweren Gerichten.

Senfsamen

Sie erhalten gelblich braune und kleinere schwarze Senfsamen. Die Körner gehören zu den Hauptbestandteilen einer Currymischung. Der scharfe Senf vermindert Vata und Kapha, läßt aber Pitta ansteigen. Er regt die Verdauung an. Verwenden Sie Senfsamen sparsam.

Sesamsamen

Der süße Sesam wirkt erhitzend und senkt folglich Vata. Bei einem erhöhten Pitta ist er verboten. Sesam hilft bei Verstopfung, Hämorrhoiden, Zahn- und Zahnfleischverfall, Abmagerung, Osteoporose. Allen wieder Genesenden tut Sesam nach der Erkrankung gut.

Sternanis

Der Name sagt es: Das Gewürz sieht wie ein Stern aus, wird im Ganzen mitgekocht und vor dem Servieren entfernt. Sternanis ist im Ayurveda als scharf eingestuft; er würzt intensiver als Anis. Sternanis hilft bei Verdauungsbeschwerden, Blähungen, wirkt beruhigend und schlaffördernd.

Tamarinde

Das Gewürz ist bei uns weniger bekannt, doch sehr gesund: Tamarinde enthält viel Vitamin C. Das saure Gewürz wird aus dem braunen Mark der Tamarindenschoten gewonnen und getrocknet verwendet. Sie müssen Tamarinde vor dem Kochen in Wasser einweichen und dann auspressen. Nur das Wasser wird verwendet. Tamarinde heilt Verstopfung, Erbrechen, Beschwerden, die ein erhöhtes Kapha verursacht hat, Leberbeschwerden und Gelbsucht.

Teufelsdreck

Dieses bei uns meist nur in Reformhäusern und Apotheken erhältliche Gewürz ist auch unter den Namen Asa foetida oder Hing bekannt. Es wird aus dem Harz einer Wurzel gewonnen – der Asafoetida-Pflanze – und schmeckt bitter, es brennt etwas auf der Zunge. An Hülsenfrüchten gleicht es mögliche Verdauungsbeschwerden aus.

Zimt

Das bräunliche Rindengewürz wird mitgekocht oder gerieben verwendet. Zimt fördert die Bekömmlichkeit und Verdauung der Nahrungsmittel. Zimt wirkt blutreinigend, stärkend, schmerzlindernd und angeblich auch sexuell anregend. Er reduziert Vata und Kapha.

Zwiebel

Entscheiden Sie sich in der Ayurveda-Küche: Zwiebeln oder Knoblauch! Beides an einem Gericht ist entschieden zuviel. Zwiebeln helfen bei Magen- und Darmbeschwerden, Nierenstörungen, Insektenstichen, leichteren Verbrennungen und Abzessen. Sie stärken den Körper.

Pfanne, Topf, Wok oder Feuertopf?

Ayurveda bietet Ihnen einen Leitfaden für ein gesundes Leben und Wohlbehagen – aber kein Dogma oder eine Ideologie, die ohne bestimmte Details nicht auskommt. Daher ist es nebensächlich, worin Sie kochen. Die altbewährte Pfanne und Ihre bisherigen Töpfe sind genau richtig, besonders wenn sie einen dicken Boden besitzen, der die Hitze gut leitet. Wok und Feuertopf sind mittlerweile bei uns recht beliebt geworden; doch kann in ihnen nicht besser gekocht und gebraten werden als in einer Pfanne mit höherem Rand oder einem flachen Topf. Da nach Ayurveda Gemüse am besten weich gegart oder gekocht wird, ist das sogenannte Pfannenrühren im Wok nicht sehr sinnvoll; hierbei bleibt das Gemüse bißfest und somit schwerer verdaulich.

Kochen Sie ausschließlich in Töpfen und Pfannen mit dickem Boden; am besten ist Kochgeschirr aus Stahl und Kupfer geeignet. Aluminiumtöpfe sind nicht sinnvoll, da Aluminiumpartikel beim Erhitzen frei werden und sich in den Speisen festsetzen.

- Was Sie indes tatsächlich brauchen, sind ein Mixstab oder ein einfacher Mixer, denn die Gemüsesuppen können nur mit ihrer Hilfe mühelos und schnell püriert werden.
- Wenn Sie ein Fan von frischen Säften und ausgefallenen Salatsaucen auf Obst- oder Gemüsebasis sind, sollten Sie sich einen Entsafter anschaffen.
- Für die Zerkleinerung der Gewürze und Kräuter nehmen Sie einen Mörser oder einen Blitzhacker.
- Zum schonenden Garen im Wasserdampf ist ein Topf mit Einsatz oder ein Bambuskörbchen, das Sie in einen großen Topf stellen, erforderlich. Bambuskörbchen erhalten Sie preisgünstig in Asienläden.
- Wer Frischkäse selbst herstellen möchte, braucht ein neues Leinentuch zum Abtropfen.

Mit dieser Ausrüstung und jeder Menge frischem Gemüse, gerade reifen Obstsorten und massig Kräutern sowie Gewürzen beginnen Sie die Ayurveda-Küche.

Eine interessante
Kombination von Gemüse
und ausgewähltem Obst
zeigt so manche Vorspeise
der Ayurveda-Küche.

Vorspeisen

Verwendete Abkürzungen

g	Gramm
l	Liter
TL	Teelöffel
EL	Eßlöffel
cm	Zentimeter
●	Vata
▲	Pitta
■	Kapha

Der Körper besteht aus dem, was Sie essen! Machen Sie zum Wohl Ihrer Gesundheit keine Mülltonne aus ihm. Füttern Sie ihn so gut und so natürlich wie möglich, dann werden Krankheit, Unwohlsein und Unzufriedenheit Fremdwörter für Sie.

Denn Sie ernähren mit den Mahlzeiten längst nicht nur den Leib, auch die Psyche leidet bei hektischen Imbissen mit Fast food und Fertigsaucen, die mehr Chemie enthalten als manches Medikament. Wenden Sie sich lieber mit Lust und einem Korb frischer Lebensmittel der Ayurveda-Küche zu.

Wann ißt wer was?

Alle Rezepte sind den passenden Doshas zugeordnet und so zusammengestellt, daß sie mindestens zwei Geschmacksrichtungen enthalten. So fällt es Ihnen leicht, alle sechs Geschmacksarten täglich aufzutischen.

Essen Sie am Beginn einer Mahlzeit das am schwersten Verdauliche. So signalisieren Sie Ihrem Körper, daß er jetzt verstärkt arbeiten muß: Die Magensäureproduktion wird erhöht. Der Darm macht sich bereit. Das heißt, Sie dürfen kalorienreiche Vorspeisen, auch Fleisch, Fisch, Eier oder Käse, zuerst genießen und sollten anschließend leichter und magerer weiterschlemmen. Auch Süßes stellen Sie besser an den Beginn eines Menüs statt ans Ende wie das klassische Dessert.

Viele der hier versammelten Rezepte bilden nicht nur den Auftakt zu einem leckeren Menü, sie sind auch für ein leichtes Abendessen im Sommer geeignet. Doch halt: Salate eignen sich nicht für den Abend; sie sind schlecht zu verdauen, bleiben länger im Magen liegen und würden dort über Nacht gären und den Magen übersäuern. Rohkost meiden Sie ganz! Sie können aber grüne Blattsalate mit gekochten, lauwarmen Spinat-, Mangold-, Wirsingkohl- oder den leichteren Chinakohlblättern austauschen.

Rezepte für zwei

Alle Rezepte in diesem Ayurveda-Kochbuch sind für zwei Personen gedacht – sowohl die Hauptgerichte als auch die Beilagen. Wollen Sie ein Gericht für drei, vier oder mehr Personen zubereiten, rechnen Sie die einzelnen Zutaten einfach hoch.

Eher im Sinn des Ayurveda und der individuellen Menüzusammenstellung ist es jedoch, mehrere Gerichte nebeneinander anzubieten, um so zu gewährleisten, daß jeder etwas Passendes für sein Dosha und seine individuell empfohlenen Geschmacksrichtungen findet.

Grüner Spargel in Orangensauce
▲■

500 g grüner Spargel
8 Erdbeeren
2 Stangen Stangensellerie
mit Grün

weißer Pfeffer
2 Orangen
1 EL Sonnenblumenöl

Der grüne Spargel muß erfreulicherweise nur im unteren Drittel geschält werden; das ist schnell erledigt. Kochen Sie ihn in reichlich Wasser, und achten Sie darauf, daß er nur weich, nicht matschig wird.
Schneiden Sie die Selleriestangen der Länge nach einmal durch, und würfeln Sie sie ganz fein. Die Stücke werden zwei Minuten blanchiert. Das Grün wird ebenfalls sehr fein gewiegt.
Aus dem Saft von eineinhalb Orangen, dem Öl und dem Selleriegrün sowie wenig weißem Pfeffer rühren Sie eine aparte Sauce.
Die halbe Orange wird filetiert, die Erdbeeren geviertelt. Legen Sie das Gemüse zusammen auf eine Platte, begießen Sie es noch warm mit der Orangensauce, und dekorieren Sie mit Erdbeeren und Orangenstückchen.

Rote Bete mit Shrimps
●▲■

2 kleine Knollen rote Bete
100 g Shrimps
1 Bund Borretsch
1/2 Bund Schnittlauch

1/2 TL roter Pfeffer
1 Prise Salz
1–2 EL eingedickter Apfelsaft
1 EL Sonnenblumenöl

Die rote Bete wird geschält, in wenig Wasser weich gekocht und in dünne Scheiben geschnitten. Vorsicht: Sie färbt die Hände! Richten Sie sie fächerförmig auf zwei Tellern an.
Verrühren Sie Öl, Apfelsaft und die Gewürze zu einer Salatmarinade, fügen Sie die fein gehackten Kräuter zu, und gießen Sie alles auf die noch warmen Gemüsescheiben, auf denen Sie zuvor die Shrimps angerichtet haben.
Das Gericht eignet sich auch gut mit einem Brotfladen als leichtes sommerliches Abendessen.

Süßkartoffelsalat
▲

2 kleine Süßkartoffeln	1 Orange
70 g Kürbis	1 Limone
1/8 l Gemüsebrühe	Steinsalz
1/2 Bund Schnittlauch	

Kochen Sie die ungeschälten, nur gebürsteten Kartoffeln in wenig Wasser gar; so erhalten Sie die Vitamine. Der Kürbis wird in kleinen Würfeln getrennt in der Gemüsebrühe gegart; das dauert nicht länger als 15 Minuten.
Pellen Sie die Kartoffeln, und schneiden Sie sie in dünne Scheiben. Sie kommen fächerartig auf eine Platte; darüber streuen Sie in die Mitte die Kürbiswürfel.
Aus dem Saft von Limone und Orange mischen Sie mit zwei Prisen Salz eine Marinade, die Sie mit Schnittlauchröllchen über das Gemüse gießen.

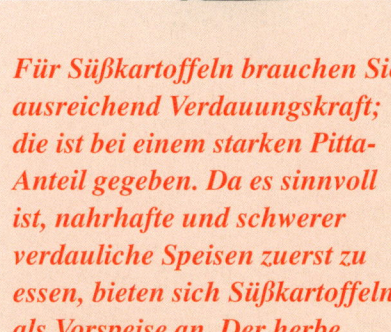

Für Süßkartoffeln brauchen Sie ausreichend Verdauungskraft; die ist bei einem starken Pitta-Anteil gegeben. Da es sinnvoll ist, nahrhafte und schwerer verdauliche Speisen zuerst zu essen, bieten sich Süßkartoffeln als Vorspeise an. Der herbe Kürbis ergänzt die süßen Kartoffeln für Pitta bestens.

Auberginenmus
■

1 violette Aubergine	2 EL Kresse
1 EL Olivenöl	1/4 TL Kümmel
1 Orange	Steinsalz
1 Knoblauchzehe	

Schälen Sie die Aubergine dünn, schneiden Sie sie in ein Zentimeter dicke Scheiben, und salzen Sie. So lassen Sie die Aubergine eine halbe Stunde stehen; es bilden sich Wassertropfen an der Gemüseoberfläche, die Sie – zusammen mit den austretenden Bitterstoffen – mit Küchenpapier abtupfen.
Jetzt würfeln Sie die Aubergine, braten sie mit dem feingehackten Knoblauch im Öl an. Löschen Sie mit frisch gepreßtem Orangensaft ab, und lassen Sie die Auberginenstückchen mit dem Kümmel in 20 Minuten weich kochen.
Währenddessen schneiden Sie die Haut der Aubergine in winzig schmale Streifen. Die Menge auf einem gehäuften Eßlöffel reicht.
Die weichen Auberginen werden mit einem Mixstab püriert. Dann rühren Sie die dunklen Hautstreifen unter, probieren und geben eventuell noch etwas Orangensaft dazu. Mit der Kresse wird dekoriert.

Die wasserreichen, etwas bitteren Auberginen sind nur bei einer Pitta- oder Kapha-Dominanz zu empfehlen. Mit scharfem Knoblauch und Kresse eignen sie sich bei erhöhtem Kapha.

Gekochte Artischocken

2 große Artischocken	1/2 TL Fenchelsamen
2 Zitronen	1 Bund Schnittlauch
2 Orangen	1 EL Olivenöl
1/4 TL grüner Pfeffer	

Schneiden Sie den Artischocken die Stiele ab, und waschen Sie sie gründlich; dazu lassen Sie am besten von oben Wasser zwischen die Blätter fließen.

Die Artischocken werden in Zitronenwasser etwa eine halbe Stunde in einem großen Topf weich gekocht. Ob sie gar sind, prüfen Sie mit einer Gabel am Stielansatz; wenn er weich ist, ist auch das Artischockenfleisch im Innern gut.

Daneben haben Sie reichlich Zeit, die Kräuter fein zu wiegen, die Gewürze im Mörser zu zerstoßen und alles mit dem Saft zweier Orangen und dem Öl zu vermischen.

Bei einer Vata-Dominanz dürfen Sie doppelt soviel Olivenöl nehmen.

Gefüllte Pilze

8 mittelgroße Champignons oder Egerlinge	1 kleine Karotte
2 Tropfen Walnußöl	2 TL Sonnenblumenöl
50 g Spinatblätter	weißer Pfeffer
	Steinsalz

Waschen Sie den Spinat, und lassen Sie ihn tropfnaß im Topf mit einem Teelöffel Öl bei großer Hitze zusammenfallen. Er wird mäßig gesalzen und gepfeffert.

Daneben putzen und reiben Sie die Karotte fein. Die Pilze müssen auch geputzt und vom Stiel befreit werden.

Ist alles vorbereitet, mischen Sie Spinat und Karotte, aromatisieren mit Walnußöl und füllen das Gemüse in die Pilze. Setzen Sie sie in eine eingefettete Auflaufform, und stellen Sie sie für zehn Minuten bei 200° C in den Backofen.

Blattsalat mit Erdbeeren
● ▲ ■

1 Kopfsalat	1 TL Sonnenblumenöl
200 g Erdbeeren	1 TL roter Pfeffer
2 Maracujas	

Verwenden Sie nur die inneren Herzblätter des Salats. Sie werden gewaschen und sind schon so klein, daß sie nicht mehr zerzupft werden müssen. Die Erdbeeren waschen Sie, schneiden den grünen Stiel ab und vermischen sie mit den Salatblättern.
Aus dem Saft der Maracujas, dem Öl und im Mörser zerstoßenem Pfeffer bereiten Sie eine Salatmarinade, die Sie über den Salat gießen.

Auf die gleiche Weise können Sie sich bei erhöhtem Pitta Melonenstückchen auf Radicchio zubereiten.

Salat und Erdbeeren sind bei jeder Dosha-Konstellation richtig. Daher ist die Marinade so ausgewählt, daß sie kein Dosha unnötig erhöht.

Weißkohl mit Pfirsichsauce
■

8 Weißkohlblätter	1 EL Honig
2 Pfirsiche	1/2 TL Anis
1/2 Bund Schnittlauch	1 EL Kürbiskerne

Die Kohlblätter werden kurz in heißem Wasser blanchiert und anschließend in schmale Streifen geschnitten.
Die Pfirsiche schälen und entkernen Sie; dann werden sie püriert. Rühren Sie den Honig langsam unter, so daß er sich ganz auflöst, und würzen Sie mit Anis.
Nun schneiden Sie den Schnittlauch in kleine Röllchen und rösten die Kürbiskerne in einer Pfanne ohne Fett.
Die Kohlstreifen werden mit der Pfirsichsauce vermischt, darüber streuen Sie die Schnittlauchröllchen und die Kürbiskerne.

Herber Kohl, scharfer Schnittlauch und scharfer Anis geben die bevorzugten Geschmacksrichtungen für alle mit hohem Kapha-Anteil. Da runden die süßen Pfirsiche die Vorspeise sinnvoll ab und fügen mit dem süßen Honig eine dritte Geschmacksrichtung hinzu.

Tomaten mit Frischkäse

4 kleine Tomaten	grüner Pfeffer
100 g Frischkäse	1/2 Bund Schnittlauch
1 Orange	einige Salatblätter
Steinsalz	

Machen Sie Frischkäse selbst (Rezept, Seite 242), würzen Sie ihn mit frisch gepreßtem Orangensaft, wenig zerstoßenen Gewürzen und den feingewiegten Kräutern.

Waschen Sie die Tomaten, schneiden Sie den Stielansatz vorsichtig heraus, und schneiden Sie auf der gegenüberliegenden Seite eine Kappe ab. Jetzt können Sie die Tomaten bequem mit einem kleinen Löffel aushöhlen und mit dem angemachten Frischkäse füllen.

Auf den gewaschenen Salatblättern wird die weiß-rote Vorspeise angerichtet.

Überbackener Dinkelgrieß auf Tomatenmus

50 g Dinkelgrieß	1/2 Bund Basilikum
3 Tomaten	1 TL Rohrzucker
1/4 l Gemüsebrühe	50 g Weichkäse

Rösten Sie den Dinkelgrieß trocken in einer schweren Pfanne. Gießen Sie Gemüsebrühe zu, so daß er bedeckt ist. Einmal wird der Grieß aufgekocht; dann quillt er etwa 30 Minuten bei kleinster Hitze. Wenn zuviel Flüssigkeit verdampft, gießen Sie noch etwas Brühe nach.

Parallel häuten und entkernen Sie die Tomaten und pürieren sie. Rühren Sie den Zucker gut unter, damit er sich auflöst. Das Basilikum hacken Sie klein und rühren es ebenfalls unter das Tomatenmus.

Schneiden Sie den Weichkäse in dünne Scheibchen. Breiten Sie auf feuerfesten Tellern das Tomatenmus flach aus.

Streichen Sie den fertigen Grieß auf einem Brett gut einen Zentimeter hoch aus. Daraus schneiden Sie Rauten, Rechtecke oder Quadrate, die nicht länger als fünf Zentimeter sein sollten. Legen Sie mehrere Grießschnitten auf das Mus, streuen Sie Käse darauf und überbacken Sie den Grieß zehn Minuten im vorgeheizten Backofen bei 200° C oder im Grill.

Frischkäse mit süßen Beeren
● ▲

150 g Frischkäse	1 EL Rohrzucker
200 g Brombeeren	Agar-Agar
100 g Himbeeren	

Bereiten Sie den Frischkäse (Rezept, Seite 242) selbst mit rosa Grapefruit zu. Die Brombeeren erhitzen Sie mit dem Zucker und gelieren sie mit Agar-Agar (nach Packungsanweisung) zu einem festen Fruchtmus. Stechen Sie mit einem großen Löffel vom Frischkäse und dem Brombeermus runde Häufchen aus, die Sie auf Portionstellern anrichten; die Himbeeren streuen Sie darüber.

Vata- und Pitta-Geprägte dürfen Frischkäse als Vorspeise mittags genießen. Die herb-süßen Brombeeren und die säuerlich-süßen Himbeeren sind farblich und geschmacklich ein guter Kontrast.

Agar-Agar – ein pflanzliches Geliermitttel

Für Gelees, festes Fruchtmus, Cremes, Puddings oder Marmeladen verwenden Sie in der Ayurveda-Küche weder Gelierzucker, weil er raffiniert ist, noch herkömmliche Geliermittel, weil sie aus Knochen und Schwarten hergestellt werden und schon immer von Vegetariern abgelehnt wurden.

Nehmen Sie statt dessen Agar-Agar, ein Geliermittel, das aus Meeresalgen hergestellt ist. Es ist selbst geschmacksneutral und kann daher für süße wie salzige Speisen gebraucht werden. Sie kochen es nur zwei Minuten; damit ist ein größerer Vitaminverlust durch lange Kochzeiten garantiert nicht gegeben.

Sie erhalten Agar-Agar in Reformhäusern. Beachten Sie bitte die Packungsanweisungen: Ein Teelöfffel Pulver für einen halben Liter Flüssigkeit oder 500 Gramm entkernte Früchte genügt bereits.

Feigenjoghurt

4 Feigen	I EL Honig
4 EL Joghurt	I EL Walnüsse
I Zitrone	

Die Feigen werden geschält und mit einer Gabel zerdrückt, dann verrühren Sie sie mit dem Joghurt und würzen mit etwas Zitronensaft und dem Honig. Sie können den Honig auch oben auf den Feigenjoghurt träufeln.
Bestreuen Sie die süße Vorspeise mit zerkleinerten Walnüssen.

Zuckerschoten mit Truthahn

150 g Zuckerschoten	I Grapefruit
150 g Truthahnbrust	I säuerlicher Apfel
1/4 l Gemüsebrühe	1/4 TL Fenchelsamen
I EL Sonnenblumenkerne	2 TL Sonnenblumenöl

Kochen Sie die Truthahnbrust in der Brühe gar, und lassen Sie sie bis zum Anschneiden darin liegen. So bleibt sie saftig.
Putzen Sie die Zuckerschoten; sie werden in einem Teelöffel Öl angedünstet und dürfen nicht zu weich werden. Vier bis fünf Minuten in einer Pfanne reichen völlig.
Stellen Sie aus dem restlichen Öl, dem Saft einer frisch gepreßten Grapefruit, dem zerstoßenen Fenchelsamen und kleinen Apfelwürfeln eine pikante Marinade her.
Ist alles soweit vorbereitet, richten Sie die Zuckerschoten auf einer Platte an, legen dünn geschnittene Truthahnscheiben darauf und begießen sie mit der Marinade. Darüber streuen Sie trocken in einer Pfanne geröstete Sonnenblumenkerne.
Gemüse und Fleisch sollten beim Essen noch warm sein; so sind sie besser bekömmlich.

Mangold mit Krebsfleisch

100 g Mangold	1/2 reife Mango
100 g ausgelöstes Krebsfleisch	3 EL Joghurt
1/8 l Gemüsebrühe	grüner Pfeffer

Lassen Sie den gewaschenen Mangold tropfnaß in einem Topf bei mittlerer Hitze zusammenfallen. Sollten die Stiele und Rippen sehr dick sein, schneiden Sie sie vorher ab. Das Krebsfleisch erwärmen Sie vorsichtig in der Gemüsebrühe – nicht kochen! Richten Sie dünn geschnittene Mangoscheiben auf dem Mangold an.
Aus Joghurt und grünem, frisch zerstoßenem Pfeffer rühren Sie eine Sauce, unter die das warme Krebsfleisch vorsichtig gehoben wird. Geben Sie diese Joghurt-Krebs-Sauce löffelweise auf das Gemüse.

Bitterer Mangold neben süßen Mangos und süßem Fisch: Da passen die leichte Schärfe von grünem Pfeffer und etwas Saures (Joghurt) dazu.

Scharfes Rührei mit Shrimps

2 Eier	1 Prise Salz
1 gelbe Paprika	1/2 Bund Zitronenbasilikum
2 Frühlingszwiebeln	

Verquirlen Sie die Eier mit Salz. Schneiden Sie das gewaschene und geputzte Gemüse klein; und wiegen Sie das Zitronenbasilikum fein.
Gießen Sie die Eiermasse in eine heiße, beschichtete Pfanne, und verteilen Sie das gemischte Gemüse, die Shrimps und die Kräuter gleichmäßig darauf.
Wenn die Eier zu stocken beginnen, wenden und rühren Sie das Rührei. Lassen Sie die Eier nicht zu trocken werden!

Eier sollten – wie Fleisch und Fisch – nicht täglich auf den Tisch. Rührei ist bei allen mit erhöhtem Pitta tabu, da sie nur Eiweiß essen dürfen. Hühnereier sind im Ayurveda als süßlich eingestuft.

Grüne Blattgemüse wie Spinat oder Mangold sind genau das Richtige für Pitta- und Kapha-Geprägte; beide sollten reichlich herbe Gemüsesorten genießen. Die Shrimps liefern Süße.

Blattspinat mit Shrimps
▲■

100 g Spinat	Salz
100 g frische Shrimps	grüner Pfeffer
1 Grapefruit	1 EL Sonnenblumenkerne
Olivenöl	

Waschen Sie den Spinat, die Stengel werden entfernt, mit einem Teelöffel Öl erhitzen Sie ihn und lassen ihn kurz im Topf zusammenfallen; dann wird schwach gesalzen.
Die Shrimps erwärmen Sie in einer flachen Pfanne in wenig Öl – nicht kochen! – und pfeffern sie leicht.
Verteilen Sie die Spinatblätter auf Tellern, träufeln Sie Grapefruitsaft darauf, legen Sie die Shrimps darauf, und bestreuen Sie sie mit trocken in der Pfanne gerösteten Sonnenblumenkernen.

Vegetarier verzichten sicherlich nur allzugern auf die Fischbeilage und nehmen statt dessen in Sojasauce marinierte, kurz angebratene Tofustreifen oder blanchierte, feingeriebene Sellerie- und Karottenstreifen. Bei viel Pitta können Sie die grüne Vorspeise auch mit gehäuteten Tomatenstückchen farblich attraktiv aufpeppen.

Kombinieren Sie die
unterschiedlichsten
Blattgemüse; aber wählen
Sie die herben, bitteren
Sorten nur bei zuviel
Pitta oder Kapha.

Salate

Viele setzen heute eine leichte Mahlzeit mit einem Salat gleich, besonders in der wärmeren Jahreszeit. Salat mag Ihnen bislang als leicht und wenig belastend erschienen sein, doch im ayurvedischen Sinn bedeutet Salat Schwerstarbeit für Magen und Darm. Salat ist Rohkost, und sie liegt lange unverdaut im Bauch.

Wer Salate dennoch essen will – und Sie werden hier nach ayurvedischen Prinzipien leckere Kompositionen finden – greift mittags zum Salat: als Vorspeise oder Hauptmahlzeit. Auch am späten Vormittag nach zehn Uhr ist ein Salat angebracht, wenn das Frühstück ausgefallen ist oder zu klein war. Abends gibt es hingegen keinen Salat mehr.

Denken Sie bei der Zusammenstellung von Salaten immer an die sechs Geschmacksrichtungen: Zwei bis drei in einem Salat unterzubringen dürfte keine Schwierigkeit bereiten. Die Menge bestimmt jeweils die Dosha-Zugehörigkeit.

Sprossen selbst ziehen

Getreidekörner – z. B. Weizen oder Roggen –, Hülsenfrüchte, Kichererbsen und verschiedenste Samen wie Rettich, Radieschen, Alfalfa, Kresse oder Bockshornklee eignen sich zum Keimen. Weichen Sie die Körner oder Samen über Nacht in Wasser ein, bewahren Sie sie in einem offenen Glas auf, so daß Luft an die Keimlinge gelangt, und spülen Sie sie täglich zwei- bis dreimal mit frischem Wasser.

Lassen Sie die Keimlinge so lange feucht in dem Glas, bis die weißen Keime circa einen Zentimeter lang gewachsen sind. Dann sind Sie reif für Ihre Tafel. Das dauert – je nach Sorte – zwei bis vier Tage. Ziehen Sie die Sprossen immer im Dunkeln, sonst keimen sie nicht so gut. Sie können z. B. ein Tuch über das Glas legen oder ein dunkles Gefäß verwenden.

Vorsicht: Keime von Hülsenfrüchten müssen blanchiert oder in einer Pfanne kurz in wenig Öl erhitzt werden; roh besitzen sie natürliche Giftstoffe.

Generell gilt in der Ayurveda-Küche: Alles Gekochte oder zumindest Blanchierte ist für Magen und Darm bekömmlicher als Rohes.

Keimlinge sind enorm reich an Vitaminen, besonders an denen der B-Gruppe und an Vitamin C; daher sind sie eine ideale Nahrungsergänzung – vor allem im Winter!

Radieschen mit Orangen

●

1 Bund Radieschen	1/4 TL Muskat
2 Blutorangen	1 Bund Schnittlauch

Waschen Sie die Radieschen gründlich, und schneiden Sie sie in hauchdünne Scheibchen. Schälen und filetieren Sie die Orangen, und arrangieren Sie Radieschen mit Orangen fächerförmig auf einer Platte.
Sparsam wird der Salat mit Muskat und Schnittlauchröllchen bestreut. Danach sollte er noch eine halbe Stunde ziehen.

Radieschen werden hier zu einem scharfen Salat. Der süße Muskat und Orangensaft schwächen jedoch die Schärfe. Das Gewürz erhöht Pitta; es kann aber durch süßes Mangopulver ersetzt werden.

Orangen-Tomaten-Salat

●

2 Orangen	1 Messerspitze geriebener
2 Eiertomaten	Ingwer
1 TL Sonnenblumenöl	1 Prise Steinsalz
1 TL Mandelöl	2 EL Kresse
1 EL Mandelstifte	

Waschen Sie die Tomaten, entfernen Sie die Stielansätze, und häuten Sie sie. Eine Orange wird geschält und filetiert; die weiße Haut muß vollständig entfernt sein.
Dann stellen Sie aus dem Saft einer Orange, dem Öl, Salz und Ingwer eine Marinade her, die Sie über die abwechselnd fächerförmig arrangierten Tomaten und Orangenfilets gießen.
Dekorieren Sie mit Kresse, die selbstverständlich mitgegessen wird, und streuen Sie Mandelsplitter über den Salat.

Das Nachtschattengewächs Tomate ist hauptsächlich bei einer Vata-Dominanz sinnvoll; die festeren, nicht so wasserreichen Eiertomaten sind besonders süß. Ingwer und Kresse bringen etwas Schärfe.

Grapefruitsalat

2 rosa Grapefruits	1/2 TL roter Pfeffer
1/2 Bund Blattpetersilie	1 EL Sonnenblumenöl
1/2 TL Senfsamen	2 Tropfen Sesamöl
1/2 TL Kümmel	

Schälen und filetieren Sie die Grapefruits; die weiße Haut muß ganz entfernt sein.
Zerstoßen Sie die Gewürze im Mörser, gießen Sie das Öl zu.
Während die Gewürze im Öl ihr volles Aroma entfalten, hacken Sie die Petersilie sehr fein, richten die Grapefruitstücke auf Tellern an, begießen Sie mit dem Öl und streuen die Petersilie darüber.

Grapefruits sind allen Doshas bekömmlich; und die rosafarbenen schmecken besonders lieblich. Da braucht sich auch ein von Vata Geprägter nicht vor dem bitteren Geschmack zu fürchten. Bei erhöhtem Pitta verwenden Sie nur wenig Senfsamen.

Sellerie-Karotten-Ananas

1/2 Knollensellerie	1 TL Rosinen
1 Karotte	3 EL Joghurt
1/4 Ananas	1 Prise Steinsalz
1 Orange	

Schälen Sie den Sellerie großzügig, er wird in dünnen Scheiben in Salzwasser nicht zu weich gegart und anschließend in feine Stifte geschnitten. Die Möhre schneiden Sie in Streichholzstifte und garen sie eine Minute mit.
Unterdessen schälen und würfeln Sie die Ananas; der feste innere Kern wird dabei weggeschnitten. Achten Sie darauf, daß alle dunklen Stellen außen fort sind.
Ist das Gemüse weich gegart, aber noch fest, dann mischen Sie es mit den Ananasstücken und dem Joghurt und salzen sparsam.
Winzig fein gehacktes Selleriegrün sorgt auf dem Salat für eine bunte Note.

Sellerie ergibt mit Karotten und Ananas einen idealen Salat für alle mit Pitta-Dominanz. Sellerie ist herb, Karotten sind süß-sauer und Ananas süß.

Gurken-Karotten-Salat

1 Gärtnergurke	1/2 TL Senfsamen
2 Karotten	weißer Pfeffer
2 Mandarinen	Steinsalz
Walnußöl	2 EL entkernte Walnüsse

Die Gurke wird geschält, halbiert, entkernt und in feine Streifen geschnitten.

Die Karotten putzen und schneiden Sie in schmale Stifte. Beides zusammen dünsten Sie in wenig Wasser eine Minute.

Aus Öl, dem Saft der Mandarinen und den Gewürzen mischen Sie eine Marinade, die Sie über das noch warme Gemüse gießen.

Darüber werden grobgehackte Walnüsse gestreut.

Herbe Gurken plus süße Karotten und süß-saure Mandarinen bieten bei viel Vata eine gelungene Kombination. Besonders die Walnüsse sind wichtig: Sie sorgen für die lebensnotwendige Fettzufuhr, ohne daß auf schwerverdauliche tierische Fette zurückgegriffen werden muß.

Roter Linsensalat

150 g rote Linsen	Steinsalz
1 Fenchel mit Grün	1/2 TL Kümmel
1 TL Sonnenblumenöl	1/2 TL Fenchelsamen
3 EL Apfelsaft	grüner Pfeffer

Die roten Linsen müssen nicht eingeweicht werden und sind schon in 20 Minuten weich.

Parallel schneiden Sie den geputzten Fenchel in dünne Streifen und dünsten ihn in wenig Salzwasser weich.

Aus den im Mörser zerstoßenen Gewürzen bereiten Sie zusammen mit dem Öl und dem Apfelsaft eine Marinade.

Mischen Sie die weichen Linsen mit dem Fenchel, und gießen Sie die Marinade darüber.

Am besten schmeckt der Salat noch lauwarm, nachdem er mindestens eine halbe Stunde gezogen hat. Feingehacktes Fenchelgrün streuen Sie kurz vor dem Servieren darüber.

Die roten Linsen bekommen allen drei Doshas gleichermaßen; keines wird von ihnen erhöht! Die hier verwendeten Gewürze sind verdauungsfördernd und nicht zu scharf. Bei erhöhtem Kapha lassen Sie das Salz besser weg.

Avocados sind nahrhaft, fett und damit ideal für die zu Untergewicht neigenden von Vata Geprägten. Schnittlauch und Pfeffer verleihen dem Salat Schärfe, Himbeeren und Zitrone Säure, Orangen Süße. Bei erhöhtem Vata könnten Sie den Salat auch mit Dill anmachen.

Süßer Avocadosalat

1 reife Avocado	1/2 TL grüner Pfeffer
2 Orangen	1 TL Olivenöl
50 g Himbeeren	1 Zitrone
1/2 Bund Schnittlauch	2 Prisen Steinsalz

Schälen, entkernen Sie die Avocado vorsichtig, und schneiden Sie sie in dünne Scheiben. Sie müssen sofort mit Zitronensaft übergossen werden, sonst färben sie sich braun.

Rühren Sie Öl, den Saft einer Orange, Gewürze und feingewiegten Schnittlauch zu einer Marinade; und filetieren Sie die zweite Orange. Nun arrangieren Sie abwechselnd grüne Avocadoscheiben mit Orangenfilets auf einer Platte und begießen sie mit der Salatmarinade. Als Krönung kommen die Himbeeren darüber.

Der Salat eignet sich bei erhöhtem Vata auch vorzüglich zum Frühstück, besonders wenn es etwas später eingenommen wird.

Süßer Chicorée

3 kleine Chicorée	3 Mandarinen
1 EL Rosinen	1 Zitrone
1 EL Kürbiskerne	1 TL Sonnenblumenöl
1 EL Mandeln	2 Tropfen Walnußöl

Süß ist eine vorrangige Geschmacksrichtung von Pitta: süße Rosinen und Mandarinen. Chicorée ist als bitteres Gemüse daneben ebenfalls ideal für ein erhöhtes Pitta.

Weichen Sie die Mandeln einige Stunden in wenig Milch ein. Sie werden anschließend im Blitzhacker fein gehackt und ergeben mit einer ausgepreßten Mandarine, dem Saft einer Zitrone und dem Öl eine leckere Marinade.

Den Chicorée putzen Sie, entfernen den unteren bitteren Kern und schneiden ihn quer in ganz feine Streifchen. Mischen Sie ihn zusammen mit Mandarinenspalten und den Rosinen mit der Marinade.

Dann rösten Sie die Kürbiskerne eine Minute in einer heißen Pfanne ohne Fett und geben sie noch warm über den Salat.

Spinatsalat mit Sprossen

▲ ■

150 g Spinatblätter	4 getrocknete Aprikosen
1 Bund Radieschen	1 TL Olivenöl
2 EL Sprossen	1/4 TL roter Pfeffer
2 säuerliche Äpfel	

Stellen Sie aus einem entsafteten Apfel, dem Öl und zerstoßenem Pfeffer eine Salatmarinade her.

Der Spinat wird gewaschen und geputzt, im Topf ohne weiteres Wasser blanchiert.

Den zweiten Apfel schälen und würfeln Sie; er wird mit den in Streifen geschnittenen Aprikosen unter den noch warmen Spinat gemischt. Dazu kommen die in Scheiben geschnittenen Radieschen und die delikate Marinade.

Die Sprossen streuen Sie unmittelbar vor dem Servieren auf den Salat. Wer seine Verdauung schonen möchte, was bei einer Pitta-Dominanz meist nicht notwendig ist, blanchiert die Sprossen kurz unter heißem Wasser.

Spinat ist bitter, Radieschen und Sprossen dagegen sind scharf. Beides ist ideal bei erhöhtem Kapha. Der Apfel bringt eine säuerliche Note, die Aprikosen eine süße. Damit ist der Salat auch bestens für Pitta geeignet, bei einer Dominanz dieses Doshas dürfen ebenfalls Trockenfrüchte gegessen werden.

Radicchio mit Löwenzahn

■

1 Radicchio	1 EL Olivenöl
150 g Löwenzahn	1 rosa Grapefruit
1 rote Paprika	1 gehäufter TL Leinsamen
1 rote Zwiebel	1 Messerspitze Paprikapulver
1 Bund Schnittlauch	

Putzen und waschen Sie die Salatblätter. Sie werden in einem sauberen Geschirrhandtuch trockengeschleudert und mit der Marinade angerichtet.

Verrühren Sie den Saft der Grapefruit gut mit dem Öl; dann geben Sie die feingehackte Zwiebel und das Paprikapulver dazu, gießen alles in einer Schüssel über den Salat und bestreuen ihn mit kleinen Schnittlauchröllchen und Leinsamen.

Der bitter scharfe Salat ist durchaus auch einmal bei einer Vata- oder Pitta-Dominanz vertretbar, nur sollte er dann mit Nüssen und/oder süßen Beeren angereichert werden. Und die rohe Zwiebel fällt weg.

Radicchio und Löwenzahn sind mit die besten Blattsalate, um Kapha zu reduzieren. Beide gelten als bitter. Dazu kommt hier die Schärfe der rohen Zwiebel, die nur der Kapha-Geprägte verträgt.

Grüne, bittere Blattsalate dürfen Sie auch bei einer Vata-Dominanz essen – allerdings nicht zu oft. Die Tomaten und Orange bringen die notwendige Süße für Vata wie Pitta; die Zitrone und Zitronenmelisse sorgen für einen säuerlichen Touch.

Herbe grüne Blattsalate sind für alle Doshas geeignet, scharfer Meerrettich ist aber nur bei hohem Vata und Kapha empfohlen. Die Beeren bringen eine säuerliche Komponente: ein Salat, drei Geschmacksrichtungen.

Blattsalate mit Tomatengelee

1/2 Eichblattsalat
1/2 Lollo Rosso
2 Gemüsetomaten
1 Orange
1/2 Bund Zitronenmelisse

1 Zitrone
1 EL Olivenöl
Steinsalz
weißer Pfeffer
Agar-Agar

Sie beginnen mit dem Gelee: Enthäuten und entkernen Sie die Tomaten, zerdrücken Sie das Fruchtfleisch, und verdünnen Sie es mit dem gepreßten Saft einer Orange.

Nach Packungsanweisung bereiten Sie mit Hilfe von Agar-Agar ein Gelee. Es muß nur zwei Minuten kochen. Das Kaltwerden dauert jedoch einige Stunden; bereiten Sie das Gelee daher rechtzeitig vor.

Waschen Sie die Blattsalate, zerteilen Sie die Blätter, und zupfen Sie sie in etwa gleich große Stücke.

Aus dem Saft einer Zitrone, dem Öl sowie wenig Salz und Pfeffer stellen Sie eine Marinade her und machen damit den Salat an. Darüber kommen die feingehackten Blättchen der Zitronenmelisse.

Wenn Sie den Salat auf einer Platte anrichten, können Sie das Tomatengelee in Häufchen mit einem Löffel abgestochen daraufsetzen.

Feldsalat mit Meerrettich

150 g Feldsalat
1 frischer Meerrettich
1 TL Distelöl
2 EL Apfelsaft

100 g Johannisbeeren
grüner Pfeffer
Steinsalz

Putzen Sie den Feldsalat gründlich. Reiben Sie ein Stück Meerrettich, so daß Sie einen gehäuften Eßlöffel erhalten.

Aus dem Öl, dem Apfelsaft, wenig Pfeffer und noch weniger Salz bereiten Sie eine Salatmarinade, in die Sie den Meerrettich rühren.

Machen Sie damit den Salat an, und bestreuen Sie ihn mit den gewaschenen Johannisbeeren – eine farbliche wie geschmackliche Abrundung.

Pilzsalat
▲ ■

200 g braune Champignons	1/2 TL Anissamen
1 Bund Frühlingszwiebeln	1 TL helle Sojasauce
2 Stangen Sellerie mit Grün	1 TL Sonnenblumenöl
2 EL Birnensaft	1 EL Kürbiskerne

Putzen Sie das Gemüse. Die Pilze und den Staudensellerie schneiden Sie in hauchdünne Scheiben, die Frühlingszwiebeln in Röllchen. Sind die weißen Zwiebeln bereits relativ groß, werden sie extra fein gewürfelt.
Geben Sie das Gemüse zusammen in eine heiße trockene Pfanne, und rühren Sie ständig um; die Pilze ziehen rasch Wasser. Gewürzt wird mit im Mörser zerstoßenem Anis und der Sojasauce.
Richten Sie den Salat lauwarm auf Tellern an, und gießen Sie die Marinade aus dem Birnensaft und dem Öl darüber. Die Kürbiskerne werden trocken in einer Pfanne geröstet und darüber gestreut.

Pilze gleichen überschüssiges Pitta und Kapha aus. Stangensellerie wird für diese Doshas ebenfalls empfohlen. Pilze und Sellerie sind herb; der scharfe Anis – ideal für ein erhöhtes Kapha – und der süße Birnensaft – ideal für viel Pitta – bringen zwei weitere Geschmacksrichtungen.

Grünkernsalat mit roter Bete
● ▲

100 g Grünkernkörner	1/2 Bund Schnittlauch
1/4 l Wasser	1 EL Olivenöl
2 Orangen	weißer Pfeffer
2 kleine Karotten	Steinsalz
2 rote Bete	

Kochen Sie die Grünkernkörner im Salzwasser innerhalb einer guten halben Stunde gar. Unterdessen gart die rote Bete in der Schale in wenig Wasser.
Die Karotte putzen und reiben Sie fein. Sie kommt in den letzten zehn Minuten zum Grünkern.
Bereiten Sie aus Öl, dem Saft einer Orange, Pfeffer, Salz und Schnittlauchröllchen eine Marinade. Die zweite Orange wird filetiert.
Sind die Grünkernkörner gar, rühren Sie die Marinade und die Orangenfilets vorsichtig unter. Die rote Bete wird geschält, halbiert und in dünne Scheiben geschnitten, die Sie neben dem Grünkern anrichten.

Grünkern und rote Bete sind lecker bei Vata- oder Pitta-Dominanz. Grünkern ist süßlich, rote Bete dagegen sauer. Da passen ein Spritzer süßer Orangensaft und süße Karotten.

Dinkelsalat mit Frischkäse
● ▲

100 g Dinkelkörner	2 EL Sprossen
1/4 l Gemüsebrühe	1/2 Bund Schnittlauch
100 g Frischkäse	2 Blutorangen
1 EL Olivenöl	2 Eiertomaten

Kochen Sie den Dinkel in der Gemüsebrühe innerhalb einer Dreiviertelstunde weich. Unterdessen schälen und würfeln Sie die Tomaten, überbrühen die Sprossen eine Minute mit heißem Wasser und schneiden den Schnittlauch in kleine Röllchen.
Verrühren Sie Orangensaft und Öl, gießen Sie es über die weichen Körner, mischen Sie Tomaten und Frischkäse darunter, und richten Sie den Salat auf einer Platte an. Dekoriert wird mit Sprossen und Schnittlauch.

Weizensalat mit Zuckerschoten
● ▲ ■

100 g Weizenkörner	2 Tropfen Walnußöl
1/4 l Gemüsebrühe	1 rote Zwiebel
100 g Zuckerschoten	1/2 Fenchelsamen
1 rosa Grapefruit	weißer Pfeffer
1 EL Sonnenblumenöl	1/2 Bund Zitronenmelisse

Kochen Sie die Weizenkörner in der Gemüsebrühe weich. Sie sind in einer guten halben Stunde gar; während der letzten zwei Minuten geben Sie die feingewürfelte Zwiebel mit in den Topf.
Die Zuckerschoten werden geputzt und garen zehn Minuten in wenig Wasser. Sie sollten nicht zu weich sein.
Aus dem frisch gepreßten Saft einer Grapefruit, dem Öl, zerstoßenem Fenchel und etwas Pfeffer bereiten Sie eine Marinade. Die Kräuter werden gehackt und kommen dazu.
Legen Sie die Zuckerschoten sternförmig auf eine Platte, und häufen Sie die fertigen Weizenkörner mit der Marinade in die Mitte.

Salat mit Ziegenkäse
 ▲

150 g weicher Ziegenkäse	1 TL grüner Pfeffer
6 Radieschen	Steinsalz
1/2 Gärtnergurke	1 Orange
1 EL Sprossen	1 TL Olivenöl
1 grüner Salatkopf	

Der grüne Salat wird gewaschen, in mundgerechte Stücke gezupft und auf einer Platte ausgebreitet. Darauf kommen in feine Scheiben geschnittene Radieschen, hauchdünn gehobelte Gurkenscheiben und Sprossen, die Sie zur besseren Verträglichkeit eine halbe Minute blanchieren.

Aus Pfeffer, Salz, dem Saft einer Orange und dem Olivenöl bereiten Sie eine Marinade, die Sie über den Salat gießen.

Jetzt schneiden Sie den Ziegenkäse in dünne Scheiben und erwärmen ihn zwei Minuten von einer Seite im Grill. Die warmen Käsescheiben werden vorsichtig auf den Salat gesetzt.

Frischer weicher Ziegenkäse ist bei einer Vata- oder Pitta-Dominanz gelegentlich zu Mittag erlaubt. Abends ist Käse dagegen zu schwer verdaulich. Er gilt als sauer. Dazu passen geschmacklich scharfe Radieschen und Sprossen, bittere Gurkenstückchen und bitterer grüner Salat mit einer süßen Marinade.

Blattsalate mit Shrimps
● ▲

1/2 Eichblattsalat	2 Spritzer Sesamöl
1 Radicchio	1/2 Bund Koriandergrün
100 g Kirschtomaten	1/2 Bund Schnittlauch
150 g Shrimps	weißer Pfeffer
2 Limonen	Steinsalz
1 TL Sonnenblumenöl	

Die Salate waschen und zerpflücken Sie, die Tomaten werden gewaschen und halbiert und zusammen angerichtet. Aus Limonensaft, Öl, Gewürzen und Kräutern mischen Sie eine Salatmarinade und gießen sie über den Salat.

Die Shrimps müssen Sie kurz in einer Pfanne mit ein paar Tropfen Öl erwärmen, dann werden sie sofort auf dem Salat verteilt.

Blattsalate und Shrimps sind für alle Doshas geeignet; doch die Tomaten schließen Kapha-Geprägte leider aus! Sie können den Salat ohne die roten Farbtupfer genießen.

Scharf ist der rote Pfeffer, die gelbe Paprika schmeckt süßlich; Rindfleisch und gekochte Zwiebeln gelten ebenfalls als süß. Die saure Zitrone bringt die dritte Geschmacksrichtung auf den Tisch.

Rindfleischsalat

200 g Rinderfilet	roter Pfeffer
1 rote Zwiebel	2 Zitronen
Sonnenblumenöl	1 Bund Schnittlauch
1 gelbe Paprika	

Das Rinderfilet wird in ganz dünne Scheibchen geschnitten, dann in wenig Öl angebraten.

Die Zwiebel schneiden Sie in dünne Ringe, die Paprika in feine Streifen. Beides kommt für wenige Minuten zum Fleisch in die Pfanne.

Im Mörser zerkleinerter roter Pfeffer wird mit Zitronensaft verrührt, auf die Fleischscheibchen und das Gemüse gegeben und mit Schnittlauchröllchen bestreut.

Der Salat ist gut bekömmlich, wenn Sie ihn lauwarm servieren.

Sprossensalat mit Huhn

2 EL Radieschensprossen	1/4 l Gemüsebrühe
2 EL Mungbohnensprossen	1 säuerlicher Apfel
2 EL Alfalfasprossen	1 TL Olivenöl
1/2 Hühnerbrust	1/2 Bund Minze

Die ausgelöste Hühnerbrust gart in der Gemüsebrühe.

Währenddessen waschen Sie die Sprossen, mischen sie und bereiten die Marinade vor: Öl, eine kleine Kelle warme Gemüsebrühe, ein feingeriebener Apfel, feingewiegte Minzblätter.

Bei erhöhtem Kapha können Sie noch eine grüne Chili mit an die Marinade geben.

Lassen Sie die Sprossen zehn Minuten in der warmen Marinade ziehen; sie schmecken dann weniger roh und sich leichter bekömmlich.

Richten Sie den Sprossensalat mit der in Scheiben geschnittenen Hühnerbrust an.

Sprossen gelten als scharf – und so schmecken sie auch. Das Hühnerfleisch dagegen ist leicht süß wie die Orange. Der Apfel sollte säuerlich schmecken, um eine weitere Geschmacksrichtung beizusteuern.

Tomatensuppe ist ein
ideales Gericht bei zu
viel Vata. Kochen Sie
Lorbeer, Kreuzkümmel
oder Sternanis mit.

Suppen

Ob klar, mit Einlage, püriert oder mit ganzen Gemüsestückchen – immer bilden Suppen einen Stützpfeiler der leichten, Magen und Darm nicht unnötig belastenden Kost, und sie sind selbstverständlich auch in der Ayurveda-Küche unersetzlich.

Suppen sind der bekömmliche Auftakt für jedes Menü; sie bieten aber auch allein ein vollwertiges Abendessen – außer den Rezepten mit Fisch oder Fleisch! Und sie eignen sich für all jene zum Mittagessen, die abnehmen möchten.

Wählen Sie für Ihre Suppen stets frische Gemüsesorten, die jahreszeitlich bedingt gerade erst geerntet auf dem Markt angeboten werden. Hartes Tiefkühlgemüse und matschiges Dosengemüse meiden Sie.

Sie können in der Ayurveda-Küche die Suppen ganz nach Ihrem persönlichen Geschmack und den Empfehlungen für Ihr Dosha (Seite 271 ff.) mit Gewürzen und frischen Kräutern variieren.

Immer wieder lesen Sie in diesen Rezepten, daß Sie eine selbstgemachte Gemüsebrühe benötigen. Hier ist sie! Selbstverständlich können Sie sie auch solo auftischen – vielleicht mit kleinen Getreideklößchen, Nudeln oder Reis als Einlage.

Klare Gemüsebrühe

1/2 Knollensellerie	1 Karotte
1 Stange Lauch	1 Zwiebel
1 Petersilienwurzel	1 TL schwarze Pfefferkörner

Putzen und schälen Sie das Gemüse, schneiden Sie es grob, und setzen Sie alles mit einem Liter Wasser auf. Die Gemüsebrühe sollte eine Stunde köcheln.

Dann sieben Sie die Brühe und klären sie eventuell mit einem Eiweiß, das anschließend wieder entfernt wird.

Tomatensuppe
● ▲

500 g Tomaten	1 TL Butterschmalz
1 Karotte	weißer Pfeffer
1 rote Zwiebel	Steinsalz

Alle Tomaten kreuzweise einritzen, mit heißem Wasser überbrühen, enthäuten und vierteln.

Die Karotten werden gewaschen und fein gerieben. Die kleingeschnittene Zwiebel braten Sie im Fett glasig an, Tomaten – bis auf eine – und Karotte sowie einen Viertelliter warmes Wasser fügen Sie hinzu. Lassen Sie alles zehn Minuten kochen.

Mit einem Passierstab werden die Tomaten zerkleinert, danach schmecken Sie ab und fügen eine in kleine Würfel geschnittene Tomate roh dazu. Das macht den Geschmack fruchtiger!

Ganze Basilikumblätter als Dekoration auf der Suppe machen sich gut.

Probieren Sie dazu auch einmal asiatisches süßes oder scharfes Basilikum, das einen ganz anderen Geschmack besitzt als das deutsche und von Ayurveda-Ärzten in Indien zur Stabilisierung der Gesundheit eingesetzt wird. Vorsicht: Basilikum erhöht Pitta.

Bei erhöhtem Vata können Sie eine Knoblauchzehe mitkochen, dann entfällt allerdings die Zwiebel.

Tomaten gelten im Ayurveda als sauer, Karotten als süß – damit haben Sie schon zwei Geschmacksrichtungen in einem Gericht. Scharfes Basilikum kann einen dritten Geschmack beisteuern.

Brokkolisuppe
▲ ■

250 g Brokkoli	1/2 l Gemüsebrühe
1 Zwiebel	1 TL grüner Pfeffer
1 Karotte	1 EL Sonnenblumenkerne

Putzen und zerteilen Sie den Brokkoli; er wird in der Brühe zusammen mit einer geschälten und geviertelten Zwiebel weich gekocht.

Während die Suppe noch kocht, haben Sie schon die Karotte geputzt und fein gerieben; sie wird in den letzten fünf Minuten mitgekocht. Pfeffern Sie unterdessen auch die Suppe.

Anschließend pürieren Sie die Suppe mit einem Mixstab.

Rösten Sie Sonnenblumenkerne eine Minute in einer trockenen heißen Pfanne, und streuen Sie sie vor dem Servieren auf die Suppe.

Der herbe Brokkoli reduziert überschüssiges Pitta und Kapha; bei erhöhtem Vata eignet er sich nicht. Geschmacklich bringen eine mitgekochte Zwiebel und eine Karotte eine süße Komponente. Grüner Pfeffer liefert milde Schärfe. Sie könnten aber auch säuerlich mit Zitrone abschmecken.

Knollensellerie senkt Pitta und Kapha. Er ist herb – eine Geschmacksrichtung, die diese beiden Doshas bevorzugen sollten. Die Kartoffel ist ebenfalls herb, die mitgekochte Zwiebel bringt ein wenig Süße, der Pfeffer sorgt für Schärfe. Die für manche ungewohnte Kombination mit säuerlichen Johannisbeeren bringt eine interessante Note.

Selleriecremesuppe
▲■

1 kleine Sellerieknolle mit Grün	1 TL roter Pfeffer
2 kleine Kartoffeln	80 g Johannisbeeren
1 weiße Zwiebel	1 Orange
1/2 l Gemüsebrühe	

Schälen Sie den Sellerie großzügig, die Kartoffeln eher sparsam. Würfeln Sie das Gemüse und die geschälte Zwiebel, und kochen Sie sie in der Brühe weich. Dann wird die Selleriesuppe püriert.

Waschen Sie einige der helleren Sellerieblättchen, und hacken Sie sie fein.

Während die Suppe noch köchelt, pürieren Sie die gewaschenen Johannisbeeren, rühren den im Mörser zerstoßenen Pfeffer unter und würzen mit etwas frisch gepreßtem Orangensaft. Das Beerenmus sollte eine feste, aber breiige Konsistenz haben.

Richten Sie die fertige Suppe auf Tellern an, geben Sie einen Eßlöffel Beerenmus in die Mitte, und verziehen Sie es mit einer Gabel in der Suppe, so daß rote Fäden durch die weiße Suppe laufen. Garniert wird mit einigen grünen Sellerieblättchen.

Herbe Kartoffeln passen zu jeder Dosha-Konstellation; doch sollten sie nicht zu oft aufgetischt werden und zur besseren Bekömmlichkeit mit Bockshornkleesamen gekocht werden. Doch Vorsicht: Viel Bockshornkleesamen erhöht Pitta.

Kartoffelsuppe
●▲■

300 g Kartoffeln	1 EL Sojasauce
1 Stange Lauch	1/2 TL Bockshornkleesamen
2 Karotten	1/2 TL Kümmel
1/2 Petersilienwurzel	Steinsalz
1 EL Sonnenblumenöl	1/2 Bund Petersilie

Schälen Sie die Kartoffeln dünn – weniger um Sparsamkeit zu beweisen, als um Vitamine zu erhalten –, und würfeln Sie sie. Eine Kartoffel reiben Sie fein; sie dient als Bindemittel und macht die Suppe sämig.

Der gewaschene Lauch wird in Röllchen geschnitten, die geputzte Karotte und die Petersilienwurzel schneiden Sie in Streichholzstifte.

Dünsten Sie das Gemüse in Öl an, gießen Sie einen halben Liter Wasser an, und lassen Sie es mit den Gewürzen weich kochen.

Die fertige Suppe bestreuen Sie mit fein gewiegter Petersilie.

Kürbiscremesuppe

500 g Kürbis	1/2 TL Cayennepfeffer
2 cm frischer Ingwer	1/2 l Gemüsebrühe
1/2 TL Gelbwurz	1 EL Kürbiskerne

Den Kürbis schälen, die inneren Kerne und die Haut abschaben und in kleine Würfel schneiden. Setzen Sie ihn mit der Gemüsebrühe auf, und dünsten Sie ihn bei mittlerer Hitze weich. Einen Teelöffel frisch geriebenen Ingwer, Gelbwurz und Cayennepfeffer lassen Sie mitköcheln. Wird die Suppe zu dick, kann noch etwas Wasser zugegossen werden. Anschließend wird alles mit dem Mixstab püriert.
Parallel waschen Sie die Kürbiskerne und rösten sie in einer trockenen Pfanne. Auf die fertige Suppe gestreut, bieten die grünen Kerne auf dem Orange einen Augenschmaus.

*Kürbis zählt zu den herben Gemüsesorten und eignet sich deshalb bestens bei erhöhtem Pitta und Kapha als Vorsuppe mittags oder als leichtes Abendessen.
Ein Tip: Je dunkler der Kürbis, um so geschmacksintensiver die Suppe!*

Zucchinicremesuppe

3 Zucchini	1/2 TL Fenchelsamen
2 Birnen	1/2 TL grüner Pfeffer
1 EL Butterschmalz	Steinsalz
1/2 Bund Minze	1/2 l Gemüsebrühe

Als erstes reiben Sie die gewaschenen Zucchini grob. Dann geben Sie die ganzen Fenchelsamen in das erhitzte Fett und lassen sie springen. Geben Sie die Zucchini mit in die Pfanne, lassen Sie sie aber nicht braun werden, sondern gießen Sie gleich die Brühe mit an. Salzen Sie sparsam, und pfeffern Sie nach Geschmack – bei erhöhtem Pitta weniger.
Lassen Sie alles etwa eine halbe Stunde sanft köcheln, die Zucchini sollen sämig werden.
Währenddessen schälen, entkernen und würfeln Sie die Birnen; geben Sie die Hälfte die letzten fünf Minuten in die Suppe. Dann wird alles fein püriert.
Nun rühren Sie die restlichen Birnenstückchen in die Suppe und lassen sie vorsichtig warm werden. Man soll sie beim Essen noch erkennen können! Servieren Sie die Suppe mit aufgestreuten, kleingehackten Minzblättern. Vorsicht: Bei erhöhtem Vata ist Minze ungünstig; steigen Sie auf Zitronenmelisse um.

Bei erhöhtem Vata dürfen Sie keine rohen Birnen essen; sie würden dies Dosha unnötig erhöhen. Wohl aber dürfen Sie gekochte Birnen wie hier in der Zucchinicremesuppe genießen. Birnen sind süß.

Rote Bohnensuppe

100 g rote Bohnen	1 TL roter Pfeffer
1/2 l Gemüsebrühe	1 rote Zwiebel
1/2 TL Majoran	1 saurer Apfel
1/2 TL Thymian	1/2 Bund Schnittlauch

Die Bohnen müssen über Nacht eingeweicht werden, sonst werden sie nicht weich!

Setzen Sie sie mit der Gemüsebrühe und der gewürfelten Zwiebel sowie allen Gewürzen auf; sie benötigen eine gute Stunde.

In der Zwischenzeit schälen und achteln Sie den Apfel; er kommt in den letzten fünf Minuten mit in die Suppe.

Sie können die Bohnensuppe so servieren, oder Sie pürieren sie. In jedem Fall aber streuen Sie Schnittlauchröllchen darauf.

Rote Bohnen sind wie alle Hülsenfrüchte herb, der Apfel bringt eine säuerliche Note, die mitgekochte Zwiebel etwas Süße. Bei einer Vata-Dominanz sollten Sie Hülsenfrüchte nur selten genießen.

Spinatsuppe

300 g Spinat	2 Orangen
1 Zwiebel	Steinsalz
1/2 Bund Koriandergrün	1 TL grüner Pfeffer
1/2 l Gemüsebrühe	1 TL Olivenöl

Waschen und verlesen Sie den Spinat. Die Zwiebel wird geschält und geachtelt, dann im Öl angebraten.

Nun kommt der Spinat dazu, der sofort in sich zusammenfällt. Gießen Sie mit der Gemüsebrühe auf.

Gewürzt wird mit Salz und zerstoßenem Pfeffer sowie dem Saft der Orangen.

Geben Sie jetzt den grob zerkleinerten Koriander bis auf wenige Blätter in die Suppe. Sie sollte nur zehn Minuten köcheln; dann wird sie mit dem Mixstab püriert.

Dekorieren Sie mit einigen frischen Korianderblättern.

Spinat wird bei Pitta- oder Kapha-Dominanz gleichermaßen empfohlen. Er ist bitter; die Orangen dagegen sind süß, der Koriander wieder bitter. Die milde Schärfe des grünen Pfeffers wird auch bei erhöhtem Pitta vertragen; eventuell nehmen Sie weniger.

Avocadosuppe

2 Avocados	Steinsalz
1/2 l Gemüsebrühe	1 EL helle Sesamkörner
1 Zitrone	1/2 Bund Zitronenmelisse
weißer Pfeffer	

Erhitzen Sie die selbst zubereitete Gemüsebrühe. Unterdessen schälen, entkernen und zerdrücken Sie die Avocados.

Geben Sie das Avocadomus zusammen mit dem Saft einer Zitrone in die Brühe. Achten Sie darauf, daß die Suppe nun nicht mehr kocht; sonst wird sie bitter!

Würzen Sie mit Salz und Pfeffer, pürieren Sie die Suppe mit dem Mixstab, und servieren Sie sie mit kleingehackter Zitronenmelisse und Sesam obendrauf.

Avocados sind außerordentlich nahrhaft und daher nicht für eine Kapha-Dominanz geeignet. Doch für magere Menschen mit viel Vata sind sie ausgezeichnet, und auch der Pitta-Geprägte darf sie gelegentlich genießen – nur nicht mit Sesam.

Zucchini-Grünkern-Suppe

80 g Grünkernschrot	1/4 l Milch
3 kleine Zucchini	1 EL Butterschmalz
1 Bund Sauerampfer	Steinsalz

Waschen Sie die Zucchini, und reiben Sie sie grob. Sie werden im Fett angebraten, danach gesalzen.

Der Sauerampfer muß gewaschen und in schmale Streifen geschnitten werden.

In einem zweiten Topf braten Sie unter ständigem Rühren den Grünkernschrot an. Passen Sie auf, daß er nicht anbrennt!

Gießen Sie einen Viertelliter warmes Wasser dazu, und lassen Sie ihn auf kleinster Flamme etwa 20 Minuten köcheln. Dann ist er fast weich.

Jetzt gießen Sie die Milch zum Grünkernschrot, rühren vorsichtig die Zucchini und den Sauerampfer unter und lassen die Suppe noch weitere fünf Minuten auf dem Herd.

Grünkern ist wie das meiste Getreide süß. Die Zucchini dagegen gelten als herb. Das sind zwei ideale Geschmacksrichtungen bei erhöhtem Pitta. Bei viel Vata tut der Sauerampfer gut.

Hafer-Kräuter-Suppe

50 g geschroteter Hafer	1/8 l Milch
1 Bund Kerbel	Salz
1 Bund Sauerampfer	weißer Pfeffer
1/2 l Gemüsebrühe	

Geben Sie das Haferschrot trocken in einen Topf, und rösten Sie es einige Minuten bei großer Hitze unter ständigem Rühren.

Dann gießen Sie die Brühe zu und lassen den Hafer 20 Minuten bei schwacher Hitze köcheln. Wichtig ist das regelmäßige Umrühren, sonst brennt er an.

Währenddessen waschen und hacken Sie die Kräuter. Sie kommen, kurz bevor der Hafer fertig ist, mit der Milch zur Suppe.

Anschließend wird gewürzt und noch einmal aufgekocht. Wer die Suppe ganz fein wünscht, püriert sie mit einem Mixstab.

Gekochtes Haferschrot mit frischen Kräutern eignet sich für jede Dosha-Konstellation. Seien Sie bei erhöhtem Pitta mit Pfeffer sparsam; bei viel Kapha verzichten Sie lieber auf das Salz. Besonders angeraten ist eine Hafersuppe bei Magenbeschwerden und Nervosität.

Grünkernsuppe mit Pfifferlingen

50 g Grünkernkörner	3 EL Joghurt
1/2 l Gemüsebrühe	1 TL Sonnenblumenöl
1 Bund Frühlingszwiebeln	1/2 TL grüner Pfeffer
200 g Pfifferlinge	Steinsalz

Der Grünkern wird in der Gemüsebrühe aufgekocht und gart dann in einer guten halben Stunde auf kleiner Flamme. Kürzere Kochzeiten erreichen Sie, wenn Sie die Körner vier bis fünf Sunden in der Brühe einweichen.

Währenddessen putzen Sie die Pilze, schneiden die Frühlingszwiebeln in schmale Ringe und braten sie gemeinsam im Öl an.

Ist der Grünkern gar, geben Sie Zwiebeln und Pilze an die Suppe und rühren den Joghurt unter. Jetzt darf die Grünkernsuppe nicht mehr kochen!

Gewürzt wird mit wenig Salz und zerstoßenem Pfeffer.

Wie alles Getreide ist auch Grünkern in der Ayurveda-Küche als süß eingestuft. Bei erhöhtem Pitta oder Kapha können Sie die Körner mit herben Pilzen kombinieren. Der Joghurt bringt ein wenig Säure auf den Tisch; der grüne Pfeffer ist auch bei viel Pitta nicht zu scharf.

Rote-Bete-Suppe mit Rindfleisch

●

2 rote Bete	1 TL schwarze Pfefferkörner
200 g mageres Rindfleisch	Steinsalz
1/2 l Gemüsebrühe	1/2 Bund Dill
1 Lorbeerblatt	

Kochen Sie die Gemüsebrühe auf, und legen Sie das Rindfleisch mit den Gewürzen in die heiße(!) Brühe; so schließen sich die Poren schnell, das Fleisch bleibt saftig. In einer halben Stunde sollte es weich sein.

Die rote Bete schälen und schneiden Sie in dünne Stifte. Sie werden separat in wenig Brühe in etwa einer halben Stunde weich gekocht.

Jetzt gießen Sie die Brühe, in der das Rindfleisch geköchelt hat, zum Gemüse, schneiden das Fleisch in mundgerechte Stückchen und geben sie dazu.

Den inzwischen feingehackten Dill streuen Sie über die fertige Suppe.

Die säuerlich schmeckende rote Bete ist für alle Doshas gleichermaßen empfohlen, doch in Kombination mit Rindfleisch ist dies ein klassisches Gericht bei erhöhtem Vata oder nach einer Krankheit. Generell gilt für Rindfleisch, daß es eher für Genesende und Schwache geeignet ist.

Hühnersuppe mit Gemüse

● ▲ ■

1 Hühnerbrust	1 cm Ingwer
1 Stange Lauch	1/2 TL Gelbwurz
2 Karotten	1 TL grüne Pfefferkörner
1 rote Zwiebel	

Setzen Sie das Fleisch kalt mit einem dreiviertel Liter Wasser auf. Hinein kommen die Pfefferkörner, Gelbwurz, die geschälte und geviertelte Zwiebel, eineinhalb geputzte Karotten in großen Stücken und der Lauch in dicken Ringen. Behalten Sie ein fünf Zentimeter langes Stück Lauch zurück. Die Suppe ist in einer dreiviertel Stunde gut.

Währenddessen reiben Sie die halbe Karotte sehr fein, schneiden das Lauchstück in dünne Ringe und den geschälten Ingwer in Stifte.

Ist das Fleisch weich, holen Sie es aus der Suppe. Die Hälfte schneiden Sie in Streifen und geben sie später in die Suppe. Der Rest kann anderweitig verarbeitet werden.

Die Hühnerbrühe wird durchgesiebt; die klare Brühe kochen Sie mit dem Ingwer auf einen knappen halben Liter ein. Nun lassen Sie das restliche Gemüse und das zerkleinerte Hühnerfleisch fünf Minuten darin ziehen.

In Maßen dürfen alle Huhn genießen. Wählen Sie daher Gemüsesorten, die ebenfalls kein Dosha einseitig steigern oder reduzieren: Karotten, Lauch, eine mitgekochte Zwiebel, ein paar Erbsen. Bei erhöhtem Pitta verzichten Sie lieber auf den Ingwer.

Shrimps und Süßwasserfische sind für alle Doshas geeignet; sie gelten als süß. Dazu paßt die milde Schärfe des grünen Pfeffers und die Süße der mitgekochten Frühlingszwiebeln.

Klare Fischsuppe

1/2 l Gemüsebrühe	Safran
100 g ausgelöste Shrimps	1/2 Bund Frühlingszwiebeln
100 g Süßwasserfischfilet	2 Scheiben trockenes
1 Zitrone	Weizenbrot
1 TL grüner Pfeffer	1 TL Olivenöl

Erhitzen Sie die Gemüsebrühe, und geben Sie einige Fäden Safran hinzu. Sie sollte etwa zehn Minuten kochen.

Parallel putzen Sie die Frühlingszwiebeln und schneiden sie in feine Röllchen.

Das Fischfilet wird gewaschen und mit einigen Spritzern Zitrone gewürzt, dann in größere Stücke zerteilt.

Reduzieren Sie die Hitze, und legen Sie Fischstücke, Shrimps und Frühlingszwiebeln in die Brühe; sie sollen nur fünf Minuten ziehen.

Schneiden Sie dann das Brot in kleine Würfel, und braten Sie sie im Olivenöl an. Die Suppe wird in Portionstellern serviert und mit den Brotbröckchen bestreut.

Fisch-Gemüse-Topf

1/2 l Gemüsebrühe	1 Orange
200 g Süßwasserfischfilet	1/2 Bund Petersilie
2 Eiertomaten	1 TL Rohrzucker
1 kleine Zucchini	Steinsalz

Tomaten sind süß-säuerlich; etwas brauner Vollrohrzucker könnte in allen Gerichten mit Tomaten die Süße noch verstärken – eine der idealen Geschmacksrichtungen bei erhöhtem Vata und Pitta. Die Zucchini bringt einen Hauch Herbes.

Kochen Sie die Gemüsebrühe mit dem Zucker und dem Saft der Orange auf.

Gleichzeitig enthäuten und entkernen Sie die Tomaten und schneiden sie in kleine Würfel. Die Zucchini wird gewaschen und in Streichholzstifte geschnitten.

Das Fischfilet waschen Sie und würzen es mit Orange.

Lassen Sie die Zucchini sieben Minuten, die Tomaten und das in größere Stücke geschnittene Fischfilet fünf Minuten bei schwacher Hitze in der Brühe garen. Auf den fertigen Fisch-Gemüse-Topf streuen Sie fein gehackte Petersilie.

Greifen Sie in das ganze Gemüseangebot auf den Märkten, und tauschen Sie Lieblingssorten nach den Dosha-Empfehlungen aus.

Gemüse-
gerichte

Kaum ein Nahrungsmittel ist so vielfältig zuzubereiten wie Gemüse: Die Zusammenstellung und Beigabe von Gewürzen oder Kräutern schaffen süße und salzige, scharfe und saure, bittere oder herbe Gerichte. Und die Kombination von Gemüse und Obst sollten Sie auch einmal ausprobieren! Hier haben Sie es besonders leicht, mehrere Geschmacksrichtungen gleichzeitig auf den Tisch zu bringen!

Haben Sie sich bislang reichlich von Fleisch und Fisch ernährt und im Gemüse eher eine Beilage gesehen, möchten nun aber allmählich auf eine vegetarisch orientierte Küche umsteigen, dann erhöhen Sie jetzt bewußt Ihren Gemüsekonsum. Das Bedürfnis nach großen Fleisch- oder Fischportionen geht dann ganz von selbst zurück. Selbstverständlich dürfen alle Fleisch- und Fischkonsumenten die hier beschriebenen Gemüserezepte mit einer kleinen Portion Fleisch, Geflügel oder Fisch und Meeresfrüchten kombinieren.

Stellen Sie verschiedene Gemüsegerichte immer so zusammen, daß sie sich geschmacklich und farblich ergänzen: z. B. herbe, grüne Zucchini mit süß-säuerlichen roten Tomaten oder süße, orange Karotten, bittere, dunkle Auberginen und scharfe, rote oder grüne Chilis. Und bestreuen Sie das Gemüse reichlich mit frischen, grünen Kräutern, Sonnenblumen- oder Kürbiskernen sowie hellem oder dunklem Sesam. Das schafft zusätzliche Nährstoffe, optische Reize und garantiert neue Geschmacksrichtungen.

Lauch mit Selleriemus

 ▲ ■

2 dünne Stangen Lauch	1/2 Knollensellerie
1 Stange Staudensellerie	8–12 Erdbeeren
1 EL Selleriegrün	1/2 TL Fenchelsamen

Lauch und Stangensellerie werden geputzt, in zehn Zentimeter lange Stücke geschnitten und weich gekocht; so ist Gemüse am besten zu verdauen.

Währenddessen dünsten Sie den geschälten und in kleine Würfel geschnittenen Knollensellerie mit dem zerstoßenen Fenchelsamen weich, pürieren ihn und rühren die geviertelten Erdbeeren vorsichtig unter. Sie sollen nicht zermatscht werden!

Zum Schluß bestreuen Sie das Selleriemus mit frischem grünen Kraut vom Staudensellerie und servieren es zusammen mit dem Stangengemüse.

Knollen- und Stangensellerie sind herb, der Lauch ist bitter. Beides sind geeignete Geschmacksrichtungen bei erhöhtem Pitta und Kapha. Die Erdbeeren sorgen für etwas Süße, die vom Fenchelsamen noch unterstrichen wird: Er ist herb und süß zugleich.

Süßkartoffeln auf Auberginenmus

▲

2 kleine Süßkartoffeln	1 TL Olivenöl
1 violette Aubergine	Pfeffer
2 Zitronen	Steinsalz

Waschen und halbieren Sie die Aubergine. Die Hälften werden mit Salz bestreut und sollen dann eine halbe Stunde Wasser ziehen. Tupfen Sie mit Küchenpapier die austretenden Wassertropfen ab; so entziehen Sie dem Gemüse seine Bitterstoffe.

Dann schälen Sie die Aubergine dünn, würfeln das Fruchtfleisch und braten es im Öl an. Gewürzt wird mit Pfeffer, abgelöscht mit Zitronensaft.

Anschließend köchelt die Aubergine unter einem Deckel weich. Wer möchte, kann sie pürieren.

Schälen, vierteln und kochen Sie parallel die Süßkartoffeln in wenig Salzwasser gar. Sie benötigen eine kürzere Kochzeit als gewöhnliche Kartoffeln. Sie werden auf dem Auberginenmus serviert.

Süßkartoffeln sind ideal für alle mit erhöhtem Vata und Pitta; beide dürfen Süßes essen, und die Süßkartoffeln haben einen intensiven süßlichen Geschmack. Außerdem sind sie recht nahrhaft. In der Kombination mit Auberginen eignet sich das Gericht jedoch nur bei einer Pitta-Dominanz.

Spitzkohl mit Granatapfel

1/2 kleiner Spitzkohl	1 EL Rosinen
1 rote Zwiebel	1 TL Butterschmalz
1 Granatapfel	1 TL roter Pfeffer
1 rosa Grapefruit	

Putzen Sie den Spitzkohl, und schneiden Sie ihn dann in einen Zentimeter dünne Streifen. Er wird in Wasser weich gekocht.

Währenddessen nehmen Sie den Granatapfel auseinander und befreien die Fruchtstückchen von allen weißen Häuten.

Schneiden Sie die Zwiebel in dünne Ringe, und braten Sie sie im Butterschmalz an. Dazu kommt der zerstoßene Pfeffer, und dann wird sofort mit dem Saft der Grapefruit abgelöscht. Lassen Sie die Rosinen wenige Minuten in der Sauce ziehen.

Wenn der Kohl weich ist, gießen Sie ihn ab und geben ihn in die süßbittere Sauce.

Chinakohl mit Heidelbeeren
▲ ■

1/2 Chinakohl	1 TL Rohrzucker
100 g Heidelbeeren	Sojasauce
2 Schalotten	Sonnenblumenöl
1/2 TL Kümmel	1/2 Bund Minze

Schneiden Sie den Kohl in einen Zentimeter breite Streifen, waschen Sie ihn, und braten Sie ihn mit den in Scheibchen gehobelten Schalotten an.

Dann kommt der im Mörser zerkleinerte Kümmel dazu, eine halbe Tasse warmes Wasser, und jetzt kann der Kohl innerhalb von fünf Minuten weich werden.

Mit salziger Sojasauce und Zucker wird abgeschmeckt.

Heben Sie die gewaschenen Heidelbeeren unter den warmen Chinakohl; so erhitzen sie sich und behalten dennoch ihre Form.

Zum Schluß bestreuen Sie das Gericht mit kleingehackten Minzblättern.

Blumenkohl mit scharfer Kruste
■

1 kleiner Blumenkohl	1 Bund rote Minze
1 rote Chili	2 Vollkorntoastscheiben
1 cm Ingwer	1 TL Butterschmalz

Waschen Sie den Blumenkohl gründlich, putzen Sie ihn, und zerteilen Sie ihn in kleine Röschen. In wenig Wasser oder Gemüsebrühe ist er in zehn Minuten weich.

Parallel hacken Sie die Chili, reiben den Ingwer, wiegen die Minzblätter winzig fein und verarbeiten alles im Mörser zu einer homogenen Paste.

Nun zerreiben Sie die Brotscheiben, braten die Krümel im Butterschmalz braun und mischen sie mit der Paste. Damit überziehen Sie die gargekochten Blumenkohlröschen.

Blumenkohl reduziert Pitta und Kapha; bevorzugen Sie jedoch kleinkopfige Sorten, große Züchtungen vermehren gleichzeitig Vata. Die scharfe Kruste mit Chili und Ingwer ist nur bei erhöhtem Kapha bekömmlich.

Auberginen mit Joghurtsauce
▲ ■

2 kleine violette Auberginen	weißer Pfeffer
250 g Joghurt	Steinsalz
1 Bund Minze	1 EL Sonnenblumenöl
1 Bund Schnittlauch	Weizenmehl
1 Zitrone	

Waschen und schneiden Sie die Auberginen in einen halben Zentimeter dünne Scheiben. Sie werden mit Salz bestreut, ruhen 15 Minuten und werden dann abgetupft. So entziehen Sie dem Gemüse Bitterstoffe und Wasser.

Währenddessen waschen und hacken Sie die Kräuter fein, sie kommen mit wenig Salz, Pfeffer und Zitronensaft an den Joghurt. Wenn süßen Pitta-Zungen die Sauce zu säuerlich erscheint, kann ein gehäufter Eßlöffel Rohrzucker untergerührt werden.

Die abgetupften Auberginenscheiben werden in Mehl gewendet, von beiden Seiten sofort im heißen Öl angebraten.

Servieren Sie die Auberginenscheiben mit der Joghurtsauce. Dazu passen selbstgebackene Brotfladen.

Auberginen sind vitamin- und mineralstoffreich, aber sie können Pitta und Kapha bei zu reichlichem Genuß vermehren. Kochen Sie Auberginengerichte daher selten, oder servieren Sie sie nur bei einem sehr ausgeglichenen Dosha-Stand.

Die kleinen weißen runden Auberginen erhalten Sie am ehesten in asiatischen Lebensmittelgeschäften. Sie sind wie ihre großen violetten Verwandten bitter und als sehr nahrhaftes Gemüse nur selten zu empfehlen.

Weiße Auberginen mit Pfirsichen

6 weiße Auberginen	1 TL Sonnenblumenöl
2 Pfirsiche	1 EL Kürbiskerne
2 Schalotten	

Waschen und vierteln Sie die kleinen Auberginen; der Stielansatz muß weggeschnitten werden.

Die Schalotten werden geschält und geachtelt, im Sonnenblumenöl angebraten.

Sind sie hellbraun, geben Sie die Auberginen dazu. Unter emsigem Rühren braten Sie auch sie an; dann löschen Sie mit zwei Eßlöffeln warmem Wasser ab und lassen sie weich schmoren. Das dauert gut 20 Minuten.

In den letzten fünf Minuten geben Sie das geschälte und gewürfelte süße Pfirsichfleisch dazu. Das Obst soll warm werden, aber nicht ganz zerfallen.

Vor dem Servieren streuen Sie die trocken in einer Pfanne gerösteten Kürbiskerne auf das Gemüse.

Okras auf Kürbissauce

150 g Okras	roter Pfeffer
200 g Kürbis	1 TL Butterschmalz
1 Sternanis	Steinsalz
2 Prisen Gelbwurz	

Okras sind herb, Kürbis ist süß und herb zugleich. Beide Gemüsesorten sind für alle Doshas geeignet. Der süße Geschmack wird durch das Butterschmalz betont.

Kochen Sie die geputzten – möglichst kleinen – Okras in Salzwasser weich.

Gleichzeitig putzen und schälen Sie den Kürbis, würfeln ihn und braten ihn im Butterschmalz an.

Abgelöscht wird mit wenig Wasser; zum Würzen nehmen Sie einen Sternanis – er wird vor dem Servieren wieder entfernt – und Gelbwurz sowie Pfeffer.

Köcheln Sie den Kürbis auf kleiner Flamme weich, und pürieren Sie ihn dann.

Sie servieren die grünen Okras auf der orangefarbenen Kürbissauce.

Spinat mit Schalotten
▲ ■

300 g junger Spinat	Safran
100 g Schalotten	1/2 TL Gelbwurz
3 EL Joghurt	1 Prise Steinsalz
1 Orange	2 EL Sonnenblumenkerne
1 EL Butterschmalz	

Als erstes werden einige Safranfäden in einem Eßlöffel warmem Wasser eingeweicht. Ziehen Sie die Schalotten ab, halbieren Sie die größeren, und braten Sie sie im Butterschmalz braun.

Würzen Sie mit einer Prise Salz, Gelbwurz und Safran, und löschen Sie sofort mit dem frisch gepreßten Orangensaft ab.

Jetzt legen Sie die geputzten, tropfnassen Spinatblätter auf die Schalotten, rühren um und passen auf, wann die Blätter weich in sich zusammenfallen. Sofort ziehen Sie den Topf vom Herd.

Rühren Sie den Joghurt vorsichtig unter – wenn das Gemüse noch köchelt, flockt er aus! Das sollten Sie vermeiden. Servieren Sie die Spinat-Schalotten mit Sonnenblumenkernen.

Spinat ist bitter, gedünstete Zwiebeln sind süß – sie werden geschmacklich durch die Orange noch verstärkt. Der Joghurt sorgt für etwas Saures, Gelbwurz für einen herben Hauch. Bei erhöhtem Kapha verzichten Sie eventuell auf die Orange.

Mangold mit gelber Paprika
▲ ■

150 g Mangold	2 Mandarinen
2 Kartoffeln	Steinsalz
1 gelbe Paprika	1 TL Sonnenblumenöl
1 rote Zwiebel	1 EL Sonnenblumenkerne
2 Prisen Majoran	

Lassen Sie den nassen Mangold mit wenig Salz in einem Topf auf großer Flamme zusammenfallen, er ist in drei bis fünf Minuten weich. Daneben braten Sie die Zwiebel- und die Kartoffelwürfel im Öl an, würzen und lassen sie braun werden. Fast fertig, geben Sie die in feine Streifen geschnittene Paprika zu den Kartoffeln. Sie soll nur warm werden.

Dann löschen Sie mit dem Saft der Mandarinen ab. Jahreszeitlich bedingt können Sie als Ersatz auch eine Orange oder Clementinen nehmen, wenn es gerade keine Mandarinen gibt.

Streuen Sie trocken geröstete Sonnenblumenkerne darauf.

Wie alle grünen Blattgemüse ist auch der Mangold bitter. Kartoffeln gelten in der Ayurveda-Küche als herb, die gelbe Paprika als süß. Ein Gericht – drei Geschmacksrichtungen. Bei erhöhtem Kapha können Sie die Mandarinen durch einige Löffel Gemüsebrühe ersetzen.

Hier erhalten die herben Gurken mit den süßen Aprikosen und der süßen Minze neben den scharfen Radieschen einen geschmacklichen Ausgleich. Da die wasserreichen Gurken ein ideales Gemüse auch bei erhöhtem Vata sind, könnten Sie sie statt mit Minze mit Petersilie anrichten; Minze erhöht Vata.

Gurken mit Aprikosensauce
▲

2 Gärtnergurken	1/2 Bund Minze
1/2 l Gemüsebrühe	roter Pfeffer
6 Aprikosen	1 TL Rohrzucker
4 Radieschen	

Schälen und entkernen Sie die Gurken. Sie werden halbiert und in der – bitte ohne Würfel selbstgemachten – Gemüsebrühe weich gekocht. Gleichzeitig bereiten Sie die fruchtige Sauce: Dazu ziehen Sie die Aprikosen ab, entkernen und zerdrücken sie mit einer Gabel.

Geben Sie ein bis zwei Eßlöffel der Gemüsebrühe, die in Stifte geschnittenen Radieschen und wenig zerstoßenen Pfeffer dazu. Den Rohrzucker müssen Sie lange unterrühren, damit er sich auflösen kann. Die Gurkenstücke werden auf der Fruchtsauce serviert und mit frisch gehackten Minzblättern bestreut.

Tomaten-Gurken-Ananas
 ▲

2 Tomaten	1 EL Kokosöl
1/2 Gärtnergurke	1/2 TL roter Pfeffer
1/2 kleine Ananas	1/2 Bund Koriandergrün
1 rote Zwiebel	

Tomaten sind nach dem Ayurveda süß und sauer zugleich. Ein Biß in die reife Frucht beweist das schnell. Deshalb erhöhen sie auch leicht Kapha. Die Schale und Kerne sind schwer verdaulich und sollten besser entfernt werden.

Die Tomaten werden abgebrüht, gepellt, entkernt und in grobe Würfel geschnitten.

Die Gurke schälen, entkernen und würfeln Sie ebenfalls grob.

Die Ananas schließlich muß großzügig geschält, in Scheiben und dann in Stückchen geschnitten werden. Es dürfen an den Ananasstücken keine schwarzen Augen mehr zu sehen sein.

Die Zwiebel schälen und hacken Sie grob; sie wird im Öl angebraten. Ist sie braun, folgen Tomaten, Gurken und Ananas in die Pfanne, die am besten einen höheren Rand haben sollte.

Gewürzt wird mit rotem, zerstoßenem Pfeffer. Das Gemüse ist in etwa 15 Minuten weich und wird mit kleingehacktem Koriandergrün bestreut zu Tisch getragen.

Süß-saure Zuckerschoten
● ▲

150 g Zuckerschoten	1 TL Sonnenblumenöl
2 Tomaten	1 cm Ingwer
1/2 Bund Frühlingszwiebeln	1 TL Rohrzucker
2 Limonen	

Putzen Sie die Zuckerschoten, enthäuten und entkernen Sie die Tomaten; sie werden gewürfelt.

Die Frühlingszwiebeln werden geputzt und in zwei Zentimeter lange Stücke geschnitten. Sind die weißen Zwiebeln unten schon etwas größer, müssen sie separat gewürfelt werden.

Sie braten das Gemüse ohne die Tomaten im Öl kurz an, fügen dann Limonensaft, Tomaten und Zucker hinzu, rühren gründlich um, damit sich der Zucker auflöst, und lassen alles bei kleiner Hitze gar ziehen. Gewürzt wird mit frisch geriebenem Ingwer. Wer es nicht so scharf mag, nimmt weniger Ingwer.

Süße Zuckerschoten sind optimal bei einer Vata- oder Pitta-Dominanz. Tomaten und Limonen bringen Säure, Ingwer Schärfe, Zucker Süße. Bei hohem Pitta-Anteil verzichten Sie besser auf den Ingwer; er erhöht das Dosha.

Mungbohnen und Karotten
● ▲ ■

150 g Mungbohnen	1/2 TL Fenchelsamen
2 kleine Karotten	1/2 Bund Schnittlauch
2 Schalotten	weißer Pfeffer
1 EL Butterschmalz	Steinsalz
1/2 TL Kümmel	

Erhitzen Sie das Butterschmalz, bräunen Sie Kümmel und Fenchel eine Minute darin an, dann kommen die kleingewürfelten Schalotten dazu.

Lassen Sie sie anbräunen, und geben Sie nun die gewaschenen, herben Mungbohnen und einen Achtelliter Wasser in den Topf.

Gewürzt wird mit Salz und Pfeffer. Die Mungbohnen sind in einer knappen halben Stunde gar.

Putzen und reiben Sie unterdessen die süßen Karotten; sie werden in den letzten fünf Minuten unter die Mungbohnen gerührt. Serviert wird das gelb-orangefarbene Gemüse mit kleinen Schnittlauchröllchen.

*Mungbohnen sind wie rote Linsen die leichter verdaulichen Hülsenfrüchte.
Die ungeschälten sind grün, die geschälten gelb. Beide sind vitamin- und eiweißreich und für alle Doshas geeignet. Servieren Sie Hülsenfrüchte aber nicht zu oft.*

Spargel an sich gilt im Ayurveda als bitter und süß zugleich. Er wird für alle Doshas empfohlen, doch sollte jemand mit hohem Kapha-Anteil wegen des großen Wassergehalts bei diesem Gemüse seltener zugreifen.

Weißer Spargel

 ● ▲ ■

1 kg weißer Spargel	Steinsalz
1 großer Topf	Gemüse und Obst für die Saucen
2 l Wasser	

Wer gerne Spargel schält, freut sich schon auf den Mai, den Spargelmonat. Genießen Sie die frischen Stangen jetzt, und ignorieren Sie zu Weihnachten und in anderen Jahreszeiten die Spargelangebote aus Kapstadt und Kenia. Essen Sie lieber, was in Ihrer Nähe wächst.
Achten Sie beim Kauf darauf, daß die Spargelstangen von mittlerer Stärke sind; sind sie zu dünn, bleibt nach dem Schälen nichts übrig – sind sie zu dick, ist die Gefahr eines holzigen Geschmacks gegeben.
Reichen Sie zu dem Spargel klassisch junge Kartoffeln – am besten nur gebürstet und in der Schale gekocht. Oder tischen Sie für alle Weizenbrot auf.
Spargel wird im offenen Topf in reichlich Wasser mit einer Prise Salz gekocht und ist in einer knappen halben Stunde gar.

Aprikosensauce für Vata und Pitta:
Häuten und entkernen Sie sechs Aprikosen, und erhitzen Sie sie mit zwei abgezogenen, entkernten Tomaten. Verrühren Sie Obst und Gemüse gut, und würzen Sie mit einem Spritzer Zitrone, einem Teelöffel Rohrzucker und rotem Pfeffer. Dazu paßt etwas Dill.

Auberginensauce für Pitta:
Schälen Sie eine violette Aubergine, schneiden Sie sie in kleine Würfel, und braten Sie sie in wenig Olivenöl mit einer kleingehackten Zwiebel an. Gewürzt wird sparsam mit Steinsalz und weißem Pfeffer sowie etwas frisch gepreßtem Orangensaft. Zum Schluß pürieren Sie und rühren einen Eßlöffel kleingeschnittene schwarze Oliven unter.

Orangen-Safran-Sauce für alle:
Lösen Sie einige Safranfäden in einer kleinen Kelle Spargelwasser auf, und lassen Sie die Flüssigkeit zusammen mit dem Saft einer Orange einköcheln. Ist sie auf die Menge von etwa vier Eßlöffeln reduziert, lassen Sie sie etwas abkühlen und rühren drei Eßlöffel Joghurt unter. Bestreuen Sie die aparte Sauce mit Mandelblättchen.

Stangensellerie mit Erdbeeren
▲

1 kleiner Stangensellerie mit Grün	100 g Erdbeeren
	1 EL Kapern
1/4 l Gemüsebrühe	1 TL Olivenöl
1/2 TL grüner Pfeffer	

Putzen und schneiden Sie den Stangensellerie in etwa fünf Zentimeter lange Stücke. Er wird in der Gemüsebrühe gegart.
Inzwischen hacken Sie das Selleriegrün fein und waschen und halbieren die Erdbeeren.
Aus einer kleinen Kelle Brühe, dem Öl, Pfeffer und den Kapern mischen Sie eine Marinade.
Ist das Gemüse weich, geben Sie es mit den Erdbeeren in die Marinade und bestreuen alles mit dem Grün.

Stangensellerie ist herb, Erdbeeren sind süß, Kapern dagegen salzig. Das ist eine passende Mischung für alle mit erhöhtem Pitta. Bei einer Kapha-Dominanz sollten Sie sich bei den appetitanregenden, salzigen Kapern eher zurückhalten und den Sellerie ohne sie genießen.

Fruchtiges Linsengemüse

100 g rote Linsen	1 TL Sonnenblumenöl
1 Papaya	1 Orange
1/4 l Gemüsebrühe	1/2 Bund Schnittlauch
1 rote Zwiebel	Steinsalz

Schneiden Sie die Zwiebel in Ringe, braten Sie sie im Öl an. Löschen Sie mit der Brühe ab, und geben Sie die Linsen und eine Prise Salz dazu. Sie sind in gut einer Viertelstunde weich. Falls die Brühe zu schnell verdampft, gießen Sie noch etwas Wasser zu; die Linsen sollen ja nicht anbrennen.
Parallel schälen und würfeln Sie die Papaya, wiegen den Schnittlauch fein und pressen die Orange aus.
Sind die Linsen weich, heben Sie vorsichtig die Papayawürfel unter – sie sollen sich nicht auflösen. Würzen Sie mit dem Orangensaft, und bestreuen Sie die fruchtigen Linsen mit Schnittlauchröllchen.
Die süße, nahrhafte Papaya ist gut bei einer Vata- oder Pitta-Dominanz. Geschmacklich werden die herben Linsen vom süßen Obst, der gekochten süßen Zwiebel, dem Salz und dem leicht scharfen Schnittlauch zu einem Gericht mit vier Geschmackskomponenten erweitert.

Linsen sind schwer verdaulich, die roten sind bekömmlicher und werden schneller weich. Braune Linsen vermehren Vata und mindern Pitta und Kapha; rote Linsen sind für alle Doshas geeignet.

Spargel ist ein wenig bitter, ein wenig süß. Ob weiß oder grün, mit hellen oder dunklen Köpfen: Spargel ist für alle Doshas geeignet. Besonders ideal ist das wasserreiche Gemüse bei einer Vata-Dominanz.

Grüner Spargel

1 kg grüner Spargel	1 TL grüner Pfeffer
1 Orange	Steinsalz
1 Zitrone	1 TL Sonnenblumenöl
1/2 Bund Schnittlauch	2 EL Mandeln
1/2 Bund Zitronenmelisse	

Schälen Sie den grünen Spargel nur im unteren Drittel; dann wird er gewaschen und in reichlich Wasser nicht zu weich gekocht.

Währenddessen bereiten Sie die Marinade vor: Der Saft einer Orange, einer Zitrone, Öl, zerstoßener Pfeffer und wenig Salz werden gut verrührt. Geben Sie noch ein bis zwei Löffel vom Spargelwasser dazu.

Dann kommen die feingewiegten Kräuter und die zerhackten Mandeln – die zuvor mehrere Stunden in warmem Wasser eingeweicht und danach geschält worden sind – mit in die Salatsauce.

Diese Marinade wird über den warmen Spargel gegossen und gleich serviert.

Geschmorte Schalotten

10-14 Schalotten	1 EL Olivenöl
1/2 Stengel Rosmarin	2–4 Tropfen Sesamöl
1 Lorbeerblatt	1/2 TL roter Pfeffer

Geschmorte Zwiebeln sind süß und leichter bekömmlich als rohe. Daher sind sie auch bei einer Vata-Dominanz verträglich. Für Kapha-Geprägte ist die Süße eher eine Ausnahme; sie könnten stärker pfeffern.

Schälen Sie die Schalotten, und geben Sie sie mit Wasser bedeckt in einen flachen Topf. Sie sollten mit Rosmarin und Lorbeer zusammen einmal aufgekocht werden.

Dann wickeln Sie je drei bis vier Schalotten, beträufelt mit Öl und gewürzt mit zerstoßenem rotem Pfeffer in ein Stück Alufolie.

So verpackt werden die Schalotten etwa 20 Minuten im vorgeheizten Backofen bei 200° C geschmort. Sie schmecken mild und lieblich. – Im Sommer legen Sie sie auf den Grill.

Als Beilage bietet sich ein Getreidegericht, Fisch oder Fleisch an.

Getreidegerichte sind vielseitig, wenn Sie immer wieder die Sorten wechseln. Hafer und Weizen sind für alle Doshas erlaubt.

Gerichte mit Getreide

Dinkel, Hafer und Weizen sind allen zuträglich, bei den anderen Getreidesorten müssen Sie die Dosha-Verträglichkeit beachten. Einige Gerichte sind nur ganz bestimmten Dosha-Konstellationen zugeordnet, da die Verarbeitung und Beilagen dies erfordern. Gemüse und Saucen können Sie aber ganz nach Geschmack und persönlichen Vorlieben austauschen oder variieren. Die Tabellen zur geeigneten Kost für jedes Dosha am Ende des Buches helfen Ihnen dabei.

Scheuen Sie sich nicht, einzelne Getreidegerichte mit anderen Gemüsegerichten (Seite 119 ff.), Fleisch- (Seite 153) oder Fischspezialitäten (Seite 167) zu kombinieren. Wichtig ist lediglich, daß Sie die schwerer verdaulichen Getreidemahlzeiten nicht auf den Abend legen, sondern immer nur zu Mittag essen. Zur leichteren Verdauung heißt die ideale Verbindung immer: Getreide plus Gemüse oder Fleisch plus Gemüse oder Fisch plus Gemüse. Natürlich ist Fleisch mit Getreide möglich, aber es belastet Magen und Darm, da beides lange Verdauungszeiten hat.

Getreide ist in der Ayurveda-Küche vielfältig zu verarbeiten: Am einfachsten ist ein Brei herzustellen. Doch auch die leckeren Klößchen, gebratenen Schnitten, Plätzchen und Bratlinge gelingen selbst Ungeübten im Handumdrehen.

Getreiderösti

 ▲ ■

50 g grobes Gerstenmehl
50 g grobes Dinkelmehl
1/4 l Wasser
1/2 Bund Schnittlauch

1/2 Bund Sauerampfer
Steinsalz
2 EL Sonnenblumenöl

Gerste und Dinkel lassen Sie einmal aufkochen, dann muß das Getreide 20 Minuten quellen.

Würzen Sie sparsam mit Salz, und kneten Sie die feingehackten Kräuter unter.

Pro Rösti geben Sie einen Eßlöffel der Getreidemasse in die Pfanne, drücken ihn mit einem Löffel im heißen Öl flach und braten ihn von beiden Seiten braun.

Dazu passen fruchtige Saucen oder Gemüse.

Gerste reduziert Kapha und Pitta, erhöht dagegen Vata. Gerste und Dinkel gelten wie das gesamte Getreide als süß. Die Kräuter vereinen Schärfe und Säure. Sie können Gerstenmehl auch zum Brotbacken verwenden.

Gerstenklößchen mit Quark

▲

50 g Gerstenkörner
50 g Quark
50 g Weizenvollkornmehl
1/8 l Gemüsebrühe

1/4 Rotkohl
1 Lorbeerblatt
1 TL Rohrzucker
2 Orangen

Die Gerstenkörner kochen Sie einmal in der Brühe auf und lassen sie bei kleiner Hitze etwa eine Stunde garen.

Dann wird aus den Körnern, dem Quark und Mehl ein Kloßteig hergestellt, aus dem Sie mit nassen Händen tischtennisgroße Bällchen formen. Sie ziehen in mäßig kochendem Wasser eine halbe Stunde gar.

Währenddessen putzen Sie den Rotkohl, halbieren das Viertel und schneiden ihn in einen halben Zentimeter breite Streifen. Sie werden mit dem Saft einer Orange, dem Lorbeer und Zucker aufgesetzt und weich gedünstet.

Wenn die Flüssigkeit verdampft, müssen Sie etwas Wasser zugießen. In den letzten fünf Minuten geben Sie die zweite, in mundgerechte Stückchen zerschnittene Orange zum Kohl.

Servieren Sie die Gerstenklößchen auf dem Rotkohl.

Gerste ist ayurvedisch betrachtet süß, der Rotkohl wie alle Kohlsorten herb und damit für Pitta wie Kapha ideal. Er wird hier etwas süßlich zubereitet, was gut zur Gerste paßt.

Roggenklößchen

50 g Roggenkörner	2 rote Bete
1/8 l Gemüsebrühe	1 Grapefruit
50 g Roggenvollkornmehl	Meerrettich
4 EL Joghurt	1/2 Bund Schnittlauch

Lassen Sie die Roggenkörner in der Brühe einmal aufkochen; sie ziehen dann in eineinhalb Stunden bei schwacher Hitze gar.

Anschließend mischen Sie die Körner mit dem Mehl und geben so viel Joghurt daran, daß ein gut formbarer Teig entsteht. Formen Sie mit nassen Händen tischtennisballgroße Klößchen, die etwa eine Dreiviertelstunde in mäßig kochendem Wasser ziehen sollen.

In der Zwischenzeit schälen und würfeln Sie die rote Bete klein, kochen sie im Grapefruitsaft weich und würzen mit einem Eßlöffel frisch geriebenem Meerrettich. Die fertigen Roggenklößchen richten Sie auf der roten Bete an und bestreuen alles mit Schnittlauchröllchen.

Roggen mit Grünkohl

100 g Roggenkörner	1/2 Bund Schnittlauch
1/4 l Gemüsebrühe	4–5 EL Joghurt
1 rosa Grapefruit	1 EL Distelöl
1/2 Grünkohl	Pfeffer
1 rote Zwiebel	Steinsalz

Die Roggenkörner kochen in der Brühe einmal auf und ziehen in eineinhalb Stunden bei schwacher Hitze gar. Sie können die Kochzeit verkürzen, indem Sie die Körner vier bis fünf Stunden einweichen.

Putzen Sie den Kohl, und schneiden Sie ihn in ganz schmale Streifen. Hacken Sie die Zwiebel grob, und braten Sie sie in einem hohen Topf im Öl an. Dazu kommt der Kohl. Damit er nicht anbrennt, gießen Sie den Saft einer halben Grapefruit und etwas Wasser darauf. Der Kohl ist in einer Stunde weich. Dann rühren Sie den Joghurt unter und salzen und pfeffern sparsam.

Die Roggenkörner vermischen Sie mit dem Saft einer halben Grapefruit und dem feingewiegten Schnittlauch. Sie werden in Häufchen neben dem Grünkohl serviert.

Grünkernklößchen mit Kräutern
 ▲

50 g Grünkernkörner	1 Orange
50 g Quark	1 TL grüner Pfeffer
50 g Weizenvollkornmehl	1 Bund Oregano
1/8 l Gemüsebrühe	1 Bund Schnittlauch
Steinsalz	5 EL Joghurt

Lassen Sie den Grünkern in der Brühe einmal aufkochen; er zieht in einer guten halben Stunde bei schwacher Hitze gar.

Mischen Sie ihn dann mit dem Mehl, und geben Sie den Quark dazu. Es soll ein gut formbarer Teig entstehen.

Formen Sie mit nassen Händen tischtennisballgroße Klößchen, die etwa eine halbe Stunde in mäßig kochendem Wasser ziehen.

Daneben hacken Sie die frischen Oreganoblättchen klein, schneiden den Schnittlauch in Röllchen und rühren aus den Kräutern mit Pfeffer und dem Saft einer Orange sowie dem Joghurt eine Kräutersauce.

Halten Sie sich gerade bei den Klößchenrezepten nicht sklavisch an die Mengenangaben. Es ist möglich, daß das Getreide mal etwas mehr, mal etwas weniger Flüssigkeit braucht. Kontrollieren Sie es daher beim Quellen, und gießen Sie gegebenenfalls noch einen Eßlöffel nach.

Weizenpfannkuchen
●

50 g Weizenvollkornmehl	2 Prisen Steinsalz
1/8 l Vollmilch	1 TL Butterschmalz
2 Eier	

Verquirlen Sie alle Zutaten, und backen Sie die Pfannkuchen dünn in einer Pfanne in wenig Butterschmalz von beiden Seiten braun.

Füllen Sie die Pfannkuchen bei einer Vata-Dominanz mit gedünsteter roter Bete, die Sie mit Ingwer würzen, einer leuchtend orangefarbenen Kürbiscreme mit Muskat und Zimt oder gedünsteten Okra in Tomatensauce mit etwas Rohrzucker.

Vata ist bestens bedient mit süßem Weizen, etwas Salzigem und einer ins Süße sich neigenden Füllung: letzeres erreichen Sie mit Hilfe der Gewürze.

Grünkernplätzchen mit Auberginen
▲

100 g Grünkernkörner	1 kleine violette Aubergine
1/4 l Gemüsebrühe	2 Gemüsetomaten
Weizenvollkornmehl	1 rote Zwiebel
1/2 Bund Minze	Steinsalz
2 TL Sonnenblumenöl	1 EL Olivenöl

Lassen Sie den Grünkern in der Brühe aufkochen; er zieht in einer guten halben Stunde bei schwacher Hitze gar.

Mischen Sie ihn püriert mit den feingehackten Minzblättern, und binden Sie den Teig mit wenig Weizenmehl.

Geben Sie jeweils einen gehäuften Eßlöffel der Masse in das heiße Fett, und drücken Sie die Plätzchen flach. Sie werden von beiden Seiten braun gebraten.

Dazu gibt es Auberginen-Tomaten: Waschen und würfeln Sie die Aubergine. Sie wird gut gesalzen, muß eine halbe Stunde ziehen und wird dann mit Küchenpapier abgetupft. So entziehen Sie ihr die Bitterstoffe.

In der Zwischenzeit überbrühen Sie die Tomaten, enthäuten und würfeln sie. Die Zwiebel wird geschält und fein gehackt.

Braten Sie in einer hohen Pfanne im Olivenöl die Zwiebel an, und geben Sie danach die Auberginen und Tomatenwürfel hinzu. Lassen Sie das Gemüse sämig kochen; das dauert gut 20 Minuten.

Gerstenpfannkuchen mit herbem Gemüse
▲ ■

50 g Gerstenmehl	100 g Rauke
1/8 l Vollmilch	1 Zwiebel
3 Eiweiß	1 TL grüner Pfeffer
150 g Steinpilze	1 TL Sonnenblumenöl

Verquirlen Sie Mehl, Milch und Eiweiß zu einem flüssigen Teig, aus dem Sie ohne Fett vier dünne Pfannkuchen backen.

Für ein erhöhtes Pitta oder Kapha bieten sich als Füllung herbe Raukenblätter mit Pilzen an: Braten Sie 150 Gramm feinblättrig geschnittene Pilze mit einer kleingewürfelten Zwiebel in wenig Sonnenblumenöl an, geben Sie kleingezupfte Ranke dazu, schmecken Sie mit etwas grünem Pfeffer ab.

Grünkernschnitten mit roher Tomatensauce

● ▲

100 g Grünkernschrot	2 Gemüsetomaten
1/4 l Gemüsebrühe	2 EL schwarze Oliven
1 TL Sonnenblumenöl	1 TL Rohrzucker
1 Spritzer Walnußöl	1/2 Bund Basilikum
1 rote Zwiebel	

Schälen und würfeln Sie die Zwiebel; sie wird in einem Teelöffel Sonnenblumenöl angebraten.

Dann schütten Sie unter Rühren das Schrot dazu und gießen langsam mit der Brühe auf. Das Grünkernschrot sollte eine knappe halbe Stunde bei schwacher Hitze quellen.

Anschließend gießen Sie das Schrot in eine flache Form, lassen es fest werden und schneiden ungefähr einen Zentimeter dicke Scheiben ab.

Überbrühen Sie in der Zwischenzeit die Tomaten, ziehen Sie die Haut ab, und würfeln Sie das Fruchtfleisch sehr fein.

Rühren Sie langsam den Zucker unter, damit er sich auflösen kann. Die Oliven schneiden Sie klein und geben sie mit den Basilikumblättern an die Tomatensauce. Sie wird mit Zimmertemperatur serviert.

Die Grünkernscheiben braten Sie von beiden Seiten in heißem Öl braun.

Grünkern wird in der Ayurveda-Küche allen empfohlen; er beeinflußt kein Dosha sonderlich. Grünkern ist süß. Süß-saure Tomaten sind für ein erhöhtes Vata oder Pitta eine leckere Beilage.

Dinkelgrieß mit Karotten

 ● ▲ ■

100 g Dinkelgrieß	2 Karotten
1/4 l Gemüsebrühe	1 EL Olivenöl

Rösten Sie den Dinkelgrieß kurz im Öl, gießen Sie die Brühe an, und reiben Sie die Karotten fein an den Grieß.

Kochen Sie Dinkel und Gemüse einmal zusammen auf; dann drosseln Sie die Hitze und lassen alles etwa eine halbe Stunde quellen.

Wenn Sie anschließend den Dinkelgrieß mit einer Gabel umrühren, ist das Gericht lockerer.

Zum Dinkelgrieß mit Karotten paßt eine saftige Gemüse- und/oder Obstsauce.

Dinkel eignet sich für alle Doshas; ganz egal, welches gerade dominiert. Deshalb ist hier eine Gemüsesorte gewählt, die kein Dosha übermäßig beeinflußt: süßliche Karotten. Bei einer Vata-Dominanz können Sie einen Eßlöffel braunen Vollrohrzucker an den Dinkelgrieß geben.

Maisschnitten mit scharfem Mangold

■

150 g grobes Maismehl	1/2 Meerrettich
3/4 l Wasser	1 rosa Grapefruit
150 g Mangold	1 EL Olivenöl

Streuen Sie in das kochende Wasser unter ständigem Rühren langsam das Maismehl. Lassen Sie den Maisbrei bei mäßiger Hitze eine Dreiviertelstunde köcheln. Er ist fertig, wenn er sich vom Topfrand löst.
Dann wird er in eine flache Form gestrichen, er muß kalt und fest werden. Jetzt können Sie eineinhalb Zentimeter dicke Scheiben abschneiden, die Sie im Grill oder im Backofen auf dem Blech rösten. Dazu wird der Mais nur auf der Oberseite mit wenig Olivenöl bepinselt.
Den Mangold waschen Sie; die dicken Rippen werden fortgeschnitten. Lassen Sie ihn tropfnaß in einem Topf auf großer Flamme zusammenfallen, dann kommen einige wenige Tropfen Öl dazu.
Schälen und reiben Sie in der Zwischenzeit den Meerrettich fein; ein bis zwei Eßlöffel geben Sie an den Mangold. Die Menge ist Geschmackssache; Vorsicht: Frischer Meerrettich ist sehr scharf!
Abschließend wird der Mangold mit etwas Grapefruitsaft gewürzt.

Spinatröllchen mit Hirse

■

100 g Spinat	2 Prisen Gelbwurz
50 g Hirse	1 TL Olivenöl
1/4 l Gemüsebrühe	1/2 Bund Zitronenmelisse

Die Hirse wird mit Gelbwurz in einem Achtelliter Gemüsebrühe einmal aufgekocht; dann quillt sie 20 Minuten bei schwacher Hitze.
Ist die Hirse gar, mischen Sie feingehackte Zitronenmelisse unter.
Während die Hirse noch quillt, putzen Sie den Spinat und lassen ihn tropfnaß in einem Topf auf großer Hitze kurz zusammenfallen.
Breiten Sie ausgesucht große Blätter auf dem Küchentisch aus, legen Sie versetzt drei aufeinander, setzen Sie auf alle einen gehäuften Eßlöffel Hirse, und wickeln Sie sie ein.
Gießen Sie die restliche Brühe in eine feuerfeste Form, legen Sie die Spinatröllchen vorsichtig hinein, und lassen Sie sie im vorgeheizten Backofen bei 150° C noch zehn Minuten ziehen.

Hirse mit grünem Gemüse

100 g Hirse	2 Peperoni
1/4 l Gemüsebrühe	1 rote Zwiebel
1/2 TL Gelbwurz	1 TL Maisöl
1/2 TL Senfsamen	1/2 Bund Estragon
1/2 TL Koriander	4 EL Joghurt
2 Stangen Sellerie mit Grün	1 TL grüner Pfeffer

Die Hirse kocht mit Gelbwurz, zerstoßenem Senf und Koriander in der Gemüsebrühe. Sie ist in einer knappen halben Stunde auf kleiner Flamme gar. Unterdessen putzen Sie das Gemüse, schneiden den Stangensellerie in schmale Streifen, das Grün wird kleingehackt und beiseite gestellt.
Die Peperoni werden geachtelt. Die Zwiebel schneiden Sie in dünne Ringe. Braten Sie die Zwiebel an, und geben Sie dann das Gemüse dazu. Dann löschen Sie mit Gemüsebrühe ab.
Während das Gemüse weich wird, hacken Sie die Kräuter und rühren sie mit dem Selleriegrün und dem im Mörser zerstoßenen Pfeffer unter den Joghurt. Diese Joghurtsauce servieren Sie zu der Hirse, die mit dem Gemüse vermischt auf den Tisch kommt.

Hirse ist zwar süß, doch darf sie nur bei erhöhtem Kapha genossen werden. Da passen herbe (Stangensellerie) und bittere oder scharfe (Peperoni) Gemüsesorten.

Tomaten mit Weizengrütze

50 g Weizengrütze	1 EL Olivenöl
1/8 l Gemüsebrühe	2 Stengel Oregano
4 mittelgroße Tomaten	Paprikapulver
2 EL Erbsen	Steinsalz

Die Grütze setzen Sie mit der Brühe auf und lassen sie zehn Minuten köcheln; dann kommen die frischen Erbsen dazu und ziehen auf kleiner Flamme eine halbe bis dreiviertel Stunde weich.
Währenddessen waschen Sie die Tomaten, schneiden am Stielansatz ein Häubchen ab und nehmen sie vorsichtig mit einem Teelöffel aus. Schmecken Sie die Weizengrütze mit den Gewürzen und den frischen Oreganoblättern ab.
Fülllen Sie die Tomaten mit der Erbsen-Weizen-Mischung, und setzen Sie sie in die gefettete Form. Abgedeckt sind Sie in zehn Minuten gar.

Die säuerlich süßen Tomaten eignen sich bei einer Vata- oder Pitta-Dominanz ebenso wie die ayurvedisch süß eingestufte Weizengrütze. Auch die Erbsen sind süß. Da bringen das Paprikapulver und die Oreganoblättchen einen willkommenen Hauch Schärfe.

Sorry für alle mit Kapha-Dominanz: Natürlich dürfen Sie Haferprodukte essen! Aber die Plätzchen brauchen ein Eiweiß, um zusammenzubacken. Und Eier sollten Sie nur als Rührei auf den Tisch bekommen.

Haferflockenplätzchen
 ▲

8 EL grobe Haferflocken	1/2 TL grüner Pfeffer
1 Eiweiß	1 Messerspitze Paprikapulver
1/8 l Gemüsebrühe	2 Prisen Steinsalz
1 rote Zwiebel	Sonnenblumenöl
1/2 Bund Schnittlauch	

Weichen Sie die Haferflocken mehrere Stunden in Gemüsebrühe ein. Zur weiteren kulinarischen Verarbeitung werden sie ausgedrückt, mit dem Eiweiß als Binder vermischt und kräftig gewürzt.
Die geriebene Zwiebel und winzig fein gehackte Schnittlauchröllchen runden den Teig ab.
Erhitzen Sie das Öl in einer schweren Pfanne, und geben Sie vom Teig für jedes Plätzchen einen gehäuften Eßlöffel in die Pfanne. Achten Sie beim Wenden darauf, daß die zarten Gebilde nicht zerbrechen.

Gemüsesaucen

Bei erhöhtem Pitta bietet sich eine raffinierte Pilzsauce an: Schneiden Sie 150 Gramm braune Champignons oder Steinpilze in dünne Scheiben, schwitzen Sie zwei kleingewürfelte Schalotten in wenig Walnußöl an, geben Sie die Pilze dazu, und lassen Sie sie braun werden. Löschen Sie mit vier Eßlöffeln enthäuteten und entkernten dunklen Trauben ab. Das macht etwas Mühe, ist geschmacklich aber eine Sensation. Einige Minzblätter runden die Pilzsauce ab!

Wenn Ihre *Freunde mit unterschiedlichen Doshas* gemeinsam am Tisch sitzen und der Herbst in die Küche lacht, gibt es zu den Haferplätzchen Kürbisgemüse: 500 Gramm Kürbis sollten es schon sein – über die Sorte entscheiden die Geschmacksnerven, die dunkleren sind aromatischer und intensiver. Schälen und würfeln Sie den Kürbis. Braten Sie drei Schalotten in Butterschmalz an, geben Sie den Kürbis dazu, und löschen Sie mit dem Saft einer Orange ab. Jetzt braucht der Kürbis eine knappe halbe Stunde, um weich zu werden. Gewürzt wird mit Zimt, einer Spur Muskat und am Schluß mit frischen Korianderblättern.

Dinkel-Gemüse-Plätzchen mit Pickles
● ▲ ■

8 EL Dinkelflocken
1/8 l Milch
1 Karotte
4 EL rote Linsen

1 Bund Bohnenkraut
1/2 TL roter Pfeffer
2 Prisen Salz
2 EL Sonnenblumenöl

Weichen Sie die Dinkelflocken einige Stunden in wenig warmer Milch ein.
Die Linsen werden in ausreichend Wasser gekocht.
Reiben Sie die geputzte Karotte fein, vermischen Sie sie mit den gut ausgedrückten Dinkelflocken und den Linsen – sie dienen hier praktischerweise als Bindemittel für die Plätzchen.
Würzen Sie mit Salz, Pfeffer und dem feingehackten Bohnenkraut.
Ausgebacken werden die Dinkelplätzchen schwimmend in heißem Öl. Wenn Sie sie anschließend auf Küchenpapier abtropfen lassen, enthält das Gericht weniger Fett – das sollten Sie zumindest bei einer Kapha-Dominanz ernst nehmen.

Dinkel und rote Linsen, da muß keiner nein sagen! Da die Hülsenfrüchte herb sind und Dinkel süß, runden ein paar sauer eingelegte Pickles das Gericht geschmacklich ab. Bei erhöhtem Kapha nehmen Sie nur eine kleine Menge Pickles.

Pickles selbstgemacht

Pickles zu Dinkelplätzchen stellen Sie aus grünen Bohnen, Karotten und Blumenkohlröschen her; kaufen Sie unbedingt einen ganz kleinen Kohlkopf: Erstens brauchen Sie nicht viel, zweitens erhöhen größere Köpfe leicht Vata.
Putzen Sie die Bohnen, und halbieren Sie sie. Putzen Sie die Karotten, und schneiden Sie sie in streichholzgroße Stifte. Waschen Sie den Blumenkohl, und zerteilen Sie ihn in ganz kleine Röschen.
Das Gemüse wird zwei Minuten lang in Salzwasser blanchiert. Danach halten Sie es unter kaltes Wasser, damit es seine Farbe behält.
Erhitzen Sie den Saft von zwei Zitronen und zwei rosa Grapefruit, lösen Sie darin drei Eßlöffel Rohrzucker, einen halben Teelöffel zerstoßene Senfkörner, zwei Teelöffel zerriebenen Ingwer und einen Teelöffel zerhackte Chilis. Geben Sie das gemischte Gemüse in einen irdenen oder gläsernen Topf, gießen Sie den gewürzten Saft darauf, und verschließen Sie das Gefäß gut.
Die Gemüsepickles sollten drei bis fünf Tage ziehen, bevor Sie sie auftischen.

Roggenbratlinge

8 EL Roggenflocken	1 TL Fenchelsamen
1/8 l Gemüsebrühe	150 g Spinat
300 g Kürbis	1 TL grüner Pfeffer
1 cm Ingwer	2 EL Sonnenblumenöl

Die Roggenflocken werden mehrere Stunden in der zuvor erhitzten Gemüsebrühe eingeweicht; dann sind sie weich. Gleichzeitig schälen und würfeln Sie den Kürbis; er wird mit feingeriebenem Ingwer und im Mörser zerstoßenem Fenchel in wenig Wasser gegart. Den weichen Kürbis pürieren Sie. Drücken Sie die Roggenflocken gut aus, und mischen Sie sie mit zwei bis drei Eßlöffeln Kürbismus, so daß eine feste, homogene Masse entsteht. Der restliche Kürbis wird als Gemüse serviert. Die Bratlinge werden löffelweise im heißen Fett von beiden Seiten ausgebraten. Das geht recht rasch, da sie dünn sein sollten.
Den Spinat verlesen und waschen Sie, er zerfällt rasch in einem Topf auf großer Flamme; anschließend würzen Sie mit zerstoßenem grünem Pfeffer und geben einige Tropfen Öl auf das Gemüse. Servieren Sie ihn mit dem Kürbismus neben den Bratlingen.

Haferklößchen aus Grütze

100 g Hafergrütze	2 EL Joghurt
1/4 l Gemüsebrühe	1 Thymianzweig
50 g Weizenvollkornmehl	1 TL grüner Pfeffer

Bringen Sie die Hafergrütze in der Brühe zum Kochen, lassen Sie sie bei kleinster Flamme eine Viertelstunde garen. Fertig ausquellen muß die Grütze neben dem Herd, wobei sie erkaltet. Das dauert etwa eine Stunde. Dann mischen Sie die Hafergrütze mit dem Mehl und etwas Joghurt, so daß ein leicht formbarer Teig entsteht. Gewürzt wird mit frischen Thymianblättern und zerstoßenem Pfeffer. Bei erhöhtem Vata können Sie auch eine Prise Salz nehmen. Formen Sie mit nassen Händen tischtennisballgroße Klößchen, und lassen Sie sie in mäßig kochendem Wasser eine halbe Stunde ziehen.
Dazu passen für alle Kürbismus, gedünsteter Lauch oder Spargel.

Gerstengrütze mit grünem Gemüse
▲■

50 g Gerstengrütze	250 g grüner Spargel
1/4 l Gemüsebrühe	grüner Pfeffer
100 g Brennessel	1 Prise Mangopulver

Rösten Sie die Gerstengrütze trocken in einer Pfanne, gießen Sie Brühe an, so daß die Grütze bedeckt ist, einmal aufkochen, dann quillt sie in etwa 30 Minuten.

Jetzt waschen und putzen Sie die Brennesselblätter vorsichtig und schälen den unteren Teil der Spargelstangen. Die Brennessel lassen Sie tropfnaß wie Spinat – der eine Alternative sein kann – im Topf bei mittlerer Hitze zusammenfallen. Der Spargel ist in 20 Minuten gar.

Würzen Sie die Brennesseln mit zerstoßenem Pfeffer, geben Sie zwei Eßlöffel Gemüsebrühe dazu, und pürieren Sie die Blätter. Zum Schluß streuen Sie das Mangopulver darüber; bei erhöhtem Kapha können Sie auch Muskatnuß nehmen.

Alle süßen Gerstenprodukte eignen sich bei einer Pitta- oder Kapha-Dominanz. Die Beilagen sollten daher bitter wie Brennnesselblätter und Spargel sein. Herbes Gemüse wie Fenchel oder Blumenkohl wären Alternativen.

Weizenfrikadellen aus Grütze
▲■

100 g Weizengrütze	2 Frühlingszwiebeln
1/4 l Gemüsebrühe	2–4 EL Joghurt
1 Karotte	weißer Pfeffer
50 g Champignons	2 EL Sonnenblumenöl

Die Grütze wird mit der Brühe aufgesetzt, kocht einmal auf und quillt dann etwa eine halbe Stunde. In der Zwischenzeit putzen und reiben Sie die Karotte fein, hobeln die Champignons in hauchdünne Scheibchen und schneiden die Frühlingszwiebeln in schmale Ringe.

Ist die Weizengrütze weich, wird sie mit dem Gemüse und dem Joghurt zu einem gut formbaren Teig verarbeitet. Je nach Festigkeit der Grütze brauchen Sie mehr oder weniger Joghurt. Hier ist Ihr Fingerspitzengefühl gefragt. Gewürzt wird mit etwas Pfeffer aus der Mühle.

Formen Sie jeweils aus knapp zwei Eßlöffeln Teig Frikadellen, die Sie im heißen Öl von beiden Seiten braun braten. Dazu passen eine Pilzsauce, Sprossen und Blattsalate.

Weizen ist süß und wird in der Ayurveda-Küche für alle Doshas empfohlen. Doch bei einer Vata-Dominanz sind Pilze nicht angesagt, sie würden dies Dosha erhöhen.

Weizennudeln dürfen wie Kürbis alle essen. Sie sind ayurvedisch süß eingestuft, der Kürbis herb. Geschmacklich ergänzen Sie mit der bitteren Grapefruit. Bei erhöhtem Pitta könnten Ingwer und Zimt Probleme bereiten; tauschen Sie die Gewürze aus: Safran und Sternanis.

Roten Linsen sind das Gemüse für alle Doshas. Wenn jetzt noch die Nudeln aus Hartweizengrieß hergestellt sind, liegt einer gemeinsamen Mahlzeit nichts mehr im Weg.

Bandnudeln mit Kürbis

150 g Bandnudeln	300 g Kürbis
1 rote Zwiebel	1 rosa Grapefruit
1/2 Bund Petersilie	1 cm Ingwer
1/2 TL Gelbwurz	2 Prisen Zimt
1 TL Olivenöl	

Die Bandnudeln in reichlich Wasser kochen.
Der Kürbis wird wie die Zwiebel kleingewürfelt, den Ingwer reiben Sie fein, die Petersilie wird gehackt.
Braten Sie die Zwiebel mit Ingwer und Gelbwurz im Öl an, geben Sie die Kürbiswürfel dazu, und würzen Sie mit Zimt.
Dann gießen Sie den Saft einer halben Grapefruit zu und lassen den Kürbis weich dünsten. Eventuell müssen Sie noch ein wenig Wasser zugießen.
Wenn die Kürbissauce fast gar ist, rühren Sie die klein geschnittenen Filets der zweiten Grapefruithälfte und den Zimt unter.
Die Nudeln werden in einer großen Schüssel mit der Sauce serviert, die Petersilie haben Sie zuvor daraufgestreut.

Spaghetti mit roten Linsen

150 g Spaghetti	100 g rote Linsen
1/4 l Gemüsebrühe	1 rosa Grapefruit
1/2 TL roter Pfeffer	Steinsalz
Safran	1/2 Bund Schnittlauch

Setzen Sie die Spaghetti mit reichlich Wasser auf.
Die roten Linsen müssen nicht eingeweicht werden; sie sind in etwa 20 Minuten weich. Dünsten Sie sie in der Gemüsebrühe mit einigen Safranfäden.
Würzen Sie mit dem Saft einer frisch gepreßten Grapefruit, Pfeffer und wenig Salz.
Den feingeschnittenen Schnittlauch rühren Sie erst kurz vor dem Servieren unter; so bleibt er knackig.

Spaghettini mit Spargel
● ▲ ■

150 g Spaghettini	6 Stangen weißer Spargel
6 Stangen grüner Spargel	1/2 Bund Kerbel
weißer Pfeffer	1 EL Butter

Der weiße Spargel wird ganz, der grüne nur im unteren Drittel geschält. Dann schneiden Sie ihn in fünf Zentimeter lange Stücke und kochen ihn gar.

Die kleinen Kerbelblättchen zupfen Sie von den Stengeln und waschen sie; sie brauchen nicht gehackt zu werden.

In der Zwischenzeit kochen auch die feinen Spaghettini; diese schlankere Variante der Spaghetti eignet sich gut zu dem feinen Spargelgemüse.

Sind Nudeln und Spargel fertig, geben Sie die Butter, Pfeffer aus der Mühle und den Kerbel an die Nudeln, lassen die Butter zerlaufen und heben vorsichtig den Spargel unter. Die empfindlichen Köpfchen sollten heil bleiben!

Spargel ist halb süß, halb bitter; er beeinflußt die Doshas nicht sonderlich und kann von allen verzehrt werden. Der zarte Geschmack vom Kerbel und süße Butter passen gut.

Makkaroni in grüner Knoblauchsauce
●

150 g Makkaroni	1 Bund Basilikum
2 Knoblauchzehen	4 eingelegte Sardellenfilets
2–3 EL Olivenöl	

Setzen Sie als erstes die Makkaroni auf. Sie brauchen etwa 20 Minuten.

Das Basilikum waschen und in Streifen schneiden; Sie können es auch pürieren.

Schälen und würfeln Sie den Knoblauch ganz fein, und zerpflücken Sie die Sardellen mit einer Gabel. Wer als strikter Vegetarier einen Bogen um die Sardellen macht, nimmt statt dessen einen Eßlöffel Kapern.

Die Knoblauchstückchen werden im Öl angebraten, dann geben Sie die Sardellen dazu. Gießen Sie das Öl über die fertig gekochten Makkaroni, und heben Sie das Basilikum unter.

Knoblauch gilt wie Basilikum als scharf, eingelegte Sardellen sind salzig. Die Sardellen und das hier reichlich verwendete Öl machen aus diesen Makkaroni eine leckere Vata-Mahlzeit.

Überbackene Penne mit Sellerie
▲

150 g Penne	3 Stangen Sellerie mit Grün
1/2 Knollensellerie	100 g Frischkäse
1 EL Butter	1/2 TL grüner Pfeffer
Steinsalz	1 EL Kapern
2 Scheiben Weizenbrot	

Die Nudeln werden nicht zu weich gekocht. Separat kochen Sie den in feine Streifen geschnittenen Stangensellerie und den gewürfelten Knollensellerie.

Letzterer wird püriert, mit dem feingehackten Grün und dem weichgekochten Stangensellerie vermischt. Als Gewürze geben Sie zerstoßenen Pfeffer und die salzigen Kapern dazu.

Heben Sie nun den Frischkäse unter das Selleriemus, schichten Sie das Gemüsepüree mit den Nudeln abwechselnd in eine feuerfeste Form, die oberste Schicht ist Gemüse. Darauf kommen getoastetes und zerriebenes Weizenbrot und die Butterflöckchen. Stellen Sie die Form in den Backofen; das Überbacken dauert fünf bis zehn Minuten.

Rot-grüne Lasagne
▲

6 Lasagneblätter	2 Gemüsetomaten
2 Schalotten	1 Radicchio
100 g Mangold	1 Zitrone
Steinsalz	1/2 TL roter Pfeffer
1 TL Olivenöl	

Putzen Sie das Blattgemüse, und dünsten Sie es in wenig Salzwasser getrennt gar. Die Blätter werden dann mit Zitronensaft beträufelt.

Die Schalotten braten Sie feingewürfelt im Öl an; dann fügen Sie die gehäuteten Tomaten, würzen mit rotem Pfeffer und lassen alles fünf Minuten köcheln. Anschließend werden die Tomaten püriert.

Daneben kochen Sie die Lasagneblätter gar; wenn Sie ein paar Tropfen Öl ins Wasser geben, kleben die Nudelblätter nicht aneinander.

Ist alles fertig, geben Sie zwei Eßlöffel der Tomatensauce auf die Teller, legen ein Nudelblatt darauf, dann folgen Spinat, wieder ein Nudelblatt, Radicchio und als Abschluß ein drittes Lasagneblatt.

Tofu ist ein Sojaprodukt, das bei Vegetariern äußerst beliebt ist. Doch die ausgefallenen Rezepte überzeugen auch Fleischesser.

Tofu

Hell, fest, geschmacks- und geruchsneutral ist Tofu. Er wird aus Soja-milch gewonnen: Kochen Sie einen Liter Sojamilch auf, verrühren Sie einen Teelöffel Nigari oder Bittersalz (aus dem Reformhaus) in drei bis vier Eßlöffeln heißem Wasser, und geben Sie es zu der kochenden Milch. Nehmen Sie sie vom Herd; sie soll jetzt fünf Minuten ruhig stehen. Dabei gerinnt die Sojamilch; es bildet sich der Tofu.

Legen Sie ein sauberes Leintuch in ein Sieb über einer großen Schüssel, gießen Sie Flüssigkeit und Tofu hinein, und drücken Sie ihn fest aus. Die Flüssigkeit gießen Sie weg; den Tofu lassen Sie noch eine Stunde in dem zusammengedrehten Tuch im Sieb liegen. Beschweren Sie ihn mit einem schweren Brett oder Topf, damit weiter Flüssigkeit austreten kann.

Sie erhalten Tofu natürlich auch fertig vakuumverpackt oder in Gläsern in Reformhäusern und biologisch ausgerichteten sowie asiatischen Lebensmittelläden. Am besten bewahren Sie ihn mit Wasser bedeckt kühl auf. Sie erhalten auch aromatisierten oder geräucherten Tofu.

Da Tofu fast keinen Eigengeschmack hat, ist er bestens zu marinieren: Süß oder sauer, salzig oder scharf – es gibt keine Einschränkung.

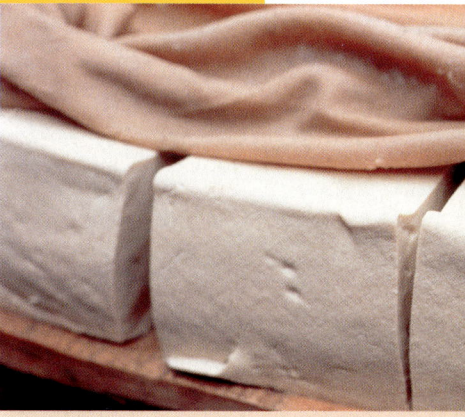

Marinierter Tofu mit Sesam

250 g Tofu	2 Eier
1 Orange	2 EL Weizenmehl
1 Bund Frühlingszwiebeln	1 Karotte
2 EL Sprossen	helle Sojasauce
1 EL heller Sesam	1/2 TL roter Pfeffer
2 EL Sonnenblumenöl	

Schneiden Sie den Tofu in schmale Streifen von einem halben Zentimeter Höhe.

Dann wird er eine Stunde in Sojasauce, etwas Orangensaft und rotem Pfeffer mariniert, anschließend im Mehl gewendet und in die verschlagenen Eier getaucht.

Erhitzen Sie einen guten Eßlöffel Öl, braten Sie darin die Tofustückchen, und lassen Sie sie auf Küchenpapier abtropfen.

Parallel erhitzen Sie in wenigen Tropfen Öl die grobgeraspelte Karotte, die in Röllchen geschnittenen Frühlingszwiebeln und die Sprossen; sie sollen warm, aber fest bleiben. Löschen Sie mit etwas frisch gepreßtem Orangensaft ab.

Den Tofu richten Sie auf einem Gemüsebett an und bestreuen alles mit trocken in einer Pfanne geröstetem Sesam.

Tofu wird aus Sojabohnen hergestellt und ist sehr eiweißreich. Gerade bei einer vegetarischen Ernährung ist er unerläßlich. Er wird für alle Doshas empfohlen; bei erhöhtem Kapha sollten Sie ihn nur warm und in kleinen Mengen essen. Mit Ei ist er bei viel Pitta nicht zuträglich.

Tofu in Pfirsich
▲ ■

250 g Tofu	2 Pfirsiche
2 kleine Stangen Lauch	150 g Brokkoli
1/2 Bund Schnittlauch	1 TL helle Sojasauce
1 TL grüner Pfeffer	

Schälen, entkernen und zerdrücken Sie die Pfirsiche; in ihnen wird der Tofu in dünnen Scheiben mariniert. Schneiden Sie den Tofu längs in einen halben Zentimeter dünne Scheibchen, und schichten Sie ihn mit dem Pfirsichmus in eine Schüssel. So mariniert er eine Stunde.

In der Zwischenzeit putzen Sie das Gemüse, schneiden den Lauch in zehn Zentimeter lange Stücke und teilen den Brokkoli in Röschen. Sie werden getrennt in wenig Wasser weich gekocht.

Der Tofu wird zusammen mit dem Pfirsichmus erhitzt und mit der hellen Sojasauce gewürzt. Schnittlauchröllchen darüberstreuen.

Pfirsiche sind süß, Lauch ist bitter, Brokkoli herb. Das sind exakt die für Pitta vorgeschlagenen Geschmacksrichtungen. Für Kapha ist das Gemüse auch ideal; und etwas Süßes als Ausnahme ist erlaubt.

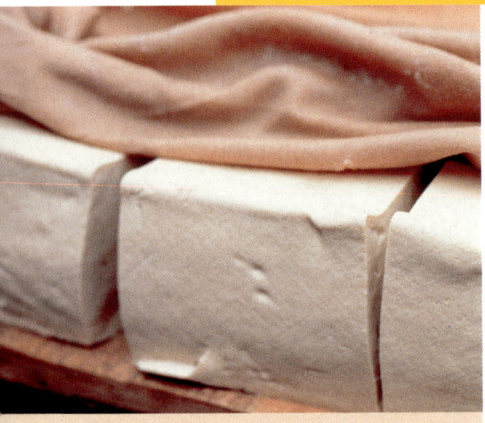

Tomaten und Karotten sind süß, ebenso die Hühnereier, die gebraten nur mit Vata-Dominanz verträglich sind. Da kommen die salzigen Algen für Vata gerade recht. Tofu ist geschmacklich neutral.

Tofu in Eihülle

250 g Tofu	Weizenvollkornmehl
eingedickter Birnensaft	3 EL Sonnenblumenöl
1/2 Algenblatt	1 EL Rohrzucker
2 Gemüsetomaten	1 Karotte

Schneiden Sie den Tofu in fingerlange Stifte von einem halben Zentimeter Kantenlänge, und marinieren Sie ihn eine Stunde in eingedicktem Birnensaft. Danach wird er im Mehl gewälzt und im heißen Öl gebraten, so daß er von allen Seiten hellbraun wird.

Die Tomaten werden überbrüht, enthäutet und püriert. Danach erhitzen Sie sie mit dem Zucker, reiben die Karotte fein hinein und köcheln die Sauce weich und sämig. Legen Sie dann ein halbes Algenblatt in die Tomatensauce, es wird in fünf Minuten weich; die Algen schwimmen in der Sauce und geben ihr den salzigen Geschmack. Nehmen Sie von getrockneten Algen wenig, sonst wird das Gericht zu salzig.

Sojabohnen sind eiweißreich; sie sind für alle Doshas vorteilhaft. Lassen Sie sie nur kurz warm werden; sie sollten noch knackig auf dem Teller landen. Bei erhöhtem Pitta essen Sie Instant-Eiernudeln bitte nur selten.

Gebratene Eiernudeln mit Tofu

125 g Instant-Eiernudeln	150 g Tofu
70 g Sojabohnen	1 Orange
50 g Erbsen	70 g Zuckerschoten
1 TL Sonnenblumenöl	Sesamöl
1 EL Rohrzucker	

Die in Asien so beliebten vorgekochten Instant-Eiernudeln erhalten Sie trocken in Supermärkten oder asiatischen Lebensmittelläden. Sie sind in vier Minuten gar.

Die Erbsen und Zuckerschoten werden getrennt voneinander in wenig Wasser gar gekocht; planen Sie Zeit ein, die Erbsen brauchen erheblich länger.

Schneiden Sie den Tofu in Streifen, braten Sie ihn im Öl an, geben Sie den Zucker dazu, und löschen Sie mit Orangensaft ab. Dann geben Sie die weichgekochten Erbsen und Zuckerschoten, die Sojabohnen und die Eiernudeln mit in die Pfanne und rühren alles gut um. Würzen Sie noch mit wenigen Tropfen Sesamöl.

Nach zwei Minuten ist die grüne Nudel-Tofu-Pfanne fertig.

Gedünsteter Tofu in Rote-Bete-Sauce

200 g Tofu	2 rote Bete
1/4 Chinakohl	1 Orange
1 EL dunkle Sojasauce	2 TL Rohrzucker
1 Bund Minze	

Den Tofu schneiden Sie in Würfel von ein mal zwei Zentimetern, sie werden eine Stunde in Sojasauce und Orangensaft mariniert.
Die rote Bete waschen und würfeln Sie, sie werden mit der Marinade aufgesetzt. Ist die rote Bete weich gedünstet, wird die Sauce püriert, mit Zucker gesüßt und etwas eingeköchelt, so daß sie sämig und nicht zu dünnflüssig ist.
Lassen Sie die Tofustückchen in der Sauce langsam bei schwacher Hitze ziehen. Sie werden dabei die rote Farbe vom Gemüse annehmen.
Der Chinakohl wird gewaschen und quer in ein Zentimeter dicke Scheiben geschnitten. Sie werden in wenig Wasser zwei bis drei Minuten blanchiert und mit einem Eßlöffel der Tofumarinade aromatisiert. Servieren Sie den Tofu in der Sauce, und bestreuen Sie das Gericht mit zerhackten Minzblättern. Die Chinakohlstreifen arrangieren Sie daneben.

Die Säure der roten Bete wird unterstützt von der säuerlichen Note des Tofus. Die Sauce braucht Süßes als Ausgleich: Zucker, Orangensaft und süße Minzblätter.

Tofuklößchen auf Blattspinat

150 g Tofu	1 Gemüsetomate
2 Eiweiß	1 weiße Zwiebel
100 g Blattspinat	1 TL grüner Pfeffer
Steinsalz	2 EL Sonnenblumenöl
Weizenvollkornmehl	

Pürieren Sie den Tofu zusammen mit der Zwiebel, der gehäuteten Tomate und dem grünen Pfeffer. Er wird sparsam gesalzen und mit dem Eiweiß vermischt. Dann formen Sie mit nassen Händen kleine Bällchen, die Sie im Mehl wälzen und im heißen Öl braun braten. In der Zwischenzeit haben Sie den Spinat geputzt, tropfnaß in einem Topf auf heißer Flamme zusammenfallen lassen und sparsam gesalzen.
Richten Sie die Tofuklößchen auf dem Blattspinat an.

Die Klößchen mit Eiweiß sollten Sie nur bei erhöhtem Vata oder Pitta zubereiten; bei viel Kapha dürfen Sie Eier nur in Form von Rührei essen. Sie sollten Tofu mariniert und gebraten genießen.

Gegrillter Tofu süß-sauer

250 g Tofu	4 Tomaten
1 rote Zwiebel	2 Nektarinen
1 EL Olivenöl	1 EL Tamarinde
1 TL dunkle Sojasauce	1 TL roter Pfeffer

Als erstes müssen Sie die Tamarinde in wenig heißem Wasser einlegen; nach einer halben Stunde pressen Sie sie aus und verwenden später nur das Wasser.

Die Zwiebel wird gewürfelt, im Öl angebraten. Dann geben Sie die enthäuteten und gewürfelten Tomaten dazu und rühren den zerstoßenen Pfeffer unter. Gewürzt wird mit Sojasauce und Tamarindenwasser.

Lassen Sie die Sauce zehn Minuten einköcheln. Dann geben Sie das kleingeschnittene Fruchtfleisch der Nektarinen dazu und pürieren das Ganze. Den Tofu schneiden Sie in einen Zentimeter dicke Scheiben, bestreichen Sie von einer Seite mit der Gemüse-Obst-Sauce und legen sie im vorgeheizten Backofen bei 200° C auf die mittlere Schiene oder unter einen Grill. Nach fünf Minuten drehen Sie die Tofuscheiben um, bestreichen sie erneut und lassen sie weitere fünf Minuten grillen.

Den fertig gegrillten Tofu servieren Sie mit der restlichen Sauce warm.

Süß-saure Tomaten harmonieren gut mit süßen Nektarinen. Schärfe bringt der Pfeffer. Die Sojasauce ist leicht salzig und könnte bei einer Vata-Dominanz in der Menge noch etwas erhöht werden. Tamarinde ist ausgesprochen säuerlich.

Tofuspieße

200 g Tofu	100 g Champignons
1 rote Paprika	2 rote Zwiebeln
2 TL Sojasauce	2 rosa Grapefruit
1 TL Granatapfelsamen	

Die Champignons werden geputzt und halbiert, die Paprika geputzt und in zwei mal zwei Zentimeter große Stücke geschnitten, die Zwiebeln werden geschält und in dickere Ringe geschnitten.

Stellen Sie aus Sojasauce, Grapefruitsaft und zerstoßenem Granatapfelsamen eine Marinade her, in der Sie Tofu und alles Gemüse eine Stunde marinieren. Dann spießen Sie Gemüse und Tofu abwechselnd auf kleine Holzspieße und grillen sie.

Dazu paßt ein Chutney (Seite 231).

Tofuspieße mit Pilzen und Paprika schmecken gut bei erhöhtem Pitta oder Kapha. Die Pilze sind herb, die Paprika ist scharf. Der Tofu gilt im Ayurveda als leicht säuerlich.

Geflügel gilt als das magerste und am ehesten zu empfehlende Fleisch. Lassen Sie sich von den Rezepten mit Gemüse- und Fruchtsaucen überraschen.

Fleischspeisen

*E*ssen Sie Fleisch nie allein! Immer sollten leichter verdauliche Beilagen wie gekochtes Gemüse eine kleine Fleischportion begleiten. Pro Person sind 100 bis 150 Gramm vollkommmen ausreichend; vergessen Sie also die saftigen Fleischberge aus deutschen Landen. Bei Gerichten wie gekochtem Rindfleisch ist es ratsam, ein Pfund Fleisch am Stück zu kaufen und zu kochen. Der Geschmack ist besser, das Fleisch bleibt saftiger. Laden Sie also Freunde mit erhöhtem Vata ein.

Getreidegerichte oder Käse zum Überbacken sind bei einer Fleischmahlzeit nicht geeignet, da sie ebenfalls schwer verdaulich sind. Sie können jedoch Joghurt an die Saucen geben. Kombinieren Sie Fleisch am besten mit viel gedünstetem oder gekochtem Gemüse.

Die Frischeformel

Kaufen Sie nur frisches Fleisch! Das sogenannte abgehangene Rindfleisch ist viel zu alt, es verwest bereits. Verarbeiten Sie auch kein eingefrorenes oder vorbehandeltes Fleisch, geschweige denn Dosenfleisch. Bereiten Sie schlachtfrisches Fleisch sofort zu, legen Sie es nicht stundenlang ein, und wärmen Sie Fleischgerichte nicht wieder auf.

Auch Fleisch besitzt Eigenschaften

Fleischsorte	Ayurvedische Eigenschaften
Huhn, Pute, Ente	süßer Geschmack, erhitzend, stärkt, vermindert Vata, Ente ist fett
Rebhuhn, Fasan	süßer Geschmack, kühlt, erhöht Vata, mager
Kaninchen	süßer Geschmack, harmonisiert alle Doshas
Hase, Reh	herber Geschmack, kühlt, in Maßen für alle Doshas bekömmlich, mager
Rind, Kalb	süßer Geschmack, nahrhaft, liefert Kraft, hilfreich nach Krankheiten
Ziege	süßer Geschmack, kein Einfluß auf die Doshas, stärkt, kühlt etwas, mager

Hühnerbrust mit Avocadocreme
● ▲

1 ausgelöste Hühnerbrust	1/2 l Gemüsebrühe
1 Avocado	2 EL Joghurt
1 Orange	1 Limette
1/2 TL grüner Pfeffer	Steinsalz
1 TL Rohrzucker	

Kochen Sie die Hühnerbrust in der Brühe.

Parallel schälen und entkernen Sie die Avocado, zerdrücken sie mit einer Gabel und beträufeln sie sofort mit dem Limettensaft – sonst verliert sie ihre leuchtend grüne Farbe und wird braun.

Verrühren Sie den Zucker im Joghurt, salzen und pfeffern Sie sparsam, und mischen Sie alles mit dem Avocadomus. Etwas Orangensaft sorgt für die richtige Konsistenz der Creme.

Huhn reduziert Vata, Pitta und Kapha; doch die nahrhafte Avocado ist bei erhöhtem Kapha nicht zuträglich. Huhn soll auch die Potenz kräftigen. Versuchen Sie es im Bedarfsfall!

Hähnchenschenkel mit Kichererbsen
● ▲ ■

2 hintere Hähnchenschenkel	100 g Kichererbsen
1/4 l Gemüsebrühe	2 Frühlingszwiebeln
1 rote Zwiebel	1 EL Olivenöl
1/2 TL Cayennepfeffer	1/2 TL Kümmel
Safran	2 TL Sonnenblumenöl

Die Kichererbsen müssen über Nacht eingeweicht werden.

Schälen und schneiden Sie zuerst die Zwiebel in grobe Würfel, braten sie in einem Teelöffel Öl an, fügen Kümmel, Pfeffer und wenige zuvor eine halbe Stunde eingelegte Safranfäden sowie die Kichererbsen zu und gießen die Gemüsebrühe an. Lassen Sie die Kichererbsen eine gute Stunde köcheln; dann sind sie weich.

Eine Viertelstunde vor Ende der Kochzeit erhitzen Sie das restliche Öl und braten die Hähnchenschenkel darin braun. Wenn sie fast weich sind, geben Sie die in feine Röllchen geschnittenen Frühlingszwiebeln mit in die Pfanne. Gießen Sie etwas Gemüsebrühe an, und dünsten Sie die Hühnerschenkel weich.

Servieren Sie die Hähnchenschenkel mit den Frühlingszwiebeln auf den Kichererbsen, die Sie je nach Vorliebe auch pürieren können.

Kichererbsen sind herb, doch sollten Sie bei erhöhtem Vata oder Kapha nicht zu oft diese Hülsenfrüchte auftischen. Der Kümmel macht sie etwas leichter verdaulich.

Haben Sie keine Angst vor dem Fett; Pitta und Vata werden durch Butter und Butterschmalz reduziert. Das süßliche Fleisch schmeckt erfrischend in der säuerlichen Sauce. Bei einer Kapha-Dominanz ist sie natürlich nicht geeignet.

Putenbrust in Zitronensauce
● ▲

200 g Putenfilet
1/8 l Gemüsebrühe
1 TL Butterschmalz
1/2 Bund Petersilie

3 Zitronen
1 EL Butter
1 EL Pinienkerne

Braten Sie das Putenfilet im Ganzen im Butterschmalz braun, löschen Sie mit Brühe ab, und dünsten Sie es weich.

Nach zehn Minuten geben Sie den Saft von zwei Zitronen dazu und lassen die Sauce einköcheln.

Von einer garantiert unbehandelten Zitrone schneiden Sie die Hälfte der Schale hauchdünn ab; innen darf keine weiße Haut mehr sichtbar sein. Diese Schale schneiden Sie in feine Streifen, die in der Sauce noch zwei Minuten mitgaren.

Zum Schluß geben Sie die kalte Butter flöckchenweise an die heiße Sauce und schlagen sie mit einem Handquirl unter. So wird die Zitronensauce dicker.

Das macht Putenfleisch so angenehm: Bei jeder Dosha-Konstellation können Sie es genießen! Die fruchtige säuerliche Himbeersauce macht das Gericht sehr pikant. Allerdings ist der Zucker nicht geeignet bei viel Kapha; er könnte dann durch Honig ersetzt werden.

Putenstreifen auf Himbeersauce
● ▲

200 g Putenbrust
1 EL Vollrohrzucker
1 EL Mandelsplitter
weißer Pfeffer

250 g Himbeeren
1 Zitrone
1 EL Sonnenblumenöl

Die Putenbrust wird in einen Zentimeter breite Streifen geschnitten und im Öl angebraten.

Die Himbeeren pürieren Sie zusammen mit dem Zucker, so löst er sich gleich gut auf.

Gießen Sie den Saft einer Zitrone an das braun gebratene Fleisch, pfeffern Sie sparsam, und geben Sie je drei Eßlöffel der Sauce auf einen Teller. Den Rest servieren Sie separat.

Die Putenstreifen legen Sie auf die Sauce und streuen die Mandelsplitter darauf.

Entenbrust süß-sauer

●

1 ausgelöste Entenbrust	2 kleine Süßkartoffeln
100 g Johannisbeeren	3 Clementinen
1/2 Bund Schnittlauch	1 TL Butterschmalz
Steinsalz	weißer Pfeffer

Schneiden Sie die Fettseite der Entenbrust mit dem Messer mehrfach über Kreuz ein, und braten Sie sie in einer heißen Pfanne ohne Fett auf dieser Seite an.

Wenn die Ente von beiden Seiten braun ist, gießen Sie den Saft von drei frisch gepreßten Clementinen zu, salzen und pfeffern sparsam und lassen die Entenbrust in der Sauce weich dünsten.

Die Süßkartoffeln werden dünn geschält, gewürfelt und in wenig Salzwasser gekocht; sie benötigen etwas länger als herkömmliche Kartoffeln. Ihr Eigengeschmack ist intensiv süß.

Ist das Entenfleisch gar, kochen Sie den ausgetretenen Bratensaft einmal auf und rühren die pürierten Johannisbeeren unter. Sollte Ihnen die Sauce zu säuerlich erscheinen, hilft ein Teelöffel Rohrzucker.

Zum Servieren lassen Sie das Butterschmalz über den Süßkartoffeln zerschmelzen und bestreuen sie mit Schnittlauchröllchen.

Entenfleisch ist fett und gehört damit zu jenen Sorten, die die Ayurveda-Küche eigentlich ablehnt; doch in Ausnahmefällen kann bei einer starken Vata-Dominanz ein Entengericht ausgleichend wirken und einem zu Untergewicht Neigenden das nötige Pfund auf die Rippen bringen.

Ente mit Walnüssen

●

200 g ausgelöstes Entenfleisch	2 Schalotten
3 Kiwis	2 EL Walnüsse
1/8 l Gemüsebrühe	2 Prisen Muskat
1/2 TL Fenchelsamen	1/2 TL grüner Pfeffer
Steinsalz	1 TL Butterschmalz

Die Schalotten werden geschält und gewürfelt, mit dem Fenchelsamen im Butterschmalz angebraten und dann mit Muskat, zerstoßenem Pfeffer und Salz gewürzt. Geben Sie das kleingeschnittene Entenfleisch dazu, und löschen Sie mit etwas Gemüsebrühe ab.

Ist es weich, rühren Sie die pürierten Kiwis unter. Sie sollen die Sauce geschmacklich beherrschen und sämig machen. Wem die Sauce zu sauer ist, der gibt den Saft einer halben Orange dazu und läßt sie einkochen. Andernfalls ist die Sauce fertig, und nun können Sie auch die nur grob zerkleinerten Walnüsse unterrühren. Sie dürfen keinesfalls kochen.

Die Walnüsse unterstreichen die Süße des Entenfleischs noch. Eine zweite wichtige Geschmacksrichtung für eine Vata-Dominanz bringen die säuerlichen Kiwis. Ölreiche Walnüsse sind erhöhtem Vata vorbehalten.

Truthahnbrust mit Blattgemüse
▲■

250 g Truthahnbrust	100 g Spinat
2 Chicorée	1 Stange Lauch
1 TL roter Pfeffer	1 EL Sonnenblumenöl
2 EL Hagebuttenmark	1/8 l Gemüsebrühe

Die Truthahnbrust wird im Ganzen im Öl angebraten, mit Brühe abgelöscht und mit rotem Pfeffer gewürzt. So schmort sie weich.
Nehmen Sie sie später aus der Pfanne, stellen Sie sie warm, und rühren Sie das Hagebuttenmark in den Bratenfond. Es sollte etwas einkochen. Gleichzeitig putzen Sie das Blattgemüse, schneiden den Lauch in zehn Zentimeter lange Stücke und dünsten alle drei Gemüsesorten separat in wenig Wasser.
Die Truthahnbrust wird in dünnen Scheiben auf der Hagebuttensauce serviert. Das Gemüse reichen Sie extra.

Hagebutten sind halb herb, halb süß. Damit ergänzen sie das bittere Blattgemüse geschmacklich gut. Spinat und Chicorée wären nicht sinnvoll bei erhöhtem Vata. Truthahn gilt wie alles Fleisch in der Ayurveda-Küche als süß.

Hase mit Kürbissauce
● ▲■

1 großes Hasenfilet	200 g Kürbis
4 Datteln	1 rote Zwiebel
1 TL roter Pfeffer	1 Stengel Majoran
1 Sternanis	1 TL Butterschmalz
3 Orangen	

Der Kürbis muß geschält, gewürfelt und mit dem Saft zweier Orangen, der gewürfelten Zwiebel sowie dem Sternanis aufgesetzt werden. Bis er weich ist und zerfällt, dauert es eine gute halbe Stunde. Dann nehmen Sie den Sternanis wieder heraus.
Unterdessen filetieren Sie die dritte Orange, achten darauf, daß kein weißes Häutchen mehr zu sehen ist und schneiden die Datteln in dünne Scheiben.
Der weiche Kürbis wird püriert, mit Dattelstückchen und Orangenfilets vorsichtig vermischt und warm gestellt.
Das Hasenfilet wird jetzt im Butterschmalz angebraten, mit zerstoßenem Pfeffer und frischem Majoran gewürzt und ist in einer Viertelstunde gar. Es darf nicht trocken werden!

Hase mit süßlicher Kürbissauce ist ideal für ein erhöhtes Vata oder Pitta: Orangen und Datteln sind wie der Hase süß, Kürbis ist herb. Majoran gilt als scharf. Bei viel Kapha dürfen Sie zwar Wild essen, aber bei Zitrusfrüchten wie Orangen sollten Sie sich zurückhalten; ersetzen Sie den Saft der zwei Orangen durch Gemüsebrühe.

Rehrücken auf Himbeersauce
▲■

250 g ausgelöster Rehrücken	1/8 l Gemüsebrühe
1 Sternanis	150 g Sojabohnensprossen
1/2 Petersilienwurzel	1 Bund Minze
1/8 l Apfelsaft	150 g Himbeeren
weißer Pfeffer	1 EL Butterschmalz
1 TL Sonnenblumenöl	

Der küchenfertige, ausgelöste Rehrücken wird im heißen Butterschmalz von allen Seiten angebraten, gepfeffert und mit wenig Gemüsebrühe abgelöscht. Geben Sie einen Sternanis dazu, und lassen Sie die Sauce köcheln. Das Rehfleisch ist nach 15 bis 20 Minuten gar.

Während das Rehfleisch noch sanft köchelt, schneiden Sie von der Petersilienwurzel knapp strcichholzgroße Stifte. Ein Eßlöffel davon kommt an die Sauce zusammen mit 100 Gramm zerdrückten Himbeeren.

Schmecken Sie ab. Diese Sauce wird nicht passiert! Vor dem Servieren entfernen Sie den Sternanis.

Die Sojabohnensprossen werden gewaschen und zwei Minuten in einem Topf in Sonnenblumenöl unter stetem Rühren angebraten, dann löschen Sie mit wenig Apfelsaft ab, rühren in feine Streifen geschnittene Minzblätter darunter und stellen das Gemüse neben den Herd. Es wird lauwarm mit aufgestreuten Himbeeren serviert. – Falls Sie keine Himbeeren mehr erhalten, können Sie sie durch Nektarinen oder Birnen ersetzen.

Schneiden Sie den fertigen Rehrücken schräg in Streifen, und tischen Sie ihn mit der Sauce auf. Bei viel Pitta oder Kapha eignen sich gegrillte Austernpilze oder Pfifferlinge mit Frühlingszwiebeln als Gemüsebeilage.

An Rehfleisch in kleinen Portionen dürfen sich alle Doshas gelegentlich erfreuen. Es ist ein typisches Herbst- oder Wintergericht, denn Sie sollten frisch geschossenes, keineswegs eingefrorenes Wild kaufen. Bei erhöhtem Vata müssen Sie die Minzblätter durch Petersilie oder Zitronenmelisse ersetzen.

Der Fasan erhält hier eine fruchtig herbe Note. Das Garen in Apfelsaft und Matetee mag manchem ungewöhnlich erscheinen, doch bei erhöhtem Pitta oder Kapha ist es eine ideale Zubereitung, zumal das Fleisch dadurch sehr saftig wird. Und auf die braune Haut brauchen Sie dank dem anschließenden Braten nicht verzichten. Bei viel Pitta sollten Sie von dem Chutney mit Ingwer nur wenig nehmen.

Fasan mit Kumquat-Chutney
▲■

1 küchenfertiger Fasan	weißer Pfeffer
Steinsalz	1/2 l naturtrüber Apfelsaft
1/4 l Matetee	1 EL Butterschmalz
1 TL Sonnenblumenöl	1 säuerlicher Apfel
1 kleiner Chinakohl	1/8 l Gemüsebrühe
1/2 TL Fenchelsamen	1 Karotte
6 Aprikosen	6 Kumquats
1/2 rosa Grapefruit	2 cm Ingwer
1 TL roter Pfeffer	1 EL brauner Kandiszucker

Der Fasan wird innen und außen gewaschen, gesalzen, gepfeffert und zusammengebunden. Legen Sie ihn in einen Bräter, begießen Sie ihn mit dem Apfelsaft und dem Matetee. Darin köchelt er im vorgeheizten Backofen bei knapp 200° C etwa eine halbe Stunde.

Dann nehmen Sie den Fasan aus der Flüssigkeit, legen ihn in eine flache Pfanne, bepinseln ihn mit Butterschmalz und lassen ihn in einer guten Viertelstunde im Backofen von allen Seiten braun werden. Dabei muß er mehrfach gewendet und neu eingepinselt werden. Anschließend vierteln Sie ihn mit Hilfe einer Geflügelschere.

Wer eine Sauce wünscht, mißt einen Viertelliter der Kochflüssigkeit ab, reibt einen Apfel hinein und kocht sie stark ein, so daß sie eine dickliche Konsistenz erhält. Schmecken Sie mit wenig Salz und weißem Pfeffer ab.

Der Chinakohl wird von seinen äußeren Blättern befreit, in eincn halben Zentimeter breite Streifen geschnitten, gewaschen und im Öl angebraten. Dazu kommen die geputzte, feingeriebene Karotte, zerstoßener Fenchelsamen und etwas Gemüsebrühe. So kann der Chinakohl in zehn Minuten weich köcheln.

Aus dem zerkleinerten Aprikosenfleisch und den in dünne Scheibchen geschnittenen Kumquats kochen Sie mit dem Saft der Grapefruit, dem Kandis, in feine Streifen geschnittenem Ingwer und grob zerstoßenem Pfeffer ein Chutney.

Lassen Sie es nicht länger als drei Minuten kochen; dann wird es abgefüllt. Sie können es warm oder kühl servieren.

Kaninchen mit Oliven
● ▲

250 g Kaninchenfilet
2 EL schwarze Oliven
1 TL Olivenöl
Steinsalz

2 Gemüsetomaten
2 Stengel Oregano
1 TL roter Pfeffer

Braten Sie die Kaninchenfilets im Olivenöl an. Die Gemüsetomaten werden enthäutet, püriert, gepfeffert, sparsam gesalzen und kommen dann zum Kaninchen in die Pfanne. Da köcheln sie in trauter Gemeinsamkeit weich.
Nach zehn Minuten geben Sie die Oliven und die Oreganoblättchen dazu. Sie sind so klein, daß sie nicht mehr gehackt werden müssen. Noch fünf Minuten bei kleiner Flamme, und das Kaninchengericht ist fertig Bei erhöhtem Vata bereiten Sie zum Kaninchen Auberginen mit Knoblauch, bei einer Pitta-Dominanz gibt es Mangold und Pilze.

Zu dem süßlichen Kaninchenfleisch passen süß-saure Tomaten und süß-herbe, fetthaltige Oliven gut. Für ein erhöhtes Kapha wären sie nicht ratsam. Oregano gilt in der Ayurveda-Küche als scharf.

Gefüllte Zucchini
●

150 g Tatar
1 rote Zwiebel
1 Tomate
2 TL Sonnenblumenöl
1 TL grüner Pfeffer

4 kleine Zucchini
1 Karotte
1/4 l Gemüsebrühe
Steinsalz
1/2 Bund Oregano

Würfeln Sie die Zwiebel, und braten Sie sie in einem Teelöffel Öl braun. Dann fügen Sie das Tatar zu und lassen es anbraten, dabei rühren Sie ständig um.
Nun geben Sie die enthäutete und kleingehackte Tomate dazu, eine feingeriebene Karotte, etwas Brühe und wenig Salz und lassen alles eine Viertelstunde köcheln.
Unterdessen waschen Sie die Zucchini, halbieren sie der Länge nach und höhlen sie aus. Setzen Sie die Zucchinischiffchen in eine eingefettete feuerfeste Form, füllen Sie sie mit der Fleischmasse, und stellen Sie sie zugedeckt für 30 Minuten auf die mittlere Schiene des vorgeheizten Backofens bei 200° C.
Während die Zucchini im Backofen garen, pürieren Sie das ausgehöhlte Gemüse und kochen es mit der restlichen Brühe ein. Rühren Sie die abgezupften Oreganoblätter ein, und pfeffern Sie.

Mit Rindfleisch gefüllte Zucchini sind bei einer Vata-Dominanz angesagt. Für alle anderen gilt: Rindfleisch eignet sich zur Stärkung nach einer Krankheit. Doch sollte die Fleischmenge immer klein ausfallen.

Rindfleisch ist schwer verdaulich und stärkt den Körper; das heißt aber auch, daß es dick macht! Bei Schwäche und Erschöpfung kann wenig Rindfleisch angebracht sein. Mit einem erhöhten Vata sollten Sie gelegentliche Rindfleischmahlzeiten einplanen.

Rindfleisch mit Sesam

●

200 g Rinderfilet	1/4 l Gemüsebrühe
4 gelbe Pflaumen	1 TL helle Sojasauce
1 TL Rohrzucker	1 EL helle Sesamkörner

Kochen Sie das Filet im Ganzen in der Brühe, und schneiden Sie es anschließend quer in hauchdünne Scheibchen.

Zerdrücken Sie die abgezogenen und entkernten Pflaumen mit einer Gabel, würzen Sie mit salziger Sojasauce und Zucker.

Der Sesam wird in einer trockenen Pfanne zwei Minuten geröstet. Servieren Sie die noch warmen Fleischscheiben mit der Pflaumensauce, und bestreuen Sie sie mit Sesam.

Als Gemüsebeilage bieten sich für alle mit Vata-Dominanz an: Süßkartoffeln, Zucchini und Karotten, grüne Bohnen mit Bohnenkraut.

Kalbsrouladen mit Sardellen

●

4 kleine Kalbsschnitzel	4 eingelegte Sardellenfilets
2 EL grüne Oliven	1/2 TL grüner Pfeffer
1/2 Bund Estragon	1 Zitrone
1/8 l Gemüsebrühe	1 EL Olivenöl

Kalb ist wie Rind einer Vata-Dominanz vorbehalten. Da passen die für erhöhtes Vata typischen Geschmacksrichtungen sauer und salzig: Zitrone und Sardellen. Oliven sind teils süß, teils herb.

Waschen Sie die Kräuter, und zupfen Sie die Blättchen ab.

Die Sardellen werden kleingehackt, mit den Estragonblättern und einigen entkernten Oliven im Mörser zerstoßen.

Dann klopfen Sie die Kalbsschnitzel ganz dünn und verteilen die Estragon-Sardellen-Olivenpaste darauf.

Rollen Sie das Fleisch nun auf, und halten Sie die kleinen Rouladen mit einem Faden zusammen. Sie werden im Öl von allen Seiten braun gebraten.

Gießen Sie ein wenig Gemüsebrühe an die Rouladen, so daß sie auf kleiner Flamme weich köcheln können, ohne am Pfannenboden anzuhängen. Sie sind nach spätestens 10 bis 15 Minuten gar.

Dann stellen Sie das Fleisch warm, gießen den Saft einer Zitrone zu und lassen die Sauce auf großer Flamme einkochen.

Gleichzeitig können Sie die übrigen Oliven entkernen und in dünne Scheiben schneiden; sie geben der Sauce den endgültigen Geschmack.

Ziegentopf mit Kartoffeln und Tomaten
● ▲

200 g ausgelöstes Ziegenfleisch	3 Kartoffeln
3 Eiertomaten	1 rote Zwiebel
2 Zweige Oregano	weißer Pfeffer
Steinsalz	2 EL Olivenöl
1 Zitrone	

Das Fleisch wird in gleichmäßige Stücke geschnitten, die Tomaten werden überbrüht, enthäutet und geviertelt.

Die Kartoffeln werden geschält und in dickere Scheiben geschnitten. Die Zwiebel achteln Sie.

Geben Sie Fleisch und Gemüse abwechselnd in einen ausreichend großen Bräter, salzen Sie sparsam, und pfeffern Sie. Dann gießen Sie das Öl darauf. Bedecken Sie den Bräter und lassen den Ziegen-Gemüsetopf etwa eine Stunde im vorgeheizten Backofen bei 150° C schmoren.

Kontrollieren Sie nach einer Viertelstunde, ob die Tomaten ausreichend Flüssigkeit ziehen, andernfalls müssen Sie etwas Gemüsebrühe und noch etwas Öl zufügen.

In den letzten fünf Minuten geben Sie die abgezupften Oreganoblätter in den Topf.

Unmittelbar vor dem Servieren rühren Sie vorsichtig den Saft einer Zitrone unter; dadurch schmeckt das Gericht säuerlich und frischer.

Ein Tip zur besten Jahreszeit: Junges Zicklein erhalten Sie in den Geschäften ausschließlich zur Osterzeit; dann werden die jungen Tiere geschlachtet. Wenn Sie also nicht mit einem Bauern befreundet sind, dann sollten Sie im Frühling das junge Ziegenfleisch nicht verschmähen. Ausreichend lange geschmort und reichlich gewürzt, ist es ein Hochgenuß.

Da Ziege keines der Doshas beeinflußt, kann Ziegenfleisch gelegentlich von allen gegessen werden – bei einer Kapha-Dominanz jedoch nicht mit Tomaten. Entscheidend beim Einkauf ist, daß Sie das Fleisch junger Zicklein wählen.

Herbe Pilze sind das Gemüse bei erhöhtem Pitta oder Kapha. Auch die herben Kohlblätter und der herbe Wacholder eignen sich bei diesen Dosha-Konstellationen. Süßes Fleisch und säuerlicher Joghurt runden die Ziegenfilets geschmacklich ab.

Ziegenfilets in Wirsing mit Pilzen
▲ ■

250 g Ziegenfilet	200 g Austernpilze
4–6 Wirsingblätter	3 Schalotten
1/2 Bund Schnittlauch	2 Maracujas
3 EL Joghurt	1 EL Sonnenblumenöl
1 TL Butterschmalz	1/8 l Gemüsebrühe
Sojasauce	1 TL Wacholderbeeren
1–2 TL grüner Pfeffer	Steinsalz

Die Ziegenfilets werden im Öl von allen Seiten scharf angebraten, dann sparsam gesalzen, gut gepfeffert und mit den zerdrückten Wacholderbeeren eingerieben. Dann wickeln Sie sie in die blanchierten Wirsingblätter und bestreichen sie mit etwas Butterschmalz.

Ein Tip: Werfen Sie die Kohlblätter für zwei Minuten in kochendes Wasser, und brausen Sie sie anschließend sofort kalt ab. So behalten sie ihre satte grüne Farbe.

Die Röllchen legen Sie in eine feuerfeste Form, gießen die Gemüsebrühe an und stellen sie für zehn Minuten auf die mittlere Schiene des vorgeheizten Backofens bei 180° C. Anschließend können Sie die in der Form verbliebene Brühe mit dem Bratensaft der Pfanne verrühren und zu einer Sauce einkochen. Rühren Sie den Joghurt unter, und würzen Sie mit Sojasauce.

Die Schalotten werden unterdessen geachtelt, in wenig Butterschmalz angebraten. Haben sie Farbe angenommen, geben Sie die geputzten und geviertelten Austernpilze dazu. Sie werden unter Rühren fünf Minuten angebraten, dann löschen Sie mit dem Saft der Maracujas ab und pfeffern wenig.

Vor dem Servieren bestreuen Sie die Pilze mit Schnittlauchröllchen.

Lamm in Joghurt

●

250 g Lammfilets	1 cm Ingwer
8 EL Joghurt	1 EL Olivenöl
1 Thymianzweig	1 Orange
1 Rosmarinzweig	

Bereiten Sie aus sechs Eßlöffeln Joghurt, der Hälfte der im Mörser zerstoßenen Kräuter und geriebenem Ingwer die Marinade; legen Sie die Lammfilets eine Stunde hinein.

Anschließend werden die Lammfilets trockengetupft, im Olivenöl angebraten und mit frisch gepreßtem Orangensaft abgelöscht. Darin ziehen die Filets noch zehn Minuten; dann sind sie gar.

Die Orangensauce wird eingekocht und mit zwei Eßlöffeln Joghurt verfeinert. Streuen Sie die restlichen Kräuter hinein.

Das dunkle Lammfleisch ist nur bei erhöhtem Vata zu empfehlen; wer gewöhnlich eine Pitta-Dominanz hat und sich gerade nach einer Krankheit erholt, könnte es in Ausnahmefällen auch einmal genießen. Bei Pitta ist – im Gegensatz zu einer Kapha-Dominanz – ausreichend Verdauungskraft für das Fleisch vorhanden.

Lamm mit Koriander

●

250 g ausgelöstes Lammkotelett im Stück	1 TL Korianderkörner
1 Bund Suppengemüse	1 Bund Koriandergrün
1 EL Johannisbeeren	1 rote Zwiebel
Steinsalz	Olivenöl
	schwarzer Pfeffer

Kochen Sie aus dem Suppengemüse und der ungeschälten(!) Zwiebel mit einem halben Liter Wasser eine Gemüsebrühe, die Sie mindestens auf die Hälfte einkochen.

Zerstoßen Sie die Korianderkörner im Mörser, wiegen Sie das Koriandergrün fein, mischen Sie beides, und bereiten Sie mit einem Eßlöffel Öl daraus eine grüne Paste. Bestreichen Sie das Fleisch auf der Innenseite großzügig mit der Korianderpaste, salzen und pfeffern Sie es, und rollen Sie es so zusammen, daß die Paste sich innen befindet. Ein Bindfaden hält den kleinen Braten zusammen.

Jetzt braten Sie das Lammstück im Backofen in etwas Olivenöl an, reduzieren die Hitze, setzen einen Deckel auf und lassen das Fleisch etwa eine Viertelstunde köcheln. Der dabei heraustretende Bratensaft wird anschließend entfettet, mit vier Eßlöffeln Gemüsebrühe abgelöscht und eingekocht. Zum Schluß rühren Sie die Johannisbeeren unter, sie dürfen aber nicht zerkocht werden.

Lamm ist süßlich, Koriander bitter, Johannisbeeren dagegen sind säuerlich. Ideal wäre bei erhöhtem Vata eine süße oder säuerliche Beilage: z. B. süß-sauer angemachtes Gemüse.

Salzige Kapern sind das Gewürz für alle mit hohem Vata. Süße Karotten und süßer Fenchel sind eine ideale Ergänzung. Wer kein säuerliches Zitronenbasilikum erhält, kann es mit wenigen Blättern Sauerampfer ersetzen.

Lamm mit Kapernsauce
●

250 g Lammfilets	1/4 l Gemüsebrühe
1 Karotte	1 Fenchel
1/2 Bund Zitronenbasilikum	2 Zitronen, 1 EL Kapern
2 Lorbeerblätter	1 TL schwarze Pfefferkörner

Die Gemüsebrühe mit dem Zitronensaft, dem Lorbeer und Pfefferkörnern aufkochen, das Lammfleisch mit dem in dicke Streifen geschnittenen Fenchel hineinlegen und in etwa 30 Minuten weich köcheln. Nehmen Sie Fleisch und Gemüse heraus, und stellen Sie es warm. Reiben Sie die Karotte sehr fein, und geben Sie sie in die Gemüsebrühe. Die Brühe wird auf ein knappes Drittel eingekocht; dann erwärmen Sie die Kapern darin, nehmen den Lorbeer heraus und fügen feingehacktes Zitronenbasilikum dazu.

Lammfilets mit Petersiliensauce
●

250 g Lammfilets	1/8 l Gemüsebrühe
1 TL Olivenöl	1/2 TL grüner Pfeffer
1 TL Butterschmalz	weißer Pfeffer
1/8 l Gemüsebrühe	Steinsalz
200 g grüne Bohnen	1/2 rosa Grapefruit
1 Bund Bohnenkraut	1 Zitrone
1 Bund Petersilie	1 TL Rohrzucker

Süßes Lammfleisch ist – wie Rindfleisch – ausschließlich bei erhöhtem Vata zu empfehlen. Deshalb können Sie die Beilagen ganz individuell für Vata auswählen: säuerliche und zugleich ein wenig süße Petersiliensauce und herbe Bohnen.

Waschen Sie die Petersilie, und zupfen Sie die Blätter ab. Sie werden mit dem grünen Pfeffer, dem Zucker, dem Saft einer halben Grapefruit und der Zitrone püriert.
Kochen Sie diese Mischung mit der Gemüsebrühe auf, und lassen Sie die Masse einkochen.
Putzen Sie dann die Bohnen, und setzen Sie sie mit wenig Wasser, Salz und dem Butterschmalz auf. Das kleingezupfte Bohnenkraut kommt erst nach 20 Minuten dazu. Die Bohnen brauchen eine gute halbe Stunde.
Braten Sie das Lammfleisch von allen Seiten im Öl an, gießen Sie die Brühe dazu, und lassen Sie die Filets weich köcheln. Sie werden sparsam gewürzt. Wenn das Fleisch fertig ist, stellen Sie es warm und lassen Gemüsebrühe und den ausgetretenen Fleischsaft auf starker Flamme einkochen.

Fangfrisch müssen Fische sein. Mit glänzenden Schuppen und hervor-gewölbten Augen kommen sie in die Ayurveda-Küche.

Fisch und Meeresfrüchte

Absolut frisch, mit glänzenden Schuppen, hervorgewölbten Augen und noch rot durchbluteten Kiemen muß der Fisch sein, den Sie im Ganzen kaufen. Beim Filet verlassen Sie sich auf einen vertrauenswürdigen Fischhändler – und nicht auf Tiefkühlkost.

Dosenfisch ist in der Ayurveda-Küche ebenso abzulehnen wie Dosenfleisch. Beides ist reichlich salzhaltig, voller Konservierungsstoffe und nicht selten durch das Dosenblech mit Schwermetallpartikeln belastet.

Wie schon für das Fleisch so gilt auch für alle Fischgerichte: Ideal ist eine kleine Portion Fisch von 100 bis 150 Gramm mit reichlich Gemüse. Die zur Zubereitung unerläßlichen Gewürze sollten verdauungsfördernd sein.

Fisch ist schwerer verdaulich als vegetarische Gemüsegerichte. Deshalb ist es ungeschickt, die Fischmahlzeit zusätzlich mit einem Getreidegericht, Nudeln oder Reis zu belasten. Essen Sie zu Fisch reichlich Gemüse, und servieren Sie ihn mit Gemüse- und/oder Obstsaucen.

Süßwasserfische

Aal, Blaufelchen, Felchen (Renken), Flußbarsch, Forelle, Hecht, Karpfen, Lachs, Stör, Zander gehören zur Gruppe der Süßwasserfische. Bevorzugen Sie die flinken und mageren Sorten; sie sind leichter verdaulich. Meiden Sie Aal, Lachs und Karpfen.

Seefisch

Da er meist salziger ist als Süßwasserfisch, ist er nur bei einer Vata-Dominanz zu empfehlen: Barsch, Brasse, weißer Heilbutt (selten im Handel, aber mager im Gegensatz zum schwarzen Heilbutt), Hering, Kabeljau, Knurrhahn, Makrele, Meerbarbe, Petersfisch, Red Snapper, Rotbarbe, Rotbarsch, Rotzunge, Schellfisch, Scholle, Seelachs, Seeteufel (Lotte), Seezunge, Steinbeißer, Steinbutt, Thunfisch, Wolfsbarsch (Loup de mer).

Meeresfrüchte

Unter diesem Begriff verstecken sich alle Krusten- und Schalentiere, die Sie einzeln oder gemischt zubereiten können: Krabben, Shrimps (Garnelen), Langusten, Hummer, Krebse, Muscheln und Tintenfische. Miesmuscheln sind als Meeresreiniger beliebt, da sie Dreck und Schadstoffe aus dem Meer aufnehmen; das mag zum Wohle der Meere geschehen, nicht aber zum Wohle der Genießer. Meiden Sie Miesmuscheln!

Fruchtiges Fischgulasch
● ▲

200 g Hechtfilet	6 Aprikosen
2 Tomaten	1 Zitrone
1 cm Ingwer	1/4 l Gemüsebrühe
3 Schalotten	1 TL Butterschmalz
1 TL Rohrzucker	1 Lorbeerblatt
Steinsalz	

Die Fischfilets müssen gewaschen und mit Zitronensaft übergossen werden. Sie schneiden sie in größere Würfel (2 x 2 cm).
Dünsten Sie die geviertelten Schalotten in Butterschmalz an. Geben Sie Ingwer, Lorbeer, Zucker sowie die enthäuteten, entkernten und feingehackten Tomaten und Aprikosen dazu. Salzen Sie sparsam. Gießen Sie mit Gemüsebrühe auf, und lassen Sie die Sauce einkochen. Jetzt kommt der Fisch: Legen Sie die Filetwürfel in die Sauce, setzen Sie einen Deckel auf den Topf, und schalten Sie die Hitze etwas herunter. In drei bis fünf Minuten ist der Fisch gar. Nehmen Sie den Lorbeer aus der Sauce, schmecken Sie eventuell mit Zitronensaft oder Zucker noch einmal ab, und servieren Sie ihn sofort.
Eine passende Gemüsebeilage für Vata wie Pitta wären: Karotten, Fenchel, Kürbis, Schwarzwurzeln.

Süß gilt der Fisch nach ayurvedischen Grundsätzen. Damit deckt er eine wichtige Geschmacksrichtung bei erhöhtem Vata und Pitta ab. Ingwer garantiert Schärfe, Zitrone und Tomaten geben Säure.

Fischfrikadellen mit Gemüse
●

200 g Kabeljaufilet	1 Zucchini
2 Möhren	Sojamehl
1 TL Sonnenblumenöl	1/2 TL grüner Pfeffer
Steinsalz	

Das Kabeljaufilet in wenig Wasser weich dünsten und dann mit einer Gabel zerpflücken.
Das Gemüse wird gewaschen und grob geraspelt, dann gedünstet; es sollte noch Biß haben. Mischen Sie das Gemüse mit dem Fisch, würzen Sie mit wenig Steinsalz und im Mörser zerstoßenem grünem Pfeffer. Diese Masse wird mit wenig Mehl bestäubt – das bindet und ersetzt sonst notwendige Eier.
Formen Sie kleine Bällchen, und braten Sie sie etwas flach gedrückt im Öl aus. Dazu paßt eine Tomaten- oder Currysauce mit Joghurt.

Soja- oder Maismehl kann statt Eiern zum Binden von beliebigen Klößchen verwendet werden. Da Eier schwer verdaulich sind, sollten sie nicht unnötig verwendet werden.

Als Süßwasserfisch ist der Stör für jeden geeignet. Das gleiche gilt für die herben Sojabohnen, von denen Sie lediglich bei einer Vata-Dominanz nicht zuviel nehmen dürfen. Bei erhöhtem Pitta verzichten Sie auf die Sesamkörner; sie würden dies es Dosha unnötig erhöhen.

Stör exotisch

250 g Störfilet	100 g Sojabohnen
1 Karotte	2 cm Ingwer
2 Frühlingszwiebeln	1 Orange
1 EL Sonnenblumenöl	1 EL helle Sojasauce
1 TL heller Sesam	3 Tropfen Sesamöl

Am zweckmäßigsten beginnen Sie mit dem exotischen Gemüse: Die Sojabohnen werden gewaschen, Ingwer und Karotte geputzt und in bleistiftgroße Schnitze geschnitten. Die Frühlingszwiebeln schneiden Sie in dünne Röllchen.

Erhitzen Sie einen Teelöffel Sonnenblumenöl, braten Sie darin erst Zwiebeln und Ingwer an; wenn sie Farbe annehmen, geben Sie die Karotten dazu. Unter einem Deckel dünstet das Gemüse bei mäßiger Hitze in 15 Minuten weich. Würzen Sie mit der Sojasauce und dem Sesamöl, Salz kann dann entfallen.

Erst in den letzten zwei Minuten geben Sie die nassen Sojabohnen mit in den Topf, sie müssen knackig bleiben! Gleichzeitig braten Sie den Fisch im verbliebenen Öl von beiden Seiten braun, streuen den Sesam darauf und beträufeln die Filets erst dann mit dem Saft einer Orange.

Lachsforelle in Tomatensauce

1 kleine Lachsforelle	2 Gemüsetomaten
1 rote Zwiebel	10–12 schwarze Oliven
1 EL Olivenöl	1/8 l Gemüsebrühe
1/2 Bund Oregano	1 TL roter Pfeffer
1 TL Rohrzucker	Steinsalz

Lachsforellen sind Süßwasser-fische, die alle essen dürfen. Mit einer süß-säuerlichen Tomaten-sauce und den Oliven ist es ein passendes Gericht bei erhöhtem Vata oder Pitta. Bei verstärktem Kapha können Sie das Gericht mit Spinatblättern und Chili ohne Zucker zubereiten.

Fetten Sie eine für den Fisch ausreichend große feuerfeste Form aus, legen Sie ihn auf die in dünne Scheiben geschnittene Zwiebel.

Die gehäuteten und in Scheiben geschnittenen Tomaten legen Sie auf den Fisch; darauf streuen Sie zerstoßenen roten Pfeffer, wenig Salz und den Zucker. Den Abschluß bilden die abgezupften Oreganoblättchen. Verteilen Sie die Oliven neben dem Fisch, und gießen Sie die Brühe an. Den so vorbereiteten Fisch im Gemüsebett setzen Sie auf die mittlere Schiene im vorgeheizten Backofen und lassen ihn bei 180° C 35 bis 45 Minuten garen. Er muß mit der Flüssigkeit begossen werden.

Hechtklößchen
● ▲ ■

200 g Hechtfilet	I Karotte
2 EL Erbsen	3/4 l Gemüsebrühe
2 Eiweiß	2 EL Joghurt
weißer Pfeffer	Steinsalz
2 Prisen Muskat	Safran

Das Hechtfleisch wird im Fleischwolf durchgedreht oder im Blitz-hacker zerkleinert, mit Eiweiß und Joghurt verknetet und mit je ein bis zwei Prisen Salz, Pfeffer und Muskat abgeschmeckt. Dann stellen Sie die Masse eine Stunde kühl.
Die Brühe wird mit einigen Safranfäden aufgekocht. Hinein kommen die inzwischen in streichholzgroße Stifte geschnittene Karotte und die Erbsen; sie sollen gar ziehen.
Erst dann stechen Sie mit einem kalten Metallöffel ovale Klößchen von der Hechtmasse ab und geben sie vorsichtig in die Brühe. Sie sind in dem Moment gar, wo sie an die Oberfläche der Suppe steigen.
Servieren Sie die Hechtklößchen in der Suppe, und bestreuen Sie sie nach Belieben mit frischen Kräutern: Schnittlauch, Zitronenmelisse oder Dill (nicht bei erhöhtem Pitta).

Das süße Hechtfleisch ist für alle Doshas geeignet, zudem ist dieser Süßwasserfisch mager. Er ist ideal bei jeder Dosha-Konstellation und gilt als süß. Süße Karotten und süße Erbsen runden den Geschmack ab; der Joghurt in den Klößchen bringt etwas Säure, der Pfeffer und Muskat geben ein wenig Schärfe.

Zanderfilet in Korianderbutter
● ▲ ■

250 g Zander	I TL Butterschmalz
I EL Butter	I Orange
I/2 TL Korianderkörner	weißer Pfeffer
Steinsalz	

Die Filets werden gewaschen und abgetupft, in gleich große Stücke geschnitten und im Butterschmalz angebraten und erst dann sparsam gesalzen und gepfeffert.
Die Filets sind in gut fünf Minuten gar und werden dann aus der Pfan-ne genommen. Geben Sie die Butter und den im Mörser zerstoßenen Koriander in die Fischpfanne, lassen Sie die Butter schmelzen, und gießen Sie dann den Saft einer Orange an. Diese Butttersauce wird auf hoher Flamme etwas reduziert. Dazu passen für alle Doshas glasierte Karotten, Erbsen oder rotes Linsenpüree.

Zander eignet sich als Süß-wasserfisch bei jeder Dosha-Konstellation. Da Butter und Orange süß schmecken, wird die Süße vom Fisch hier noch betont. Der Koriander bringt eine leicht bittere Note dazu.

Seezunge mit Mungbohnen

●

4 Seezungenfilets	100 g gelbe Mungbohnen
8 Stangen grüner Spargel	1 Zwiebel
1 Zitrone	1/4 l Gemüsebrühe
2 TL Butterschmalz	Safran
1/2 TL Kümmel	1/2 TL Fenchel
Weizenmehl	Steinsalz

Der Spargel wird im unteren Drittel dünn geschält und in reichlich Wasser gekocht. Er ist nach gut 20 Minuten fertig.

Die Zwiebel wird fein gewürfelt und in einem Teelöffel Butterschmalz angebraten. Dazu kommen Kümmel und Fenchel im Ganzen.

Ist die Zwiebel leicht gebräunt, gießen Sie die Brühe an und schütten die Mungbohnen dazu. Salzen Sie, und geben Sie einige Safranfäden hinzu. Die Hülsenfrüchte brauchen eine gute halbe Stunde.

Zum Schluß waschen Sie die Seezungenfilets, wälzen sie in wenig Mehl und braten sie im Butterschmalz von beiden Seiten kurz an. Sie sind nach fünf Minuten gar und werden mit Zitronensaft beträufelt.

Es ist zwar geschmacklich schade, aber als Seefisch ist die feine Seezunge allein all jenen mit erhöhtem Vata vorbehalten. Da sie am ehesten Salziges essen dürfen, können sie die meisten Fischmahlzeiten einlegen. Die herben Mungbohnen und der bitter-süße Spargel sind dagegen bei viel Vata geschmackliche Ausnahmen.

Meerbrasse mit Birnen

●

1 kleine Meerbrasse	2 Birnen
2 Zitronen	1 kleine Stange Lauch
1 rote Zwiebel	1 TL Sonnenblumenöl
2 EL eingedickter Birnensaft	1/2 Bund Estragon
1/2 TL Fenchelsamen	Steinsalz

Der Lauch wird geputzt, gewaschen und in Ringe von einem halben Zentimeter geschnitten. Die Zwiebel wird in dünne Scheiben geschnitten.

Dünsten Sie das Gemüse mit dem Fenchelsamen im Öl an, gießen Sie den Birnensaft an, wenn das Gemüse Farbe annimmt, und legen Sie dann den ausgenommenen und gewaschenen Fisch auf den Lauch.

Darauf kommen zwei Prisen Salz und die abgezupften Estragonblättchen. Den Saft der Zitronen gießen Sie über Gemüse und Fisch.

Der Topf kommt zugedeckt auf die mittlere Schiene des vorgeheizten Backofens bei 200° C. In etwa 40 Minuten ist er gar. Während der letzten zehn Minuten legen Sie die geviertelten und vom Gehäuse befreiten Birnen neben den Fisch.

Brassen sind Seefische, also für alle mit viel Vata gut geeignet. Dazu passen süße geschmorte Birnen, ein wenig bitterer Lauch und süß-herber Anis.

Blaufelchen mit Chicorée
▲■

4 Blaufelchenfilets	1/4 l Gemüsebrühe
200 g Kürbis	2 kleine Chicorée
2 EL Joghurt	2 Orangen
1 TL roter Pfeffer	1/2 TL Anis

Die Blaufelchen werden gewaschen, mit wenig Orangensaft beträufelt und zur Seite gestellt. Der Chicorée wird von den äußeren Blättern und dem bitteren Kern befreit, längs halbiert und in wenig Wasser gedünstet. Den Kürbis schälen und würfeln Sie klein und dünsten ihn mit im Mörser zerstoßenem Pfeffer und dem Anis im frisch gepreßten Orangensaft weich. Nach 20 Minuten können Sie ihn mit einer Gabel grob zerdrücken, und jetzt rühren Sie den Joghurt unter; anschließend darf der Kürbis nicht mehr kochen.
Die marinierten Blaufelchenfilets werden auf mittlerer Flamme in der Brühe gegart. Sie sind sehr empfindlich und können leicht zerfallen – Vorsicht! Wer geschickt ist, wickelt die weichen Fischfilets um je einen halben Chicorée und setzt die Röllchen auf die Kürbissauce.

Bitterer Chicorée zu süßem Fisch und herbem Kürbis, der mit dem Joghurt eine säuerliche Note erhält – ein Gericht, das die hauptsächlichen Geschmacksrichtungen von Pitta und Kapha enthält.

Renke mit Heidelbeersauce
▲

250 g Renkenfilet	200 g Heidelbeeren
1 EL Fruchtzucker	1 Orange
1 Zitrone	Steinsalz
1/2 Bund Oregano	1/8 l Gemüsebrühe

Sie beginnen mit der Sauce: Die gewaschenen Heidelbeeren werden zusammen mit dem Zucker und dem Saft einer Orange püriert, mit etwas Brühe erhitzt und langsam eingekocht. Die Konsistenz soll dickflüssig sein.
Parallel säuern Sie die Renkenfilets und dünsten sie in wenigen Eßlöffeln Gemüsebrühe; sie sind nach knapp zehn Minuten gar. Erst jetzt wird sparsam gesalzen. Richten Sie die Filets auf der Heidelbeersauce an, und bestreuen Sie den Fisch mit feingehacktem Oregano.
Als Beilage bieten sich bei viel Pitta die folgenden Gemüsesorten an: Karotten, gedünstete Frühlingszwiebeln, rote Linsen, Selleriepüree aus zwei Dritteln Knollensellerie und einem Drittel Kartoffeln.

Herbe Heidelbeeren sind bei viel Pitta angebracht. Wer lieber Brombeeren mag, tauscht das Obst einfach aus, denn Brombeeren sind ebenfalls herb. Die Renkenfilets, Zucker und Orange an der Sauce liefern einen süßen Touch. Oregano gilt in der Ayurveda-Küche als scharf.

Flußbarsch mit Apfel
▲ ■

200 g Flußbarschfilet	1 Apfel
2 EL eingedickter Apfelsaft	100 g Spinat
1 EL Sonnenblumenkerne	1 TL grüner Pfeffer
Steinsalz	

Der Spinat wird verlesen, gewaschen und zerfällt tropfnaß in einem Topf auf hoher Flamme.

Pfeffern Sie das Gemüse, und reiben Sie den Apfel grob unter den Spinat. Bestreuen Sie den Spinat mit trocken gerösteten Sonnenblumenkernen.

Die Fischfilets werden in große Stücke geschnitten und im Apfelsaft, den Sie mit ein bis zwei Eßlöffeln warmem Wasser verdünnen, gedünstet. Salzen Sie den Fisch erst, wenn er schon warm ist. Bei viel Kapha verzichten Sie besser auf Salz.

Flußbarsch ist ein Süßwasserfisch und eignet sich für alle Doshas. Doch der bittere Spinat macht daraus eine Mahlzeit für alle mit viel Pitta oder Kapha. Der eingedickte Apfelsaft aus dem Reformhaus liefert ein wenig Süße.

Seeteufel mit Thymian
●

250 g Seeteufelmedaillons	1 Stange Lauch
2 Gemüsetomaten	1 Zitrone
1 Bund Thymian	1 EL Olivenöl
1 Knoblauchzehe	Steinsalz

Der Lauch wird geputzt, halbiert und vorsichtig in einzelnen Lagen auseinandergenommen.

Blanchieren Sie den Lauch zwei Minuten, und legen Sie die einzelnen dünnen Lauchscheiben in einem sauberen Küchensieb aus.

Den Fisch haben Sie gesäuert, und nun setzen Sie die Medaillons auf den Lauch in das Sieb. Über Wasserdampf werden sie zugedeckt in fünf bis sieben Minuten gegart.

Inzwischen bereiten Sie die Thymian-Tomatensauce zu: Die Tomaten werden gehäutet und gewürfelt. Die Knoblauchzehe würfeln Sie ebenfalls, braten sie mit Öl an, fügen die Tomaten und die abgezupften Thymianblättchen dazu. Lassen Sie die Sauce zehn Minuten köcheln, und salzen Sie sparsam. Servieren Sie die Fischmedaillons auf den Lauchstangen, und reichen Sie die Sauce separat.

Thymian ist eines der Kräuter, die bei viel Vata immer angebracht sind; benutzen Sie den Thymian daher verschwenderisch. Knoblauch sollten Sie dagegen eher selten einsetzen.

Hechtfilet mit Rosinen
▲■

250 g Hechtfilet
1–2 Grapefruits
1 EL Mandelstifte

1/4 Knollensellerie
1 EL Rosinen
weißer Pfeffer, Steinsalz

Der Sellerie wird geschält, kleingewürfelt und zusammen mit den gewaschenen Hechtfilets im Saft einer Grapefruit gegart.
Nach zehn Minuten ist der Hecht gar und wird herausgenommen.
Nun pürieren Sie den Sellerie, pfeffern und salzen, rühren Rosinen und Mandeln unter und lassen die Gemüsesauce noch einmal aufkochen. Ist sie zu dick, gießen Sie mehr Grapefruitsaft dazu.
Die Hechtfilets werden auf der Rosinensauce serviert. Wer möchte, streut kleingehackte Petersilie darauf.

Hecht paßt als Süßwasserfisch immer; mit süßen Rosinen und herbem Sellerie ist er jedoch allen mit Pitta- oder Kapha-Dominanz vorbehalten. Die Grapefruit bringt den für beide Doshas so wichtigen bitteren Geschmack.

Bachforelle mit Minze
▲■

1 Bachforelle
1 Zitrone
4 Tropfen Walnußöl
1 TL grüner Pfeffer

1 Bund Minze
1 TL Sonnenblumenöl
1/4 l Gemüsebrühe
1/2 TL Fenchelsamen, Steinsalz

Die Bachforelle haben Sie sinnvollerweise küchenfertig ausgenommen gekauft. Daß sie frisch und nicht eingefroren ist, sollte hier selbstverständlich sein! Sie wird mit der Hälfte der gewaschenen und abgezupften Minzblätter und zwei, drei Prisen Salz gefüllt auf eine ausreichend große Folie gelegt. Beträufeln Sie sie mit dem Öl und dem Saft einer Zitrone, und schließen Sie die Folie fest. Im vorgeheizten Backofen gart die Bachforelle auf dem mittleren Rost innerhalb von 30 bis 40 Minuten – je nach Größe
Währenddessen haben Sie ausreichend Zeit, die Gemüsebrühe auf die Hälfte einzukochen, mit dem im Mörser zerstoßenen Pfeffer und Fenchel zu würzen und die restlichen Minzblätter einzurühren.
Lassen Sie die Sauce einmal aufkochen, und pürieren Sie sie dann mit einem Mixstab. Sollte sie noch zu dünn sein, kann sie weiter eingekocht werden.
Geeignete Beilagen für eine Pitta- oder Kapha-Dominanz sind Erbspüree, wenig Kichererbsen, gelbe Mungbohnen oder Zuckerschoten.

Zu Süßwasserfischen wie den Bachforellen passen süße Minze und süßer Fenchel. Die Säure der Zitrone und die leichte Schärfe vom Pfeffer runden das Gericht ab. Bei erhöhtem Vata können Sie die Forellen mit Blattpetersilie bereiten; Minze würde das Vata verstärken.

Red Snapper ist ein in Europa bislang noch selten vertretener, in Asien dagegen weitver-breiteter Meeresfisch mit mage-rem, festem Fleisch. Doch mit seiner aparten roten Haut und dem kräftigen Geschmack erobert er sich auch unsere Küchen. Sie können ihn durch eine Scholle ersetzen.

Red Snapper mit Knoblauch

●

1 Red Snapper	2 Knoblauchzehen
2 Tomaten	1 Zitrone
1 Zweig Rosmarin	Weizenmehl
1 EL Butterschmalz	1 TL Olivenöl
Steinsalz	weißer Pfeffer

Der küchenfertig ausgenommene Fisch wird gewaschen, gesäuert, in wenig Mehl gewälzt und im Butterschmalz von beiden Seiten kräftig angebraten.

Unterdessen häuten Sie die Tomaten und würfeln sie. Der Knoblauch wird geschält, in hauchdünne Scheibchen geschnitten und im Öl angebraten. Nimmt er Farbe an, geben Sie die Tomatenwürfel und die Rosmarinnadeln dazu, pfeffern und salzen leicht und lassen die Sauce zehn Minuten köcheln; sie soll sämig sein.

Süß-saure Scholle

●

1 kleine Scholle	1 kleine Gärtnergurke
1 Gemüsetomate	1/4 reife Ananas
1 Zitrone	3 Schalotten
1 EL Butterschmalz	1 TL Sonnenblumenöl
Weizenmehl	Steinsalz
1 TL Rohrzucker	

Die Scholle als Seefisch eignet sich ebenfalls nur bei einer Vata-Dominanz; da ist die süß-saure Zubereitung mit süß-sauren Tomaten, süßer Ananas und bitteren Gurken optimal auf das Dosha abgestimmt.

Die küchenfertig ausgenommene Scholle wird in wenig Mehl gewälzt und im Butterschmalz in einer großen Pfanne von beiden Seiten angebraten. Je nach Stärke ist sie in 15 bis 25 Minuten gar. Die fertige Scholle wird mit Zitronensaft gewürzt

Inzwischen bereiten Sie das Gemüse vor: Die Gurke wird geschält, halbiert und in dünne Scheiben geschnitten; die Tomate wird enthäutet und gewürfelt. Die Ananas schälen Sie, befreien sie von möglichen schwarzen »Augen« und schneiden sie in mundgerechte Würfel. Die Schalotten werden geschält, geachtelt und im Öl angebraten. Sind sie hell, geben Sie das Gemüse dazu, salzen wenig und lassen es 15 Minuten köcheln. Zuckern Sie nach Geschmack. Die kroß gebratene Scholle wird auf der Sauce angerichtet.

Makrelen mit Kürbisfüllung
●

2 Makrelen	150 g Kürbis
1 Zitrone	2 TL Butter
1 TL Honig	1 EL heller Sesam
1 Sternanis	1 TL roter Pfeffer
Steinsalz	

Der Kürbis wird kleingewürfelt und mit dem Saft einer halben Zitrone aufgesetzt. Sie würzen mit Honig, Sternanis, zerstoßenem Pfeffer und etwas Salz. Nach 15 bis 20 Minuten ist der Kürbis weich und kann mit dem Mixstab püriert werden. Die küchenfertig ausgenommenen Makrelen werden innen und außen gewaschen, abgetupft und mit dem Kürbismus gefüllt. Danach gießen Sie den restlichen Zitronensaft über die Fische und bepinseln sie mit Butter.

Im vorgeheizten Backofen werden die Makrelen auf der mittleren Schiene bei 180° C 15 Minuten gegrillt; dabei sollten sie immer wieder mit Butter bepinselt und einmal umgedreht werden. Die fertigen Fische bestreuen Sie mit den Sesamkörnern.

Salzig-süßliches Makrelenfleisch paßt hervorragend zu herbem Kürbis, einer Geschmacksrichtung, die bei viel Vata nur ergänzend auftauchen soll. Auch der Sesam gilt als süß – ein Hauptgeschmack bei Vata-Dominanz. Sternanis und roter Pfeffer bringen eine angenehme Schärfe.

Rotbarben in Papierhülle
●

2 Rotbarben	1 kleiner Fenchel
1 Karotte	2 Schalotten
2 cm Ingwer	1 Orange
1 EL Olivenöl	weißer Pfeffer
Steinsalz	Butterbrotpapier

Die Karotte und der Ingwer werden in streichholzgroße Stifte geschnitten; der Fenchel wird in etwas dickere Streifen zerteilt. Die Schalotten achteln Sie.

Die küchenfertig ausgenommenen und geschuppten Rotbarben werden innen mäßig gesalzen und gepfeffert und mit dem Gemüse auf zwei ausreichend große Papierstücke gesetzt. Beträufeln Sie sie mit Orangensaft und dem Öl, und falten Sie das Papier gut über den Fischen zu. Im vorgeheizten Backofen garen die Rotbarben auf der mittleren Schiene bei 180° C 20 bis 30 Minuten – je nach Größe. Sie servieren die Fische im Papier, das Sie oben aufgeschnitten haben.

Noch einmal ein reines Vata-Fischgericht: Rotbarben sind Seefische und damit leicht salzig. Süße Karotten, scharfer Ingwer und herber Fenchel ergänzen geschmacklich.

Roh marinierter Kabeljau

●

150–200 g Kabeljaufilet	1/2 Bund Zitronenbasilikum
3 Limonen	Steinsalz

Das Kabeljaufilet schneiden Sie mit einem sehr scharfen Messer schräg in so dünne Scheiben wie möglich. Sie werden auf einem Teller ausgebreitet und mit dem Limonensaft beträufelt.
Lassen Sie den Fisch etwa vier Stunden ziehen, bis er milchig weiß geworden ist.
Erst jetzt wird er gesalzen; den ausgetretenen Fischsaft entfernen Sie, und mit den feingehackten Blättern des Zitronenbasilikums bestreuen Sie die nun fertigen Filets.
Zu diesem zimmerwarm zu servierenden Fisch paßt ein Tomaten-Gurken-Salat und Kartoffelsalat, den Sie auch einmal mit Süßkartoffeln ausprobieren können.

Jakobsmuscheln mit Zuckerschoten

● ▲ ■

6 Jakobsmuscheln	1–2 Zitronen
100 g Zuckerschoten	1 cm Ingwer
1/8 l Gemüsebrühe	Gelbwurz
1 Stange Porree	weißer Pfeffer
1 Karotte	

Zuckerschoten putzen, blanchieren, so daß sie noch bißfest sind; mit Zitronensaft und weißem Pfeffer wird gewürzt.
Den Porree waschen Sie und schneiden ihn in dünne Scheiben.
Die Karotte wird dünn geschält und grob gerieben.
Kochen Sie das Gemüse mit dem frisch geriebenen Ingwer in der Gemüsebrühe auf, reduzieren Sie die Hitze, und lassen Sie die Jakobsmuscheln darin gar ziehen.
Nun nehmen Sie die Muscheln heraus und stellen sie warm. Den Fond würzen Sie mit Zitronensaft und Gelbwurz und kochen ihn ein.
Die Jakobsmuscheln servieren Sie auf dem reduzierten Fond; Zuckerschoten werden darumgelegt.

Jakobsmuscheln mit Karottenmus

6 Jakobsmuscheln	3 Karotten
2 Schalotten	1/4 l Gemüsebrühe
1 TL Mandelöl	Safran
1 TL schwarzer Sesam	Steinsalz

Als erstes putzen Sie die Karotten und zerkleinern sie grob. Die Schalotten werden gewürfelt, im Öl angebraten; dann kommen die Karotten und etwas Brühe dazu. Gewürzt wird sparsam mit Salz und einigen Safranfäden. Köcheln Sie das Gemüse nicht zu weich; etwa 15 Minuten. Zum Abschluß wird es mit dem Mixstab püriert.
Die Jakobsmuscheln werden vorsichtig gewaschen und in der restlichen Gemüsebrühe gegart. Dazu kochen Sie die Brühe einmal auf, reduzieren die Hitze und lassen die Muscheln fünf bis sieben Minuten darin ziehen – keinesfalls kochen. Servieren Sie die Jakobsmuscheln neben dem Karottenmus, auf das Sie ein paar schwarze Sesamkörner streuen.

Meeresfrüchte eignen sich am besten für alle mit hohem Vata-Anteil. Allen anderen sollten sie nur selten aufgetischt werden. Die Karotten und die mitgekochte Zwiebel sind süß; Safran gilt in der Ayurveda-Küche als scharf.

Venusmuscheln mit Fenchel

200 g ausgelöste Venusmuscheln	1 Zitrone
1 Orange	1 TL Rohrzucker
2 kleine Fenchel mit Grün	3 EL Joghurt
1/2 Petersilienwurzel	1/8 l Gemüsebrühe

Schälen und reiben Sie ein Stück Petersilienwurzel; davon kommt ein gehäufter Teelöffel an die Brühe und wird mit dem Saft einer halben Orange, einer halben Zitrone und dem Zucker aufgekocht. Reduzieren Sie auf großer Flamme die Flüssigkeit um die Hälfte.
Daneben putzen Sie den Fenchel, schneiden ihn in schmale Stifte und garen ihn im Saft der verbliebenen halben Orange und Zitrone.
Das Grün wird gehackt und beiseite gestellt.
Wenn der Fenchel fast gar und die Brühe eingeköchelt ist, legen Sie die Venusmuscheln in die Brühe; sie sollen nur ziehen, nicht kochen!
Sie servieren die Muscheln auf den Fenchelstiften mit separater Joghurtsauce: Dazu verrühren Sie eine kleine Kelle der Brühe mit dem Joghurt und dem Fenchelgrün.

Venusmuscheln sind wie alle Meeresfrüchte am ehesten einer Vata-Dominanz zuträglich; alle übrigen genießen das Gericht als Ausnahme. Die Muscheln sind zwar wie alle Fische süßlich, aber auch leicht salzig – zwei Geschmacksrichtungen, ein Essen.

Gelbe Paprika sind nicht scharf, so daß sie auch bei einer Vata-Dominanz munden dürfen. Herzmuscheln sind salzig und etwas süß. Die süß-sauren Tomaten runden den Geschmack ab und werden von der sauren Zitrone geschmacklich unterstützt.

Herzmuschelpaprika

200 g ausgelöste Herzmuscheln	2 gelbe Paprika
2 Tomaten	1 Zitrone
1 Schalotte	2 Stengel Estragon
2 TL Olivenöl	

Die Paprika werden gewaschen, quer halbiert, von allen weißen Häuten und Kernen befreit und zum Füllen bereitgestellt.

Häuten Sie die Tomaten, würfeln Sie das Tomatenfleisch. Die Schalotte wird ganz fein gehackt. Braten Sie die gewürfelte Schalotte in wenig Öl hell an, fügen Sie die Tomatenstückchen, den Saft einer Zitrone und den abgezupften Estragon dazu. Sie können nach Belieben mit etwas Rohrzucker abschmecken. Lassen Sie alles zu einer sämigen Sauce einköcheln, drosseln Sie die Hitze, und geben Sie die gewaschenen Herzmuscheln dazu. In fünf Minuten sind sie fertig.

Diese Masse wird sofort in die Paprikahälften gegeben, die in eine eingefettete feuerfeste Form gestellt werden. Im vorgeheizten Backofen werden sie auf mittlerer Schiene bei 200° C bedeckt 20 Minuten gegart. Wer mag, kann das Gericht mit Tomatensauce servieren.

Süß-saure Shrimps

200 g ausgelöste Shrimps	2 kleine Karotten
2 Eiertomaten	100 g Zuckerschoten
1 rote Zwiebel	1 TL Sojaöl
4 EL naturtrüber Apfelsaft	1 Zitrone
1 TL helle Sojasauce	

Süß ist eine bevorzugte Geschmacksrichtung von allen, die ein erhöhtes Vata oder Pitta haben. Und süß sind Tomaten, Karotten und gekochte Zwiebeln. Der Apfelsaft und die Zitrone bringen die Säure.

Die Karotten werden in längliche, dünne Stifte geschnitten, die Tomaten gehäutet und geviertelt und die Zuckerschoten geputzt. Die Zwiebel schneiden Sie in Ringe und braten sie im Öl an, dann kommt das gesamte Gemüse dazu und wird mit dem Saft einer Zitrone und dem Apfelsaft abgelöscht.

Alles köchelt im Apfel- und Zitronensaft zehn Minuten unter einem Deckel. Die Karotten dürfen noch bißfest sein. Würzen Sie mit der Sojasauce

Ist die Sauce sämig, legen Sie die abgebrausten Shrimps hinein und lassen sie bei niedriger Hitze zwei bis drei Minuten warm werden. Kochen Sie sie keinesfalls!

Krabben auf Feigensauce

200 g ausgepulte Krabben	1 gelbe Paprika
4 Feigen	1 Orange
weißer Pfeffer	1 TL Sonnnenblumenöl

Die Paprika wird gewaschen, geputzt und roh im Blitzhacker püriert. Das Fruchtfleisch wird im Saft der Orange kurz erwärmt; dann rühren Sie die geschälten und mit einer Gabel zerdrückten Feigen unter. Würzen Sie mit wenig weißem Pfeffer.

Die Krabben werden im Öl zwei Minuten angebraten; rühren Sie dabei ständig um. Dann servieren Sie sie sofort auf der Fruchtsauce.

Frische süße Feigen senken ein erhöhtes Vata oder Pitta; bei einer Kapha-Dominanz könnten Sie die Sauce aus eingeweichten getrockneten Feigen herstellen. Die Krabben wie die gelbe Paprika sind in der Ayurveda-Küche als süß eingestuft.

Riesenshrimps auf fruchtiger Sauce

6 Riesenshrimps in der Schale, ohne Kopf und Beine	1 Karotte
	1 rote Zwiebel
1 TL Olivenöl	3 Aprikosen
1/2 TL roter Pfeffer	1/2 TL Fenchelsamen

Putzen und reiben Sie die Karotte fein.

Sie wird im Öl mit dem Fenchel angebraten; dazu kommen die im Blitzhacker pürierten Aprikosen mit der Zwiebel und dem zerstoßenen Pfeffer. Lassen Sie alles fünf Minuten köcheln.

Die Riesenshrimps werden gewaschen und in der Schale auf die Fruchtsauce gelegt, bedecken Sie den Topf mit einem Deckel, und lassen Sie sie bei mittlerer Hitze zehn Minuten ziehen. Hat sich die Panzerfarbe in ein sattes Rotorange verwandelt, sind die Shrimps gut.

Riesenshrimps gelten wie alle Meeresfrüchte als teils süßlich, teils salzig. Karotten, Aprikosen und Fenchel unterstreichen noch die Süße, und der rote Pfeffer sorgt für die dritte Geschmacksrichtung.

Gegrillte Langostinos

8 Langostinos	1 Bund Basilikum
3 Schalotten	1 rosa Grapefruit
2 EL Olivenöl	weißer Pfeffer

Die Langostinos werden abgebraust und mit einem scharfen Messer der Länge nach aufgeschnitten; die Hälften sollten noch zusammenhängen.

Dann beträufeln Sie sie mit Grapefruitsaft, bepinseln das Fleisch mit wenig Olivenöl und pfeffern. Sie werden auf dem obersten Rost im Backofen oder Grill gut fünf Minuten gegrillt.

Inzwischen haben Sie die Basilikumblätter abgezupft und gewaschen sowie die Schalotten geschält, geachtelt und blanchiert. Sie kommen zusammen in einen Blitzhacker und werden fein püriert.

Gießen Sie das Öl zu der Masse, und servieren Sie das Basilikumöl zu den heißen Langostinos.

Leicht bittere Grapefruit, scharfes Basilikum und süßes Olivenöl machen hier aus gegrillten Langostinos eine Ayurveda-Mahlzeit mit drei unterschiedlichen Geschmacksrichtungen. Bei erhöhtem Pitta ersetzen Sie das Basilikum durch Blattpetersilie; bei einer Kapha-Dominanz sollten Sie sparsam mit dem Öl sein.

Languste mit Paprikasauce

1 Languste	1 rote Paprika
1 rote Zwiebel	1 TL Olivenöl
1/2 TL Cayennepfeffer	1/2 Bund Petersilie
1 Granatapfel	

Bereiten Sie zunächst die Sauce vor: Die Paprika wird gewaschen, geachtelt, von allen Kernen und weißen Häuten befreit. Die Zwiebel würfeln Sie grob.

Braten Sie das Gemüse zusammen im Öl an, würzen und decken Sie es ab; lassen Sie es fünf Minuten im eigenen Saft schmoren.

Anschließend wird das Gemüse im Blitzhacker püriert. Einige Petersilienblättchen rühren Sie unter die Sauce.

Die Languste wird in kochendem Wasser gegart und ist fertig, wenn der Panzer die charakteristische rote Farbe annimmt.

Schneiden Sie den Panzer mit einer Hummerschere der Länge nach einmal auf, beträufeln Sie den Fisch mit etwas frisch gepreßtem Granatapfelsaft, und servieren Sie die halbierte Languste noch warm mit der Sauce.

Die rote Paprikasauce ist genau das Richtige für alle mit erhöhtem Pitta oder Kapha. Bei starkem Kapha-Anteil nehmen Sie noch eine Chilischote. Der Granatapfelsaft bringt einen Hauch Süße. Das Gericht runden Sie sinnvoll mit herben oder bitteren grünen Gemüsesorten ab.

Hummer mit Himbeersauce

1 Hummer	1 Orange
200 g Himbeeren	1 Nektarine
1 TL Rohrzucker/Honig	1/2 TL roter Pfeffer
2 Kardamomkapseln	

Die Nektarine wird geschält, entkernt und in kleine Stückchen geschnitten.

Zusammen mit den Himbeeren und dem Zucker wird sie erhitzt. Bei einer Kapha-Dominanz nehmen Sie Honig. Rühren Sie ständig um, das Obst brennt leicht an.

Gewürzt wird mit zerstoßenem rotem Pfeffer und den kleinen Körnern des Kardamoms. Ist die Nektarine sehr fest, können Sie die Sauce kurz mit einem Mixstab pürieren.

Der Hummer wird in kochendem Wasser gekocht, bis sich der Panzer rot verfärbt hat.

Anschließend nehmen Sie ihn aus dem Topf, halbieren ihn der Länge nach, beträufeln das Fleisch mit dem Saft einer Orange und servieren ihn mit Hummerscheren, um das ganze Fleisch auslösen zu können.

Hummerfleisch und Himbeeren –da muß keiner nein sagen! Die Kombination mag manchem ungewöhnlich erscheinen, aber sie schmeckt phantastisch. Die Himbeeren sind säuerlich, die Nektarine süß. Kardamom bringt etwas Schärfe.

Flußkrebs auf Pfirsichsauce

4–6 Flußkrebse	2 Pfirsiche
1 Orange	1 cm Ingwer
1/2 TL Senfsamen	Safran

Die Flußkrebse werden abgebraust und in einem großen Topf in reichlich Wasser gekocht.

Sie sind gar, wenn sich der Panzer verfärbt hat; das ist gewöhnlich schon nach zehn Minuten geschehen. Sie werden im Ganzen serviert und mit Hummerscheren am leichtesten aufgebrochen.

Für die Sauce schälen, entkernen und pürieren Sie die Pfirsiche. Kochen Sie sie mit dem geriebenen Ingwer, dem Senfsamen und einigen Safranfäden etwas ein, und würzen Sie noch mit ein paar Spritzern Orangensaft.

Flußkrebse stammen – wie der Name schon kundtut – aus Flüssen und gehören somit zu den Süßwassertieren. Ihr Aroma ist besonders zart. Bei einer Pitta-Dominanz können Sie die Krebse ebenfalls genießen – allerdings mit Fenchelsamen und eventuell einer Prise Muskat statt Ingwer und Senf.

Nur bei einer Vata-Dominanz sind Tintenfische in der Ayurveda-Küche gestattet. Dazu sind eine süßliche Tomaten- sauce mit Zucker und gedünstete süße Frühlings- zwiebeln passend. Das Gericht besticht durch die weiß-rot- grüne Farbe.

Tintenfischtuben auf Tomaten
●

4 ausgenommene	1 TL Rohrzucker
Tintenfischtuben	2 Schalotten
4 Frühlingszwiebeln	1 TL Olivenöl
2 Gemüsetomaten	Steinsalz
1/2 Bund Petersilie	

Die Tomaten werden überbrüht, abgezogen und gewürfelt. Hacken Sie die Schalotten klein, und braten Sie sie im Öl an. Haben sie Farbe an- genommen, kommen die Tomaten und der Zucker dazu. Salzen Sie sparsam, und lassen Sie die Tomaten zehn Minuten einkochen.

Die Tintenfischtuben werden gewaschen; die Frühlingszwiebeln putzen und halbieren Sie. In jede der Tuben stecken Sie zwei halbe Frühlingszwiebeln, legen sie auf die Tomatensauce und lassen sie dort zugedeckt etwa 15 Minuten garen.

Zum Schluß streuen Sie die abgezupften und feingehackten Petersili- enblättchen darauf.

Tintenfisch ist all jenen mit erhöhtem Vata vorbehalten. Die Kombination mit herber Zucchini und säuerlichem Joghurt macht aus dem süßen Fisch ein Gericht mit drei Geschmacksrichtungen.

Gemischte Fischspießchen
●

2 Tintenfischtuben	12 ausgelöste Shrimps
2 EL Kürbiskernöl	1 Knoblauchzehe
1 Zucchini	1 EL süße Sojasauce
1 Orange	3 EL abgetropften Joghurt
Steinsalz	1/2 TL grüner Pfeffer

Die Tintenfischtuben werden in zwei Zentimeter breite Streifen geschnitten und abwechselnd mit den Shrimps auf dünne Holzspieße gesteckt.

Bereiten Sie aus der zerdrückten Knoblauchzehe, der Sojasauce und dem Saft einer Orange eine Marinade, und begießen Sie die Spieße damit. Sie sollten eine Stunde mariniert werden.

Bepinseln Sie sie anschließend mit dem Öl, und grillen Sie sie im Backofen oder Grill. Dazu paßt eine Gemüse-Joghurt-Sauce: Reiben Sie eine Zucchini fein, dünsten Sie sie in wenig Öl an, salzen und pfeffern Sie. Wenn die Zucchini nach zehn Minuten weich ist, rühren Sie den Joghurt unter und nehmen die Sauce vom Herd.

Feurig scharfe, rote Chilischoten aus Indien treiben manchem die Tränen in die Augen. Doch wahre Schärfe ist nur bei einer Kapha-Dominanz verträglich.

Die Ayurveda-Küche in Indien

Das Ursprungsland der ayurvedischen Küche ist Indien; hier wurden die Veden verfaßt, jene altindischen, in Sanskrit verfaßten Schriften, in denen vom Ayurveda die Rede ist.

In den letzten Jahren wurde auf dem indischen Subkontinent das alte Wissen um eine natürliche, auf individuelle Bedürfnisse zugeschnittene Küche wieder aufgegriffen, weil die ayurvedischen Ärzte Möglichkeiten anbieten, mit der täglichen Ernährung und dem Lebensstil gesundheitliche Störungen zu beseitigen und Krankheiten schon in der Entstehungsphase zu bekämpfen.

Aber nicht nur in Indien ist Ayurveda im Volk weit verbreitet. Auch auf der südlicher gelegenen Insel Sri Lanka kennt man die ayurvedische Küche und Heilmethode und wendet sie seit Generationen an. Wie im Mutterland Indien so wird auch auf Sri Lanka das Wissen in den Familien weitergereicht. Die jahrtausendealte Beliebtheit dieser Koch- und Heilkunst liegt nicht zuletzt an ihrer einfachen Handhabung.

Sowohl die indische Küche als auch die auf Sri Lanka bevorzugen vegetarische Gerichte und bieten leckere Gemüse- und/oder Obst-Currys und Dhals an – das sind Eintopfgerichte mit intensiven Gewürzen beziehungsweise Gerichte aus Hülsenfrüchten.

Aber auch typisch indische Fleisch- und Fischgerichte lernen Sie hier kennen. Besonders Geflügel wird viel verarbeitet, daneben meist Rind und Lamm. Exotisch anmutende Fleischsorten wie Wasserbüffel, weiße oder schwarze Antilope und Schlange werden Sie in diesem Buch nicht finden, obwohl die Veden sie für einzelne Doshas und bestimmte Lebenssituationen vorschlagen.

Sie erfahren auf den kommenden Seiten alles Wichtige über die typisch indische Zubereitung; häufig wird mit den Gewürzen angefangen, die das Butterschmalz aromatisieren und dann das Gericht prägen.

Manche dieser Gewürze oder Kräuter mögen Ihnen noch nicht vertraut sein, doch erhalten Sie sie bei uns in asiatischen Lebensmittelgeschäften (Adressen Seite 294 f.), in gut sortierten Lebensmittelabteilungen großer Kaufhäuser und auf manchen Wochenmärkten der Großstädte.

Fritierte Samosas (oben links) oder Pakoras (rechts) sind in Indien als Vorspeisen beliebt. Sie werden üppig gewürzt und mit Chutneys serviert.

Indische Vorspeisen

*B*eliebte Vorspeisen aus Indien sind fritiert: Sie heißen *Pakoras* oder *Samosas*. Samosas sind kleine vegetarische Pasteten mit Gemüse- oder Fleischfüllung. Pakoras sind in Teig gewälzte, ausgebackene Kräuter oder Gemüsestückchen. Beim Thema Gemüse mag es manchen irritieren, daß die Inder die Kartoffel zu den Gemüsesorten zählen; somit sind mit Kartoffeln oder Kartoffeln und Erbsen gefüllte Samosas weit verbreitet und nicht als Sparmaßnahme des Küchenchefs einzustufen.

Zu beiden Vorspeisen reichen Sie intensiv gewürzte Saucen: Joghurtsauce mit frischer Minze, süße Mangosauce mit Ingwer oder eine säuerliche Tamarindensauce. Außerdem passen Chutneys zu allen fritierten Speisen.

Fritiertes und Ausgebackenes

Fritierte Gemüse und fritierte Fleischpasteten sind ein Höhepunkt der indischen Küche; allerdings sind sie fetthaltig – und damit für ein erhöhtes Kapha nur bedingt empfehlenswert. Sie verstärken auch Pitta. Bei beiden Dosha-Konstellationen sollten Sie sich auf die vegetarischen Varianten beschränken und nur gelegentlich zugreifen.

Tropfen Sie alles Fritierte immer gut auf Küchenpapier ab, und reichen Sie es mit leichtverdaulichen Beilagen und verdauungsfördernden Kräutern, allen voran Kreuzkümmel und Ingwer. Um die Verdauung anzukurbeln, ist es zudem sinnvoll, Fritiertes und Ausgebackenes als ersten Gang zu servieren. Das signalisiert Magen und Darm eine geforderte Höchstleistung.

Fleisch-Samosas

100 g Tatar	1 Zwiebel
1 Karotte	2 Messerspitzen
2 Messerspitzen Koriander	Kreuzkümmel
1 TL Butterschmalz	2 Messerspitzen Gelbwurz

Den Teig stellen Sie auf dieselbe Weise wie bei den Gemüse-Samosas her.

Während der Teig ruht, braten Sie die Gewürze, eine gewürfelte Zwiebel und die feingeriebene Karotte im Butterschmalz an. Zum Schluß geben Sie das Tatar dazu; es soll krümelig braun braten.

Füllen Sie die Samosas, und braten Sie sie in Öl schwimmend aus; tropfen Sie sie dann auf Küchenpapier ab.

Fleisch-Samosas eignen sich nur bei erhöhtem Vata; da paßt eine säuerliche Tamarindensauce mit etwas süßem Rohrzucker ausgezeichnet. Sie hilft, das Vata zu reduzieren, und schmeckt erfrischend. Es ist in Indien üblich, mehrere Saucen zu Samosas oder Pakoras anzubieten.

Vegetarische Samosas

50 g junge Erbsen, 1 Kartoffel	1 TL Butterschmalz
1 Zwiebel	2 Messerspitzen Koriander
2 Messerspitzen Garam Masala	2 Messerspitzen Gelbwurz
50 g Weizenvollkornmehl	1 EL Butter
2 EL Joghurt	Sonnenblumenöl
Steinsalz	

Braten Sie die Gewürze für die Füllung in heißem Butterschmalz kurz an; dann geben Sie eine gewürfelte Zwiebel, die Erbsen und die in kleine Würfel geschnittene, geschälte Kartoffel dazu, lassen alles weiter braten und löschen mit zwei, drei Eßlöffeln Wasser ab. Köcheln Sie das Gemüse weich.

Bereiten Sie aus Mehl, Joghurt und zerlassener Butter einen festen Teig, den Sie gut durchkneten und sparsam salzen. Ist er zu fest und krümelig, gießen Sie wenig Wasser an.

Der Teig bleibt eine halbe Stunde stehen, dann rollen Sie aus walnußgroßen Stückchen kleine, dünne Kreise, die Sie mit der Füllung belegen und zudrücken. Bestreichen Sie die Ränder mit Wasser, dann klebt der Teig gut. Braten Sie die Samosas in viel Öl schwimmend aus, und tropfen Sie sie dann auf Küchenpapier ab.

Die herben Kartoffeln gelten in Indien wie die süßen Erbsen als Gemüse. Diese Vorspeise ist weit verbreitet, doch sollte sie wegen des reichlich notwendigen Öls zum Ausbacken nicht zu häufig auf den Tisch kommen. Die Zutaten eignen sich für alle Doshas; die Gewürze fördern die Verdauung.

Gemüse-Pakoras mit Koriander-Chutney

1 Kartoffel	3 Frühlingszwiebeln
6 Okras	3 Stangen grüner Spargel
1 weiße Zwiebel	

1 Ei	100 g Weizenvollkornmehl
1 Prise Salz	Mineralwasser
3 EL Butterschmalz	1 Prise Gelbwurz

Wenn der Teig für die Gemüse-Pakoras mit einem Ei hergestellt wird, ist er bei erhöhtem Pitta nicht zu empfehlen.

Stellen Sie aus Mehl, einem Ei, Salz und Gelbwurz mit ausreichend Mineralwasser einen nicht zu dünnflüssigen Teig her. Das Gemüse wird geputzt, in mundgerechte Stücke geschnitten und in den Teig getaucht. Dann braten Sie die Pakoras im Butterschmalz aus.

Koriander-Chutney

1 Bund Koriandergrün	2 Messerspitzen Koriandersamen
2 Messerspitzen Kreuzkümmel	1/2 grüne Chili
1 EL Kokosraspeln	1 Knoblauch

Für das Koriander-Chutney, das hier mit Kokos hergestellt wird, geben Sie alle Zutaten in einen Blitzhacker und pürieren sie. Eventuell würzen Sie mit Zitronensaft oder säuern mit einem Eßlöffel Joghurt.

Fisch-Pakoras

150 g weißer Zander	1 Zitrone
50 g Kichererbsenmehl	1 Messerspitze Gelbwurz
1 Messerspitze Chilipulver	1 Prise Steinsalz
1 Messerspitze Backpulver	3 EL Butterschmalz

Als süßer Fisch ist der magere Zander bei allen Dosha-Konstellationen geeignet.

Bereiten Sie aus Mehl, Backpulver und den Gewürzen einen Teig, der nicht zu dünnflüssig sein sollte; er muß gut am Fisch haften.
Der Zander wird in längliche Stückchen geschnitten, gesäuert und im Teig gewendet. Dann braten Sie ihn sofort im heißen Butterschmalz aus.
Ein Tip: Für alle Doshas eignet sich auch jeder andere feste Süßwasserfisch; bei erhöhtem Vata können Sie auch Seefisch wie Kabeljau nehmen.

Hühnerbällchen

● ▲ ■

150 g ausgelöste Hühnerbrust	1–2 EL abgetropfter Joghurt
Weizenvollkornmehl	1 cm Galgant
1 gelbe Peperoni	2 Prisen Garam Masala
1 Prise Muskat	1/2 Bund Koriandergrün

Das Hühnerfleisch wird zweimal durch den Fleischwolf gedreht; die Gewürze – außer dem Muskat – und die Kräuter zerkleinern Sie mit abgetropftem Joghurt im Blitzhacker.
Dann mischen Sie alles und bestäuben die Masse zur besseren Festigkeit mit wenig Mehl.
Erst jetzt reiben Sie über dem Teig ein paarmal mit der Muskatnuß über eine kleine Reibe und kneten dann mit kalten, nassen Händen den Teig durch und formen tischtennisballgroße Klößchen.
Die Hühnerbällchen werden im vorgeheizten Backofen auf der mittleren Schiene bei 180° C 15 Minuten gegrillt, wobei sie immer wieder umgedreht und mit Wasser bepinselt werden müssen.
Servieren Sie dazu ein Chutney (Seite 233 ff.).

Huhn ist eine der wenigen Fleischsorten, die für alle Doshas geeignet ist. Deshalb werden die Bällchen nicht zu scharf gewürzt und ohne Fett gegrillt; so sind sie allen gut bekömmlich.

Roter Bohnensalat

● ▲

100 g rote Kidney-Bohnen	1 rote Zwiebel
1 Zitrone	2 cm Ingwer
1 grüne Chili	Steinsalz
2 Prisen Gelbwurz	2 Prisen Muskat
1/2 Bund Koriandergrün	

Die Bohnen werden drei bis fünf Stunden eingeweicht, abgebraust und mit dem geriebenen Ingwer, der kleingehackten Chili und den Gewürzen etwa eine Dreiviertelstunde gekocht.
Geben Sie die gewürfelte Zwiebel erst in den letzten fünf Minuten dazu.
Begießen Sie die nicht zu weichen, abgeschütteten Bohnen mit Zitronensaft, und bestreuen Sie sie mit Koriandergrün.

Rote Bohnen gelten als herb und gehören zu den schwerer verdaulichen Hülsenfrüchten; sie sollten für alle nur als Ausnahme auf den Tisch kommen. Die Bohnen eignen sich am ehesten als Vorspeise, um die Verdauung anzuregen. Wollen Sie den Salat bei erhöhtem Pitta essen, lassen Sie Ingwer und Chili weg.

Der süße Karottensalat mit herben Kürbiskernen ist ein idealer Menüauftakt für alle mit zuviel Pitta, aber auch für eine Vata-Dominanz ist er geeignet, zumal die Limone die bei viel Vata so wichtige Säure liefert. Haben Sie erhöhtes Kapha, richten Sie die Vorspeise mit Honig statt mit Zucker an.

Karottensalat

3 Karotten	50 g getrocknete Kokosraspeln
1 milde Chilischote	1/2 TL Kreuzkümmel
1/2 Bund Koriandergrün	1 TL Rohrzucker
1 Prise Steinsalz	1 Limone
1 EL Kürbiskerne	1 EL Sonnenblumenöl

Reiben Sie die geputzten Karotten auf einer feinen Reibe, und mischen Sie sie mit den Kokosraspeln.

Aus Limonensaft, Zucker, Salz und im Blitzhacker zerstoßenen Kürbiskernen rühren Sie eine Paste, die Sie mit dem Gemüse mischen.

Das Sonnenblumenöl wird nun erhitzt, hinein kommen die entkernte und kleingehackte Chili sowie der Kreuzkümmel und die Hälfte des Koriandergrüns. Braten Sie alles unter stetem Rühren eine Minute an, geben Sie dann für zwei Minuten die Karotten-Kokos-Masse dazu, und rühren Sie gut um.

Das restliche Koriandergrün wird frisch abgezupft auf den warmen Salat gestreut.

Scharfer Kohlsalat

1/4 Weißkohl	2 rote Chilis
1/2 rote Paprika	1 rote Zwiebel
1 EL Curryblätter	1/2 TL Kreuzkümmel
1/2 TL Koriandersamen	2 TL Honig
1 Zitrone	2 TL Erdnußöl

Herber Kohl mit scharfen Chilis und etwas süßem Honig mag manchem eine ungewohnte Zusammenstellung sein. Doch bei den Indern ist der Salat beliebt, und er liefert die hauptsächlichen Geschmacksrichtungen, um ein erhöhtes Kapha zu senken. Probieren Sie ihn aus!

Der Kohl wird noch zweimal halbiert, in schmale Streifen geschnitten und in kochendem Wasser zwei Minuten blanchiert.

Die Paprika schneiden Sie ebenfalls in feine Streifen; die Chilis werden entkernt und fein gehackt. Die Zwiebel hobeln Sie in hauchdünne Ringe.

Vermischen Sie zunächst das Gemüse, und gießen Sie dann den mit Honig verrührten Zitronensaft darüber.

Erhitzen Sie das Öl, geben Sie die im Mörser zerstoßenen Gewürze, die Curryblätter und die Chilis für eine Minute hinein, und gießen Sie dann das aromatisierte Öl mit allen Zutaten über den Kohlsalat.

Kichererbsen in Joghurt
 ▲

100 g Kichererbsen	1/2 kleine Gurke
2 Tomaten	3-4 EL abgetropfter Joghurt
1/2 TL Koriander	Steinsalz
weißer Pfeffer	1/2 Bund Minze

Die Kichererbsen werden etwa fünf Stunden eingeweicht, gut gespült und dann mit wenig Salz aufgesetzt und in einer knappen Stunde nicht zu weich gekocht.

In der Zwischenzeit häuten Sie die Tomaten, schälen die Gurke und schneiden das Gemüse in kleine Stückchen.

Den zuvor abgetropften Joghurt mischen Sie mit im Mörser zerstoßenem Koriander, wenig Salz und Pfeffer.

Sind die Kichererbsen weich, kühlen sie auf Zimmertemperatur ab, werden mit dem restlichen Gemüse und dem gewürzten Joghurt zu einer bunten Vorspeise vermischt und mit den kleingehackten Minzblättchen bestreut.

Herbe Kichererbsen sollten Sie bei einer Vata-Dominanz nicht zu oft essen. Das gleiche gilt für die Minze. Mit bitteren Gurken und süß-säuerlichen Tomaten sind diese Hülsenfrüchte für Vata und Pitta reserviert.

Gurken-Raita
● ▲

6 EL Joghurt	1/2 Gurke
Steinsalz	weißer Pfeffer
1 Messerspitze Kreuzkümmel	1/2 TL Fruchtzucker
1/2 Bund Koriandergrün	

Die Gurke wird geschält und fein gerieben; das austretende Wasser gießen Sie ab.

Zerstoßen Sie den Kreuzkümmel mit einigen Pfefferkörnern im Mörser, und rühren Sie alle Gewürze unter den Joghurt. Salzen Sie sparsam.

Dann rühren Sie die Gurkenraspeln und die Hälfte der Korianderblättchen ein. Mit den restlichen Blättern bestreuen Sie das Raita.

Raitas gelten in Indien als kühlend und sind daher eine ideale Speise im heißen Sommer, zur Abkühlung nach großer Anstrengung oder bei Fieber. Sie kühlen den Körper, besonders wenn sie mit Gurken angemacht sind.

Ein Kartoffel-Raita ist allen zu empfehlen. Bei einer Vata- oder Pitta-Dominanz können Sie das Gericht mit einer abgezogenen und kleingeschnittenen Tomate variieren. Leiden Sie an stark erhöhtem Pitta, lassen Sie den Sesam weg.

Kartoffel-Raita
● ▲ ■

2 Kartoffeln	6 EL Joghurt
Steinsalz	weißer Pfeffer
2 Messerspitzen Kreuzkümmel	1 Messerspitze Teufelsdreck
1 TL heller Sesam	1/2 TL Butterschmalz

Kochen Sie Pellkartoffeln, schälen und würfeln Sie sie klein.

Der Kreuzkümmel wird im Mörser mit wenigen Pfefferkörnern zerstoßen und anschließend im heißen Butterschmalz mit dem Teufelsdreck und dem Sesam angebraten.

Die Gewürzmischung gießen Sie in den Joghurt, rühren gut um und salzen sparsam.

Rühren Sie die abgekühlten Kartoffeln in den Joghurt; das Raita wird kühl serviert. Wer mag, streut wenige Minzblätter darauf – bei erhöhtem Vata besser nicht.

Man nehme – aber bitte wieviel am Anfang?

So manches Gewürz ist gewöhnungsbedürftig! Wer mit indischen Gewürzen bislang nicht vertraut war, sollte daher zu Beginn die hier im Buch angegebenen Mengen reduzieren. Nehmen Sie alle aufgelisteten Gewürze und Kräuter, doch von jedem nur eine Messerspitze oder drei, vier Samen.

Haben Sie ein Lieblingsgewürz, dann ist es selbstverständlich möglich, davon etwas mehr zu nehmen und von den übrigen eher weniger. Auf diese Weise können Sie auch den Geschmack unbekannter Gewürze ausprobieren.

Die Dosha-Zuordnung ändert sich dadurch nicht! Alle Gewürze sind in jedem Rezept auf die genannten Doshas ausgerichtet; doch wenn einige in kleineren Mengen verwendet werden oder Sie eines fortlassen, weil Sie es nicht mögen oder nicht beschaffen konnten, dann macht das nichts.

Von der Menge der Gewürze ist allerdings ihre Wirkung abhängig. Ingwer, Chili und schwarzer Pfeffer, Senfsamen und Sesam erhöhen Pitta; Vata wird durch Anis und Minze verstärkt. In kleinen Mengen von einer Messerspitze, zwei Prisen, einigen Kräuterblättchen oder einem Teelöffel Körnern können sie aber Ihre Dosha-Dominanz nicht weiter negativ beeinflussen.

Reis verarbeiten
indische Hausfrauen
mit der ganzen Fülle ihrer
Gewürzschränke.

**Aus
Indien** Vegetarisches

D ie Mehrzahl der indischen Hauptspeisen ist vegetarisch; das hat religiöse, teils hygienische und teils finanzielle Gründe.

In heißen, tropischen Gegenden, wo viele Landstriche noch immer auf die Segnungen der Elektrizität und des Eisschranks warten, ist Fleisch kaum haltbar und damit gesundheitsgefährdend. Zum anderen liefern lebende Kühe weit länger nahrhafte Lebensmittel als das Fleisch eines geschlachteten Tieres und sind wichtige Helfer: Sie dienen als Last- und Zugtier, ihr Dung ist Brennmaterial, ihr Urin gilt als Heilmittel, ihre Milch liefert Joghurt, Sahne, Frischkäse, Käse, Butter und Butterschmalz. Letzteres findet längst nicht nur in der Küche Absatz, sondern hilft in kleinen Lampen unzählige Tempel des Landes zu beleuchten.

Somit verwundert es nicht, daß die indische Ayurveda-Küche eine Fülle äußerst schmackhafter vegetarischer Gerichte bereitstellt, die gar nicht schwer zuzubereiten sind. Wer ein größeres Essen mit Gästen oder der ganzen Familie plant, sollte immer ein Dhal – ein Rezept mit Hülsenfrüchten – einplanen.

Alle Hülsenfrüchte – und nichts anderes sind die herzhaften indischen Dhals – besitzen wertvolles pflanzliches Eiweiß und reichlich B-Vitamine. Das ist besonders für Vegetarier wichtig.

Kokosmilch und Kokossahne

Für alle Gerichte mit Kokossauce stellen Sie selbst aus einer frischen Kokosnuß die notwendige Kokossahne her.

Zunächst schlagen Sie mit einem Hammer oder einem breiten Hackbeil die Kokosnuß horizontal in der Mitte auf. Die rohere Methode ist der schwungvolle Wurf auf einen steinernen Fußboden; doch können Sie dabei das auslaufende Kokoswasser kaum auffangen.

Dann lösen Sie mit einem kleinen spitzen Messer stückchenweise das weiße Fleisch von den Innenwänden. Es wird zusammen mit dem Kokoswasser in einem elektrischen Mixer püriert. Das ergibt dickflüssige Kokossahne.

Sie können das ausgelöste Kokosfleisch auch auf einer groben Reibe raspeln und so anbraten oder in eine Sauce streuen. Diese Kokosraspeln passen in viele Gerichte.

Dhal – Rote Linsen
● ▲

150 g rote Linsen	1–2 Tomaten
1 rote Zwiebel	1 EL Butterschmalz
1/2 TL Gelbwurz	1/2 TL Koriandersamen
1/2 TL Kreuzkümmel	Steinsalz
1/2 Bund Koriandergrün	

Das Butterschmalz wird erhitzt, die Koriandersamen und der Kreuzkümmel springen darin, nach einer Minute kommen Gelbwurz und die kleingeschnittene Zwiebel dazu.
Wenn die Zwiebelstückchen goldbraun sind, fügen Sie die Linsen und einen Viertelliter Wasser zu und lassen sie 20 Minuten köcheln.
Erst jetzt wird gesalzen und mit den enthäuteten, gewürfelten Tomaten verfeinert, die Linsen sollen nun nicht mehr kochen.
Mit frischem Koriandergrün bestreut, servieren Sie das Dhal.

Da bei erhöhtem Kapha Tomaten nicht gegessen werden sollten, können Sie sich das Linsengericht ohne die Tomate schmecken lassen. Sie dürfen aber wie bei einer Vata-Dominanz eine Knoblauchzehe mitkochen lassen, dann sollte die Zwiebel wegfallen.

Dhal – Gelbe Mungbohnen
● ▲ ■

150 g gelbe Mungbohnen	1 Zwiebel
2 cm Galgant	1/2 TL Gelbwurz
1/2 TL Mohnsamen	1 Sternanis
weißer Pfeffer	Steinsalz
2 Messerspitzen Mangopulver	2 TL Butterschmalz

Das Butterschmalz wird erhitzt; hinein geben Sie für eine Minute Gelbwurz und Mohnsamen – Vorsicht: Sie spritzen. Anschließend wird die zuvor gewürfelte Zwiebel im gewürzten Öl angebräunt. Dann kommen die gewaschenen Mungbohnen dazu, der Sternanis, der im Ganzen nur mitkochen soll, weißer Pfeffer nach Geschmack und wenig Salz. Gießen Sie so viel Wasser an, daß die Bohnen reichlich bedeckt sind. Lassen Sie alles einmal aufkochen und dann auf mittlerer Flamme köcheln. Den Galgant schneiden Sie in feine Stifte und geben ihn nach zehn Minuten dazu. Die gelben Mungbohnen sind in 30 Minuten weich, dann streuen Sie Mangopulver darüber und servieren mit Safran- oder Tomatenreis – je nach Dosha.

Hülsenfrüchte sind geschmacklich herb. Sie können Vata erhöhen und zu Verdauungsbeschwerden führen. Daher werden sie immer mit verdauungsfördernden Gewürzen zubereitet: Ingwer oder Galgant, Gelbwurz, Kreuzkümmel, Senfsamen.

Dhal – Grüne Mungbohnen

100 g grüne Mungbohnen	2 Knoblauchzehen
1 Zitrone	1/2 TL Garam Masala
1/2 TL Gelbwurz	1/2 TL Kreuzkümmel
1 cm Ingwer	Steinsalz
1 TL Butterschmalz	

Erhitzen Sie das Butterschmalz, und geben Sie den geriebenen Ingwer und die Gewürze bis auf das Salz hinein. Sie braten unter Rühren kurz an.

Nun kommen die in dünne Scheibchen geschnittenen Knoblauchzehen in die Pfanne und nehmen Farbe an. Dann geben Sie die runden grünen Mungbohnen und gut einen Viertelliter Wasser dazu, lassen einmal aufkochen und köcheln die Bohnen in etwa einer Dreiviertelstunde gar. Sie sind dicker als rote Linsen oder gelbe Mungbohnen und brauchen daher länger.

Erst wenn sie fast weich sind, wird gesalzen und mit dem Zitronensaft gewürzt. Wer möchte, kann die Mungbohnen anschließend pürieren. Bei erhöhtem Vata dürfen Sie doppelt soviel Butterschmalz nehmen.

Dhal – Schwarze Linsen

100 g schwarze Linsen	1/2 TL Fenchelsamen
1/2 TL Mohnsamen	weißer Pfeffer
Steinsalz	1 EL Butterschmalz
1/2 Bund Minzblätter	

Im heißen Butterschmalz braten Sie Fenchel und Mohn an; Vorsicht: Die Gewürze springen.

Nach einer Minute, gießen Sie die verlesenen und gewaschenen Linsen und etwa einen Viertelliter Wasser an. Die Linsen sollten gut mit Wasser bedeckt sein. Sie sind in einer halben Stunde weich.

Während die schwarzen Linsen köcheln, salzen Sie sparsam und pfeffern aus der Mühle.

Das Dhal wird mit kleingeschnittenen Minzblättern serviert; bei erhöhtem Vata dürfen Sie statt dessen einen Teelöffel Butterschmalz auf den heißen Linsen zerfließen lassen.

Panir – Spinat mit Frischkäse

150 g Spinat	150 g Frischkäse
1 kleine Zwiebel	1/2 TL Kreuzkümmel
1 cm Ingwer	Steinsalz
weißer Pfeffer	Muskatnuß
1 TL Sonnenblumenöl	

Den Frischkäse haben Sie nach Rezept (Seite 242) selbst hergestellt; der Spinat ist verlesen.

Der nasse Spinat fällt in zwei, drei Minuten in einem heißen Topf mit geriebenem Ingwer und wenig Salz zusammen. Dann lassen Sie ihn abkühlen, pürieren ihn und pfeffern.

Erhitzen Sie jetzt das Öl, braten Sie den Kreuzkümmel unter ständigem Rühren eine knappe Minute an, geben Sie die gewürfelte Zwiebel dazu, und lassen Sie sie Farbe annehmen.

Wird die Zwiebel braun, gießen Sie den Spinat dazu und rühren den Frischkäse vorsichtig unter.

Reiben Sie ganz zum Schluß wenig frische Muskatnuß auf den fertigen Spinat.

In Indien heißen alle Gerichte mit selbstgemachtem Frischkäse Panir. Gerade bei einer vegetarischen Mahlzeit sind sie ein idealer Bestandteil des Menüs. Der säuerliche Frischkäse paßt gut zu dem bitteren Spinat. Muskat und Kreuzkümmel sorgen für eine sanfte Schärfe.

Panir – Erbsen mit Frischkäse

200 g frische Erbsen	150 g Frischkäse
1 TL Curryblätter	1/2 TL Senfsamen
1/2 TL Gelbwurz	1 Messerspitze Teufelsdreck
Steinsalz	1 TL Sonnenblumenöl

Die jungen Erbsen werden ausgepult, abgewogen, gewaschen und mit wenig Salz aufgesetzt. Kochen Sie sie nicht zu weich.

Inzwischen zerstoßen Sie die Curryblätter mit den Senfsamen im Mörser und braten sie im heißen Öl kurz an. Fügen Sie Gelbwurz und Teufelsdreck dazu, und rühren Sie sogleich die Erbsen und den Frischkäse ein. Der Käse soll nur warm werden, nicht aufkochen.

Wer die Curryblätter nicht zerstoßen will, sondern im Ganzen mitkocht, muß sie vor dem Servieren herausfischen.

Süße Erbsen und säuerlicher Frischkäse bilden eine ideale Kombination für erhöhtes Vata. Doch auch bei anderen Dosha-Konstellationen paßt das Gericht mit den scharfen Gewürzen.

Die grünen Okras sind herb im Geschmack; Tomaten dagegen säuerlich und süß – nichts für eine Kapha-Dominanz. Die Gewürze in diesem vegetarischen Hauptgericht sind scharf: Chili und Koriander. Bei einer Vata-Dominanz können Sie noch einen halben Teelöffel Senfsamen an das Gericht geben.

Okras in Tomatensauce

 ●▲

150 g Okras	3 Tomaten
1 Zwiebel	2 TL Butterschmalz
1/2 grüne Chili	Steinsalz
1/2 TL Koriandersamen	1/2 Bund Koriandergrün

Achten Sie beim Kauf von frischen Okras darauf, daß sie sich ganz fest anfühlen, wenn Sie sie eindrücken; die Schale sollte sofort wieder zurückspringen. Kaufen Sie möglichst kleine Okras, die größeren Früchte sondern leicht Schleim ab.

Die Okras werden geputzt, vom Stielende befreit und in einen Zentimeter lange Stücke geschnitten; sehr kleine Schoten können Sie auch im Ganzen anbraten.

Erhitzen Sie das Butterschmalz, braten Sie die Gewürze kurz an, und lassen Sie darin die in Ringe geschnittene Zwiebel braun werden. Mit gehäuteten und gewürfelten Tomaten wird abgelöscht.

Die Okra fügen Sie erst jetzt dazu und lassen sie gut zehn Minuten in der Tomatensauce ziehen. Salzen Sie sparsam, und bestreuen Sie das farblich ansprechende Gericht mit Korianderblättchen.

Weiße Auberginen

■

6–8 weiße Auberginen	2–3 rote Chilis
2 Knoblauchzehen	1/2 TL Koriandersamen
2 Messerspitzen Mangopulver	1 TL Sonnenblumenöl

Weiße wie violette Auberginen gelten in der Ayurveda-Küche als bitter, und tatsächlich enthalten sie auch Bitterstoffe, die bei erhöhtem Kapha heilsam wirken. Scharfe Chilis und scharfer Knoblauch sind passende Begleiter bei diesem Dosha.

Die Auberginen werden gewaschen, vom Stielansatz befreit und geviertelt.

Die Knoblauchzehen schneiden Sie in hauchdünne Scheibchen, die geputzten Chilis in Ringe. Erhitzen Sie das Öl, braten Sie alle Gewürze bis auf das Mangopulver zusammen darin an, bis der Knoblauch Farbe bekommt. Dann geben Sie die Auberginen dazu, decken die Pfanne ab und lassen alles im eigenen Saft eine Viertelstunde schmoren. Die Auberginenviertel sollten noch fest sein.

Erst jetzt streuen Sie das Mangopulver darauf.

Reichen Sie zu dem weißen Gemüse Brotfladen oder Reis, oder servieren Sie es zu einem trockenen Fleischgericht.

Bhaji – Scharfe Pilze

■

150 g Champignons	2 Frühlingszwiebeln
1/2 rote Paprika	1/2 grüne Paprika
2 Knoblauchzehen	2 rote Chilis
1/2 TL Koriandersamen	2 Messerspitzen Gelbwurz
1 Messerspitze Teufelsdreck	1/2 Bund Koriandergrün
1 TL Butterschmalz	

Zuerst müssen die Pilze geputzt, nach Größe geviertelt oder halbiert werden. Die Paprika putzen Sie und schneiden sie in schmale Streifen. Die geputzten Frühlingszwiebeln werden in drei Zentimeter lange Stücke geteilt.
Erhitzen Sie im Butterschmalz die Koriandersamen, bis sie springen, dann rühren Sie Gelbwurz und Teufelsdreck in das Fett und geben kleingehackte Chilis und in hauchdünne Scheibchen geschnittenen Knoblauch dazu. Jetzt kommt das gesamte Gemüse dazu und brät, während Sie rühren. In zehn Minuten ist es gar. Bestreuen Sie das scharfe Gemüse – in Indien Bhaji genannt – mit Korianderblättchen.

Herbe Pilze und scharfe Paprika helfen, ein erhöhtes Kapha zu senken. Gesalzen wird das Gericht nicht, das würde dies Dosha nur unnötig erhöhen oder zuviel Appetit anregen. Gebratene oder gedünstete Frühlingszwiebeln sind süß, die Pilze dagegen herb.

Gemischtes Gemüsecurry

■

1 violette Aubergine	2 rote Paprika
1 Zwiebel	1 Chili
1/2 TL Senfsamen	1/2 TL Gelbwurz
1 Messerspitze Teufelsdreck	1 TL Butterschmalz

Erhitzen Sie Butterschmalz in einem schweren Topf, fügen Sie Senfsamen zu, und lassen Sie die Körner springen. Dann kommen die weiteren Gewürze dazu, und nach einer Minute bräunen Sie die kleingeschnittene Zwiebel darin an.
Die Aubergine wird gewaschen, vom Stielansatz befreit und in größere Würfel geschnitten. Die Paprika müssen Sie waschen, halbieren, von den hellen, inneren Häuten befreien und in Streifen schneiden.
Das Gemüse geben Sie in den Topf und lassen es zugedeckt bei mittlerer Hitze 15 bis 20 Minuten köcheln. Mit frischen Kräutern oder gerösteten Sonnenblumenkernen bestreuen Sie das vegetarische Gericht. Sie können das Gemüse beliebig ergänzen oder andere Sorten auswählen; hier sind der Phantasie keine Grenzen gesetzt.

Paprikas sind leicht scharf, Auberginen gelten im Ayurveda als bitter – eine gelungene Ergänzung, die die mitgekochte, süßliche Zwiebel noch abrundet. Sämtliche Gewürze in diesem Gericht sind scharf.

Kartoffelcurrys sind generell für alle Doshas geeignet; sie sollten stets mit reichlich verdauungsfördernden Gewürzen gekocht werden. Dieses Curry ist für Kapha ungeeignet, weil die Tomaten dies Dosha erhöhen. Bei stark erhöhtem Pitta verzichten Sie auf den Zimt und die Nelke.

Kartoffelcurry

●▲

4 Kartoffeln	2 Tomaten
1 rote Zwiebel	1 grüne Chili
3 grüne Kardamomkapseln	1 Nelke
2 cm Zimt	1/2 TL Fenchelsamen
1/2 TL Kreuzkümmel	1/2 TL Gelbwurz
Steinsalz	1 EL Erdnußöl

Erhitzen Sie das Öl, zerstoßen Sie Nelke und Zimt im Mörser, und geben Sie alle Gewürze sowie die kleingehackte Chili in das Öl. Unter Rühren werden sie angebraten, dann kommt die gewürfelte Zwiebel dazu.

Die geschälten und geviertelten Kartoffeln geben Sie in die Pfanne, wenn die Zwiebel glasig ist. Braten Sie sie an, und löschen Sie dann mit den gehäuteten und kleingehackten Tomaten ab. Sie kochen eine sämige Sauce, in der die Kartoffeln gar ziehen.

Kichererbsen in Maßen belasten alle Doshas nicht allzusehr. Sie sind herb; die Karotte ist süß, der Lauch gilt als bitter. Das sind drei Geschmacksrichtungen in einem Gericht. Bei viel Pitta-Anteil verzichten Sie auf Muskat und Teufelsdreck; dies Dosha wird leider von vielen Gewürzen erhöht.

Kichererbsencurry

●▲■

100 g Kichererbsen	2 Karotten
1 Stange Lauch	2 EL getrocknete Curryblätter
1/2 TL Garam Masala	Muskatnuß
1 Lorbeerblatt	1 Messerspitze Teufelsdreck
Steinsalz	1 EL Butterschmalz

Die Kichererbsen müssen fünf Stunden oder über Nacht eingeweicht werden.

Erhitzen Sie das Butterschmalz, geben Sie Garam Masala und Teufelsdreck für eine Minute in das Fett; dabei müssen Sie ständig umrühren. Dann rühren Sie die in feine Ringe geschnittene Lauchstange und die in Stifte geschnittenen Karotten unter, löschen mit einem Viertelliter Wasser ab und geben die abgetropften Kichererbsen dazu.

Jetzt kommen auch die Curryblätter und der Lorbeer in den Topf; sie kochen mit und werden vor dem Servieren entfernt.

Die Kichererbsen sind nach einer Dreiviertelstunde weich; schmecken Sie ab; manche mögen noch etwas Salz – bei erhöhtem Kapha verzichten Sie besser darauf. Reiben Sie am Ende der Kochzeit mehrmals etwas frisches Muskat auf die Kichererbsen.

Violettes Auberginencurry
▲ ■

2 kleine, violette Auberginen	2 Zwiebeln
40 g Tamarinde	I rote Chili
I cm Galgant	1/2 TL Koriandersamen
I EL geraspeltes Kokosfleisch	I EL Curryblätter
1/2 Bund Koriandergrün	I TL Butterschmalz

Die Tamarinde muß eine halbe Stunde in wenig heißes Wasser eingelegt werden. Dann wird sie gut ausgedrückt; Sie verwenden nur das Wasser.
Braten Sie im Butterschmalz kurz alle Gewürze, den geriebenen Galgant und das Kokosfleisch an. Nach einer Minute fügen Sie die gewürfelten Zwiebeln dazu; sie sollen mäßig braun werden. Anschließend wird die Masse mit wenig Tamarindenwasser im Blitzhacker püriert.
Setzen Sie die in große Würfel geschnittenen Auberginen mit der Gewürzpaste und dem restlichen Tamarindenwasser in einem Topf auf, lassen Sie einmal aufkochen, und köcheln Sie das Gemüse dann in etwa einer Viertelstunde weich.
Die Auberginen werden mit Korianderblättchen bestreut.

Auberginen gelten im Ayurveda als bitter. Scharfe Gewürze wie Galgant, Chili, Koriander runden das Curry geschmacklich mit dem süßen Kokos ab. Sitzen ausschließlich Personen mit erhöhtem Kapha am Tisch, können Sie noch einen halben Teelöffel Senfsamen verwenden.

Kokoscurry mit Gemüse

I kleiner Blumenkohl	I weiße Zwiebel
2 Kartoffeln	2 Kardamomkapseln
2 Zucchini	I TL Kreuzkümmel
1–2 Karotten	Steinsalz
2 Tassen Kokossahne	

Blumenkohl in Röschen teilen und waschen. Kartoffeln und Zwiebel schälen und in Würfel schneiden. Zucchini und Karotten in schmale Stifte schneiden. Die Kokossahne wird so lange erhitzt, bis sie sich von der weißen sahnigen Konsistenz in gelbes Fett verwandelt hat.
Dann geben Sie die Zwiebelwürfel und Gewürze hinein; 15 Minuten unter Rühren köcheln lassen. Das ganze Gemüse und zwei, drei Eßlöffel Wasser zufügen und weich dünsten. Nach Geschmack bestreuen Sie das Kokoscurry mit frischen Kräutern – Schnittlauch, Koriander – oder aber Sesamkörnern und servieren mit Reis.

Kokossahne ist außerordentlich nahrhaft; daher eignet sie sich weniger für das Übergewicht produzierende Kapha, wohl aber ist dies ein ausgezeichnetes Gericht – besonders im kalten Winter – bei erhöhtem Vata.

Reis, ganz besonders Basmatireis, werden im Ayurveda kühlende Eigenschaften nachgesagt; er ist für alle Doshas verträglich. Nur bei einer Kapha-Dominanz sollten Sie nicht zu oft und nicht viel Reis essen. Ein Gewürzreis bei erhöhtem Pitta darf Nelken, Muskat, Zimt sowie schwarzen Pfeffer nicht enthalten; nehmen Sie weißen Pfeffer, Kreuzkümmel und Koriandersamen.

Gewürzreis

200 g Reis	2 Zwiebeln
2 Lorbeerblätter	3 Nelken
1 cm Zimt	Muskatnuß
schwarzer Pfeffer	1 TL Butterschmalz

Erhitzen Sie das Butterschmalz, und braten Sie die feingehackten Zwiebeln mit allen Gewürzen an.

Dann rühren Sie den Reis ein und lassen ihn glasig werden. Mit ausreichend Wasser wird abgelöscht. Der Reis muß gut bedeckt sein.

Lassen Sie den Reis auf kleiner Flamme mit den Gewürzen gar ziehen. Vor dem Servieren entfernen Sie Lorbeerblätter, Nelken und das Zimtstück.

Gewürzreis ist eine ideale Beilage zu Dhals und Currys.

Pilau – Gebratener Reis mit Gemüse

200 g Basmatireis	1 Zwiebel
1 Tomate	1 Karotte
1/2 TL Kreuzkümmel	1 cm Zimt
2 Nelken	Steinsalz
1 EL Rosinen	1 EL Haselnüsse
1 EL Butterschmalz	

Reis mit süßen Haselnüssen und Rosinen ist allein bei einem erhöhten Vata angezeigt. Die Nüsse sind für alle andern Doshas zu fett. Bei viel Pitta könnten Sie das Gericht mit Kürbis- oder Pistazienkernen abwandeln. In Indien heißen diese Reisgerichte Pilau.

Braten Sie eine gewürfelte Zwiebel im Butterschmalz an, fügen Sie die im Mörser zerstoßenen Gewürze mit Ausnahme vom Salz zu, und lassen Sie sie eine Minute braten.

Dann rühren Sie den Reis ein, er soll glasig werden. Nun muß mit ausreichend Wasser abgelöscht werden, damit der Reis gut bedeckt ist. Lassen Sie ihn sanft köcheln.

Ist der Reis nach zehn Minuten halb gar, rühren Sie die feingeriebene Karotte und die enthäutete und gewürfelte Tomate ein.

Eventuell müssen Sie noch etwas Wasser nachgießen.

Jetzt wird gesalzen und auch die Rosinen und grob zerstoßenen Haselnüsse kommen zum Reis.

Zitronenreis
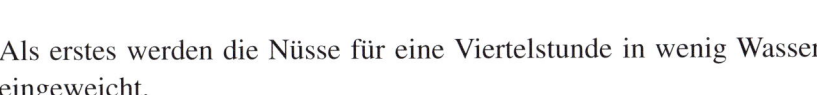

200 g Basmatireis	1 Karotte
10 Cashewnüsse	1 EL getrocknete Curryblätter
1/2 TL Senfsamen	1 Messerspitze Gelbwurz
Steinsalz	1 EL Butterschmalz
2 Zitronen	

Als erstes werden die Nüsse für eine Viertelstunde in wenig Wasser eingeweicht.

Währenddessen kochen Sie den Reis mit einer Prise Salz und dem Gelbwurz sowie einer feingeriebenen Karotte nicht zu weich – etwa zehn Minuten. Dann kühlt er in einer Schüssel ab.

Die eingeweichten Nüsse werden mit den Curryblättern und den Senfkörnern im Mörser grob zerkleinert.

Erhitzen Sie das Butterschmalz, geben Sie Nüsse und Gewürze hinein, löschen Sie mit Zitronensaft ab, und rühen Sie vorsichtig den Reis unter. Er soll noch einmal erwärmt, aber nicht matschig werden.

Der säuerliche, aber durch die Nüsse gleichwohl gehaltvolle Reis ist eine typische Speise bei erhöhtem Vata. Die süße Karotte und die süßen Cashewnüsse verstärken die Süße vom Reis. Der Senfsamen liefert ein wenig Schärfe.

Süßes Gemüse-Biryani

200 g Basmatireis	1 Karotte
1 Zwiebel	70 g Erbsen
1 EL Rosinen	1 EL Mandelstifte
2 cm Ingwer	1 EL Kokosraspeln
Safran	2 EL Milch
1 TL Butterschmalz	

Legen Sie einige Safranfäden als erstes in Milch ein.

Karotte und Ingwer putzen Sie und schneiden sie in streichholzdicke Stifte.

Die Zwiebel wird klein gewürfelt.

Braten Sie im heißen Butterschmalz Zwiebelwürfel, Ingwer, Karotte und Kokosraspeln an, und rühren Sie den Reis ein.

Ist er glasig, löschen Sie mit Wasser ab, würzen mit den eingelegten Safranfäden und geben Erbsen, Rosinen und Mandelstifte dazu.

Der Reis braucht mit dem Gemüse eine knappe halbe Stunde.

Biryanis sind süße Reisgerichte mit Mandeln, Rosinen und Kokosflocken, wobei der Reis in Indien mit Lebensmittelfarbe oder Safran gefärbt ist. Bevorzugen Sie Safranfäden. Bei erhöhtem Pitta nehmen Sie nur wenig Ingwer, bei erhöhtem Kapha reduzieren Sie die Menge der Kokosraspeln.

Gebratene Nudeln mit Gemüse

▲■

150 g asiatische Instant-Weizennudeln	70 g Mangold
1 gelbe Paprika	2 Karotten
1/2 TL Koriandersamen	1 Zwiebel
1 TL Sonnenblumenöl	Safran

Die Nudeln geben Sie in kochendes Wasser, lassen sie nach Packungsvorlage fünf Minuten ziehen und tropfen sie in einem Sieb ab.

Die Safranfäden weichen Sie in einem Eßlöffel warmem Wasser ein und stellen sie beiseite. Während sie ziehen, zerteilen Sie den Mangold in Blätter und waschen ihn. Die Paprika und Zwiebel werden in schmale Streifen geschnitten, die Karotten in dünne Stifte.

Das wenige Öl wird jetzt erhitzt; darin lassen Sie die ganzen Koriandersamen springen. Abgelöscht wird mit den eingelegten Safranfäden. Geben Sie das Gemüse dazu, und lassen Sie es unter Rühren gut zehn Minuten weich dünsten. Jetzt mischen Sie nur noch die Nudeln unter, lassen das ganze Gericht noch zwei Minuten ziehen und können anrichten.

Nach Belieben bestreuen Sie die gebratenen Nudeln mit frischen Kräuter oder Sesamsamen.

Koftas – Tofubällchen

 ▲■

100 g Tofu	50 g rote Linsen
1 Zwiebel	2 Eiweiß
1/2 TL Garam Masala	1/2 TL Kreuzkümmel
1/2 Bund Minze	2 EL Sonnenblumenöl

Schneiden Sie den Tofu in Stücke, und setzen Sie ihn mit den Linsen in ausreichend Wasser auf, so daß alles bedeckt ist. Die Linsen brauchen etwa 20 Minuten, um weich zu werden. Dann pürieren Sie die Masse mit einer geschälten Zwiebel im Blitzhacker, rühren Eiweiß, Gewürze und die Hälfte der Minzblättchen unter und formen mit nassen Händen tischtennisballgroße Klößchen.

Braten Sie die Tofubällchen im Öl aus, und lassen Sie sie auf Küchenpapier anschließend abtropfen. Serviert werden Sie mit den restlichen Minzblättern. Sie passen gut zu Gemüsegerichten und Dhals.

Lammfleisch hat im Norden Indiens seinen festen Platz in der Küche. Doch auch für Rindfleisch und Geflügel finden Sie hier ayurvedische Rezepte.

Indische Fleischspeisen

So wenig wie die heutige Ayurveda-Küche nur mit indischen Gewürzen funktioniert, so wenig besteht die rein indische Ayurveda-Küche ausschließlich aus vegetarischen Gerichten. Sie sind wichtig, da viele Hindus und Buddhisten aus überwiegend religiösen Gründen kein Fleisch anrühren, doch es existieren auch viele Inder, die – zumindest gelegentlich – ein Huhn-, Lamm- oder Rindfleischgericht schätzen. Das ist ganz nach Region und Geldbeutel unterschiedlich.

Klassische Zutaten für ein Currygericht

Indische Currys können auf einem oder mehreren Gemüsen, Eiern, Fleisch, Fisch oder Meeresfrüchten basieren.

Der Geschmack wird im wesentlichen durch die typisch indischen Gewürze bestimmt, von denen etliche aber auch bei uns schon immer verwendet wurden: Bockshornkleesamen, Fenchelsamen, Gelbwurz, Ingwer, schwarzer oder grüner Kardamom, Knoblauch, Koriandersamen, Kreuzkümmelsamen, Lorbeer, Mohnsamen, Muskatnuß, Nelken, Pfefferkörner, Safran, heller oder dunkler Senfsamen, Sternanis, Teufelsdreck (Hing), Zimt, Zucker und natürlich gelbe, grüne oder rote Chilis – entsprechend sind Farbe und Geschmack des Currys, von mild-pikant bis feurig.

Dazu kommen jede Menge frische Kräuter: Bockshornkleeblätter (auch getrocknet), Curryblätter (auch getrocknet), Dill, Knoblauchschnittlauch, Koriandergrün, Minzblätter. Sie werden mitgekocht oder verschwenderisch auf die fertigen Currys gestreut.

Als Bindemittel für die leckeren Saucen nutzen die indischen Hausfrauen und Köche Gemüse wie Karotten, Kartoffeln, Zwiebeln oder Linsen – die z. B. mitkochen und später zerdrückt werden –, Kokosmilch, Nüsse oder Samen, Kürbis- und Melonenkerne. In Nordindien wird gelegentlich auch Sahne verwendet.

Die meisten Currys besitzen neben ihrem eigentlichen Geschmack noch eine säuerliche Note. Sie wird durch Joghurt, Zitronen oder Limonen, Tomaten, grüne Mangos oder aber eingeweichte Tamarinde erzielt.

Herbes Hähnchencurry
▲ ■

250 g Hähnchenbrust	4 kleine weiße Auberginen
2 EL kleine grüne Mini-Auberginen	1 Karotte
1 cm Ingwer	1/2 TL Gelbwurz
1/2 TL Kreuzkümmel	1 EL getrocknete Curryblätter
1/4 l Hühnerbrühe	Butterschmalz

In wenig Butterschmalz braten Sie den geriebenen Ingwer, Gelbwurz, Kreuzkümmel und die feingeraspelte Karotte fünf Minuten an. Jetzt folgt die halbierte Hähnchenbrust, sie wird braun gebraten.
Mit Brühe löschen Sie ab, fügen die geviertelten weißen Auberginen, die grünen im Ganzen und die Curryblätter dazu; sie dünsten in 15 Minuten weich. Die Auberginen müssen noch fest sein.
Vor dem Servieren entfernen Sie die harten Curryblätter.

Dies Rezept mit dem bitteren Gemüse enthält eine der wichtigsten Geschmacksrichtungen für alle mit einer Pitta- oder Kapha-Dominanz. Die Süße der Hähnchenbrust mildert das Gericht. Bei stark erhöhtem Pitta nehmen Sie weniger Ingwer.

Mildes Hähnchencurry mit Joghurt
● ▲ ■

250 g Hähnchenbrust	1 Kartoffel
1 Karotte	1 weiße Zwiebel
1/2 TL Kreuzkümmel	1/2 TL Koriandersamen
1 Kardamomkapsel	2 Prisen Gelbwurz
1 cm Galgant	4 EL abgetropfter Joghurt
1/2 Bund Koriandergrün	1 TL Butterschmalz

Zur Vorbereitung putzen Sie das Gemüse und schneiden es in ganz kleine Würfel, auch die Kartoffel.
Die Hähnchenbrust wird in vier gleich große Teile geschnitten.
Das Butterschmalz wird erhitzt. Streuen Sie die im Mörser zerstoßenen Gewürze und den geriebenen Galgant hinein. Sie werden unter beständigem Rühren eine Minute geröstet.
Jetzt kommt das Gemüse in das Fett und muß braun braten.
Anschließend legen Sie das Fleisch auf das Gemüse, gießen zwei Eßlöffel Wasser dazu und lassen alles zusammen abgedeckt eine Viertelstunde auf kleiner Flamme simmern.
Zum Abschluß rühren Sie abgetropften Joghurt unter; das Curry darf nun keinesfalls mehr kochen – sonst würde der Joghurt ausflocken.
Vor dem Servieren wird das Gericht mit Koriandergrün bestreut.

Süße Hähnchenbrust, süße Karotten, mild süß mitgekochte Zwiebeln und wenig herbe Kartoffeln genießen Sie bei jeder Dosha-Konstellation in einer milden säuerlichen Joghurtsauce. Der Galgant gilt als scharf. Hiervon wird keine Dosha-Konstellation negativ beeinflußt.

Gegrillte marinierte Hähnchenbrust

● ▲ ■

2 halbe Hähnchenbrüste	4 EL abgetropfter Joghurt
50 g Tamarinde	1 cm Galgant
1 cm Ingwer	1/2 TL Kreuzkümmel
1 TL Butterschmalz	

Hähnchenfleisch ist für alle Dosha-Konstellationen geeignet; deshalb wurde es hier sanft mariniert und nicht zu scharf zubereitet. Bei erhöhtem Pitta könnten Sie in die Sauce noch süße Kräuter wie Minzblätter oder zerhackte Mandeln rühren. Bei einer Kapha-Dominanz sind eher eine Chilischote, ein paar herbe Borretschblätter oder bitteres Koriandergrün gefragt.

Legen Sie die Tamarinde eine halbe Stunde in wenig heißes Wasser; danach wird sie ausgedrückt. Sie verwenden nur das Wasser.

Verrühren Sie das Tamarindenwasser, den geriebenen Ingwer und Galgant, im Mörser zerstoßenen Kreuzkümmel und den Joghurt.

In diese Marinade legen Sie die auseinandergeschnittenen und noch einmal halbierten Hähnchenbrüste. Sie sollen eine Stunde gut bedeckt ziehen.

Dann nehmen Sie das Hähnchenfleisch aus der Marinade, tupfen es ab und bepinseln es mit Butterschmalz – bei einer Kapha-Dominanz nehmen Sie sehr wenig!

Legen Sie das Fleisch auf den zweitobersten Rost des vorgeheizten Backofens bei 180° C; lassen Sie es von allen Seiten anbraten. Beim Umdrehen bepinseln Sie es erneut.

Parallel gießen Sie die Marinade in einen Topf, kochen einmal auf, drosseln die Hitze und lassen die Marinade sämig einköcheln.

Jetzt zeigt sich auch, was für einen Joghurt Sie genommen haben: Hausgemachter und anschließend abgetropfter flockt beim sanften Köcheln nicht aus, was gekaufter wasserreicher tut. Ist das geschehen, setzen Sie einen Mixstab ein, und schon ist die Sauce glatt und sieht appetitlich aus.

Huhn mit Blumenkohl
▲ ■

200 g Hühnerbrust	1/2 kleiner Blumenkohl
1 Karotte	1 rote Zwiebel
1 Messerspitze Teufelsdreck	2 Kapseln Kardamom
2 Messerspitzen Zimt	1 Prise Muskat
1 TL Butterschmalz	

Das ausgelöste Hühnerfleisch drehen Sie zweimal durch den Fleischwolf oder zerkleinern es im Blitzhacker. Die Zwiebel wird in hauchdünne Scheiben geschnitten, der Blumenkohl in Röschen geteilt. Die Karotte reiben Sie grob.
Erhitzen Sie das Butterschmalz, rühren Sie eine knappe Minute die Gewürze – außer dem Muskat – darin; dann kommen die Zwiebelringe und die Karotte dazu. Hat das Gemüse Farbe angenommen, rühren Sie das zerkleinerte Hühnerfleisch und die Blumenkohlröschen unter, gießen zwei, drei Eßlöffel Wasser an und lassen alles zusammen zugedeckt 20 bis 25 Minuten bei mittlerer Hitze köcheln. Nach der Kochzeit reiben Sie Muskat darüber.

Huhn ist eine für alle Doshas geeignete, leicht süßliche Speise, die aber wie alle Fleischgerichte nicht täglich verzehrt werden soll. Zusammen mit herbem Blumenkohl ist es eine Mahlzeit bei erhöhtem Pitta oder Kapha. Der wenige Muskat und Zimt schaden einem schon erhöhten Pitta hier nicht.

Rindfleisch mit roten Linsen
●

250 g Rindfleisch (Schmorbraten)	100 g rote Linsen
1 Zwiebel	3 Frühlingszwiebeln
2 cm Ingwer	1/2 TL Kreuzkümmel
1/2 TL Koriander	1/2 TL Garam Masala
2 Prisen Steinsalz	1 TL Butterschmalz

Das Fleisch wird in mundgerechte Würfel geschnitten, die Zwiebel geachtelt. Geben Sie alles zusammen mit den Gewürzen und dem geriebenen Ingwer in einen hohen Topf, gießen Sie wenig Wasser an, so daß das Fleisch halb bedeckt ist, und lassen Sie das Rindfleisch eine gute halbe Stunde köcheln.
Schütten Sie nun die gewaschenen Linsen zum Fleisch, und gießen Sie Wasser an, so daß alles knapp bedeckt ist. Die Linsen sind zugedeckt in 20 Minuten weich. Eventuell müssen Sie Wasser nachgießen.
Lassen Sie das Butterschmalz in einer Pfanne heiß werden, und braten Sie die in feine Röllchen geschnittenen Frühlingszwiebeln darin an. Sie werden mit dem Butterschmalz auf das fertige Gericht gegossen.

Die roten herben Linsen sind die am leichtesten verdaulichen Hülsenfrüchte, deshalb werden sie hier einmal mit süßem Rindfleisch kombiniert. Ein Vata-Gericht, das dank der Gewürze nicht zu schwer im Magen liegt.

Rindfleisch-Biryani

200 g Rinderfilet	100 g Basmatireis
4 EL abgetropfter Joghurt	2 Knoblauchzehen
2 Nelken	2 Kardamomkapseln
1/2 TL Kreuzkümmel	1 cm Ingwer
Safran	1 EL Rosenwasser
2 TL Butterschmalz	(aus der Apotheke)

Für alle, die ihren Fleisch-konsum drosseln möchten, sind Reisgerichte wie dieses Biryani ideal. Das süße Rindfleisch beherrscht zwar den Geschmack, doch die Fleisch-portion ist klein. Knoblauch, Nelken, Kreuzkümmel und Kardamom sind alle scharfe Gewürze.

Das Fleisch wird in Stücke geschnitten und im Joghurt eine Stunde mariniert. Hacken Sie den Knoblauch, reiben Sie den Ingwer.
Erhitzen Sie das Butterschmalz, braten die Gewürze außer Salz an und löschen mit dem Joghurt ab. Lassen Sie alles einkochen.
Dann gießen Sie einen Achtelliter Wasser an, legen die Fleischstücke hinein und schütten den gewaschenen Reis darauf. Gewürzt wird mit einigen Safranfäden, die mitkochen und das Gericht gelb färben.
Zugedeckt gart alles in einer halben Stunde. Schauen Sie gelegentlich nach, ob das Gericht ausreichend Flüssigkeit hat.
Vor dem Servieren träufeln Sie das Rosenwasser darauf.

Kardamom-Lamm

250 g Lammfilet	2 Knoblauchzehen
2 Tomaten	1 rote Chili
1/2 TL Kreuzkümmel	2 cm Ingwer
4 grüne Kardamomkapseln	Steinsalz
1/2 Bund Korianderblätter	2 TL Butterschmalz

Süßes Lammfleisch mit süß-säuerlichen Tomaten wird hier geschmacklich mit scharfen Gewürzen abgerundet. Die frischen Korianderblättchen helfen wie die Tomaten, viel Vata abzubauen.

Braten Sie den Kreuzkümmel, den geriebenen Ingwer und die entkernte, kleingehackte Chili mit den in dünne Scheibchen gehobelten Knoblauchzehen im Butterschmalz an. Hat der Knoblauch Farbe angenommen, geben Sie das in Stücke geschnittene Lammfleisch dazu. Erst wenn das Fleisch angebraten ist, wird gesalzen und mit enthäuteten und gewürfelten Tomaten abgelöscht. Lösen Sie die Körner aus den Kardamomkapseln, zerstoßen Sie sie im Mörser, und streuen Sie sie in den letzten fünf Minuten der Schmorzeit auf das Lamm.
Dann rühren Sie ein letztes Mal um und streuen die kleingehackten Korianderblätter auf das Fleisch.

Lamm mit Kürbis

●

250 g ausgelöste Lammkeule	150 g Kürbis
2 Tomaten	1 Knoblauchzehe
2 cm Ingwer	1/2 TL Koriander
1/2 TL Kreuzkümmel	2 Prisen Gelbwurz
2 TL Butterschmalz	1/2 Bund Koriandergrün

Das Fleisch schneiden Sie in etwa gleich große mundgerechte Stücke, den Kürbis in kleinere Würfel.

Die Tomaten werden gehäutet und grob gewürfelt; die Knoblauchzehe und der Ingwer müssen geschält und in dünne Scheibchen geschnitten werden.

Geben Sie das Fleisch mit allen Gewürzen in einen hohen Topf, und schütten Sie so viel Wasser an, daß es halb bedeckt ist. Lassen Sie das Lamm zugedeckt eine halbe Stunde köcheln, wobei Sic kontrollieren müssen, ob die Flüssigkeit verdampft. Zum Schluß soll das Fleisch trocken im Topf liegen.

Rühren Sie jetzt das Butterschmalz in den Topf, und braten Sie das weichgekochte Fleisch mit den Gewürzen darin an.

Dann geben Sie die Kürbisstücke und die Tomaten dazu, bedecken sie und lassen alles zusammen noch eine weitere Viertelstunde schmoren. Während der letzten fünf Minuten geben Sie die Hälfte der abgezupften Korianderblätter dazu.

Bestreuen Sie den Lammtopf vor dem Servieren mit den grünen Blättchen.

Süßes Lammfleisch ist allen mit momentan erhöhtem Vata vorbehalten. Süß-saure Tomaten sind da eine passende Beilage; und der Kürbis gibt den sonst seltener empfohlenen herben Geschmack für Vata. Ein Gericht – drei Geschmacksrichtungen.

Vorsicht: Chilis

Es existieren Dutzende verschiedene Chilisorten, und jede hat ihr ganz eigenes Aroma und ihre ganz eigene Schärfe. In der indischen Ayurveda-Küche verwenden Sie am meisten frische grüne und schärfere rote Chilis.

Scharf oder mild?

Wer seinen Magen-Darm-Trakt noch nicht an Chilis gewöhnt hat, sollte gerade am Anfang zurückhaltend sein. Andernfalls könnten Sie ein Verdauungsfeuer entfachen, das ungeahnte Kräfte besitzt. Sie können die Chilimengen verringern oder milderes Paprikapulver dafür einsetzen.

Wer dagegen Schärfe liebt und momentan ein erhöhtes Kapha hat, darf die angegebenen Mengen erhöhen oder besonders scharfe, nämlich die ganz kleinen Chilis, einsetzen. Sie mögen unscheinbar aussehen, doch ihre Intensität ist beachtlich.

Auch bei einer Vata-Dominanz werden scharfe Speisen in der Regel gut vertragen; nur sollten sie seltener auf dem Speiseplan stehen.

Vorsicht bei viel Pitta: Schärfe erhöht die Doshas noch! Deshalb sollten Sie bei erhöhtem Pitta generell sparsam würzen.

Welche Chilis sind die richtigen?

Erhalten Sie keine frischen Chilis, greifen Sie auf getrocknete rote zurück, die Sie im Mörser zerstampfen. Zur Not ist auch einmal Chilipulver zu verwenden; doch ganze, frisch geriebene oder zerstoßene Gewürze sind immer besser als bunter Staub zweifelhaften Alters in Tütchen.

Wollen Sie die Schärfe mildern, lassen Sie eine ganze grüne Chilischote mitkochen und entfernen sie vor dem Servieren. Sie würzt weniger intensiv als kleingehackte Schoten.

Sie können auch lediglich das Öl oder Butterschmalz aromatisieren, indem Sie ein, zwei Minuten eine Chili darin rösten und dann entfernen.

Generell gilt: Die Kerne sind am schärfsten. Lassen Sie sie deshalb eventuell fort, oder benutzen Sie sie erst recht – ganz nach Geschmack und Dosha.

Chilis reizen Haut und Schleimhaut

Wer mit Chilis in der Küche arbeitet, sollte Gummihandschuhe tragen oder anschließend sofort die Hände heiß mit reichlich Seife waschen. Andernfalls kann ein unbeabsichtigter Griff in die Augen oder an die Nase langanhaltendes Brennen auslösen.

Schalentiere lassen das Herz internationaler Gourmets höher schlagen. Aus der Ayurveda-Küche kommen dazu interessante Rezepte.

Indische Fischgerichte und **Meeresfrüchte**

Fischgerichte sind besonders in Südindien und auf Sri Lanka beliebt. Denn hier wird er täglich frisch gefangen. Fisch und Meeresfrüchte werden als milde und scharfe Currys, mit Kokossauce, verschiedenen Gemüsen, reichlich Gewürzen und natürlich frischen Kräutern gedünstet oder mariniert gegrillt.

Wählen Sie die Fischsorten nach Ihrem aktuellen Angebot. Sie werden kaum aus indischen Gewässern stammende bekommen; aber das ist auch nicht notwendig. Statt des in Asien so beliebten Pomfred oder Red Snapper nehmen Sie eine Scholle oder Seezunge.

Nur achten Sie darauf, daß allein bei einer Vata-Dominanz Seefisch erlaubt ist. Ist Vata eher niedrig und Pitta und/oder Kapha erhöht, weichen Sie auf Süßwasserfische oder Shrimps aus.

Fischfilet mit Koriander

●■

250 g Süßwasserfischfilet	1 Zitrone
2 cm Ingwer	1 cm Galgant
1 EL Mohnsamen	1/2 TL Korianderkörner
2 Knoblauchzehen	1 Bund Koriandergrün
3–4 EL abgetropfter Joghurt	1 TL Senföl

Im heißen Öl lassen Sie Koriander- und Mohnsamen eine halbe Minute springen, dann reiben Sie Ingwer, Galgant und Knoblauch daran und rühren etwa zwei Minuten.
Löschen Sie mit der Zitrone ab, und legen Sie die gewaschenen und abgetrockneten größeren Fischfiletstücke in das aromatisierte Öl. Sie werden von beiden Seiten je zwei Minuten angebraten.
Danach drosseln Sie die Hitze, geben die winzig klein gehackten oder pürierten Kräuterblätter dazu und rühren den Joghurt vorsichtig unter. Der Fisch soll dabei ganz bleiben.

Süßer Fisch, süß-scharfer Mohn, der nicht nur Geschmack liefert, sondern auch die Sauce bindet, und bitteres Koriandergrün vereinen sich hier zu einer geschmacklichen Vielfalt, die für alle Dosha-Konstellationen paßt.

Fischkokoscurry

250 g Süßwasserfischfilet	1 Kokosnuß
1 Karotte	1 Fenchel
1 Zwiebel	2 cm Ingwer
1/2 TL Gelbwurz	1/2 TL Fenchelsamen
1 Gewürznelke	2 cm Zimtstange
2 grüne Kardamomkapseln	1–2 grüne milde Chilis
1/8 l Gemüsebrühe	

Aus der Hälfte vom Kokosfruchtfleisch und allen Gewürzen bereiten Sie mit dem Kokoswasser eine homogene Paste im elektrischen Blitzhacker. Ingwer und Karotte werden in dünne Stifte geschnitten; Fenchel und Zwiebel gewürfelt.
Nun erhitzen Sie die Kokospaste so lange, bis das Fett austritt und die Farbe gelblich wird. Dann geben Sie das Gemüse hinein, lassen es unter Rühren anbraten und löschen mit etwas Gemüsebrühe ab. Lassen Sie die Flüssigkeit auf die Hälfte einkochen.
Erst jetzt legen Sie den in gleich große Stücke geschnittenen Fisch in die Kokossauce und lassen ihn in etwa sieben bis zehn Minuten bei sanfter Hitze gar ziehen.

Ein mildes Fischkokoscurry eignet sich gut für ein erhöhtes Vata. Ingwer, Nelken, Zimt und Chili bringen angenehme Schärfe; der Fenchel und die Karotte unterstützen die Süße des Fischs. Bei erhöhtem Pitta kochen Sie das Curry mit anderen Gewürzen: weißem Pfeffer, Fenchelsamen, Koriandersamen, Kardamom und Kreuzkümmel.

Fisch mit Senfsamen

●■

150 g Süßwasserfisch	100 g ausgelöste Shrimps
1 Karotte	1 Zwiebel
1 Kartoffel	1 Zitrone
2 cm Ingwer	1/2 TL Gelbwurz
1/2 TL heller Senfsamen	1 grüne Chili
Safran	2 TL Senföl

Einige Safranfäden weichen Sie für eine halbe Stunde in einem Eßlöffel heißem Wasser ein. Karotte, Kartoffel und Zwiebel werden in kleine Würfel geschnitten. Den Ingwer schneiden Sie in dünne Stifte. Nun braten Sie als erstes Gelbwurz, Chili und Senfsamen im heißen Öl eine halbe Minute an; dann kommen das Gemüse und der Ingwer mit dazu, und alles wird unter fleißigem Rühren braun gebraten.
Löschen Sie mit Zitronensaft ab, gießen Sie die Safranfäden mit Einweichwasser an, und lassen Sie das Ganze zusammenköcheln.
Dann legen Sie die in mundgerechte Stücke zerschnittenen Fischfilets und die ausgenommenen Shrimps auf die Senfsauce, decken sie zu und lassen sie bei mittlerer Hitze in zehn Minuten gar ziehen.

Süßwasserfisch und Shrimps gelten als süßlich und sind für alle Dosha-Konstellationen zu empfehlen. Die Zubereitung der Senfsauce ist trotz der einen im Ganzen mitgekochten Chili mild, und die Karotte spendet zusätzliche Süße. Die herbe Kartoffel, der bitter-scharfe Gelbwurz und der scharfe Ingwer geben zusätzliche Geschmacksnoten. Nur der Senfsamen ist bei erhöhtem Pitta ungünstig.

Fisch in Tamarinde

●▲

250 g Süßwasserfischfilet	1 Zitrone
20 g Tamarindenmus	2–3 Lorbeerblätter
3 Frühlingszwiebeln	1/2 TL Kreuzkümmel
1/2 TL Granatapfelsamen	2 grüne Kardamomkapseln
2 TL Rohrzucker	1 EL Butterschmalz

Die Fischfilets werden gewaschen, in größere Stücke zerteilt, gesäuert und mit Tamarindenmus eingerieben. So ziehen sie eine halbe Stunde. Erhitzen Sie das Butterschmalz, geben Sie Lorbeerblätter, Kreuzkümmel, Granatapfelsamen und Kardamom hinein, und braten Sie die Gewürze unter Rühren an. Mit Wasser löschen Sie ab.
Würzen Sie mit Zitronensaft, Zucker, und legen Sie die Fischstücke hinein. Auch die kleingeschnittenen Frühlingszwiebeln kommen jetzt dazu.
Decken Sie den Fisch zehn Minuten zu, er gart auf der Sauce.

Süß ist eine der zu bevorzugenden Geschmacksrichtungen bei erhöhtem Vata oder Pitta. Das saure Tamarindenmus hilft, Vata zu reduzieren, da bietet sich wenig herbes Gemüse für Pitta an: Blumenkohl oder Brokkoli als Beilage. Die Inder kochen beide Sorten.

Shrimps mit Blumenkohl
▲

200 g ausgelöste Shrimps	1/2 kleiner Blumenkohl
1 Gemüsetomate	1 Zitrone
1 rote Zwiebel	1/2 TL Garam Masala
1/2 TL Koriandersamen	2 Messerspitzen Paprikapulver
1–2 TL Rohrzucker	2 TL Butterschmalz

Das Butterschmalz wird zerlassen, und hinein kommen Koriandersamen, Garam Masala und Paprikapulver. Die Gewürze rühren Sie ständig im Fett. Nach einer halben Minute streuen Sie die in dünne Ringe geschnittene Zwiebel dazu und lassen sie Farbe annehmen. Währenddessen häuten und würfeln Sie die Tomate, putzen den Blumenkohl und teilen ihn in ganz kleine Röschen. Die dickeren Strünke entfernen Sie.
Das Gemüse kommt zu den Gewürzen, und während es sanft köchelt, würzen Sie mit Zucker und Zitronensaft – die Menge hängt vom persönlichen Geschmack ab. Ist der Blumenkohl nach zwölf bis 15 Minuten fast weich, legen Sie die Shrimps auf das Gemüse, decken ab und lassen alles bei kleiner Hitze noch fünf Minuten ziehen.

Süße Shrimps und herber Blumenkohl passen ausgezeichnet bei erhöhtem Pitta; deshalb wird dieses Gericht auch nicht scharf gewürzt. Das würde niemand mit einer Pitta-Dominanz vertragen. Die dritte wichtige Geschmacksrichtung – bitter – bringt der Koriander, der zudem etwas Schärfe besitzt.

Süßlich-scharfe Shrimps
 ▲

250 g ausgelöste Shrimps	20 g Tamarinde
1 TL Palmzucker	1/2 TL Koriander
1/2 TL Kreuzkümmel	2 Messerspitzen Garam Masala
2 grüne Chilis	2 Tomaten
1 EL Curryblätter	1 EL Sonnenblumenöl

Weichen Sie die Tamarinde in drei Eßlöffeln heißem Wasser ein. Sie wird nach einer halben Stunde ausgedrückt.
Erhitzen Sie das Öl, geben Sie die ganzen Chilis, Koriander, Kreuzkümmel und Garam Masala für eine Minute hinein, und rühren Sie kräftig. Dann kommen die gehäuteten und gewürfelten Tomaten, der Zucker und das Tamarindenwasser sowie die Curryblätter dazu.
Lassen Sie alles sämig einkochen, und schmecken Sie ab. Zu süß? Mehr Tamarindenwasser. Zu sauer? Mehr Zucker.
Erst wenn die Sauce fertig ist, legen Sie die Shrimps darauf, decken ab und lassen sie in drei bis fünf Minuten gar ziehen.

Der Palmzucker macht aus den Shrimps eine süßliche, typisch südindische Delikatesse, die sich bei erhöhtem Vata oder Pitta anbietet. Die süß-säuerlichen Tomaten und die saure Tamarindensauce dürfen Sie bei einer Kapha-Dominanz leider nicht genießen.

Scharfe Masala-Langusten
■

2 ausgelöste Langusten	2 rote Chilis
2 Knoblauchzehen	2 cm Ingwer
1/2 TL Garam Masala	1/2 TL Anissamen
2 Messerspitzen Mangopulver	2 EL abgetropfter Joghurt
3 Stengel Koriandergrün	1 TL Butterschmalz

Rote Chilis in der Verbindung mit scharfem Knoblauch, Ingwer und einer kräftigen Dosis Garam Masala vertragen Sie nur gut bei einer Kapha-Dominanz. Die Langusten an sich sind süßlich. Zum Schluß aufgestreutes Mangopulver gibt dem Gericht den unvergleichlichen Geschmack.

Erhitzen Sie das Butterschmalz; braten Sie zuerst die Anissamen an, dann geben Sie Garam Masala, dünne Knoblauchscheibchen und entkernte, in Streifen geschnittene Chilis sowie Ingwerstreifen dazu. Rühren Sie zwei Minuten lang alles gut in der Pfanne.
Löschen Sie mit zwei, drei Eßlöffeln Wasser ab.
Drosseln Sie die Hitze, rühren Sie den abgetropften Joghurt unter, und legen Sie das ausgelöste Langustenfleisch hinein. Zugedeckt soll der Fisch fünf Minuten ziehen; dann ist er gar. Servieren Sie die Langusten mit aufgestreutem Mangopulver und Korianderblättchen.

Krebsfleisch in Kokoscreme
 ●▲

200 g ausgelöstes Krebsfleisch	1 Kokosnuß
2 Tomaten	1 Karotte
1 Zitrone	2 Messerspitzen Gelbwurz
1 grüne Chili	1 cm Galgant
1 cm Ingwer	1/2 TL Koriander

Genießen Sie alle süßen Kokosgerichte aus dem Süden Indiens und von der Insel Sri Lanka, wenn Sie gerade ein erhöhtes Vata oder Pitta haben. Die Säure der Zitrone mildert etwas die dominierende Süße; Ingwer und Chili sorgen für leichte Schärfe. Bei erhöhtem Vata könnten Sie noch leicht salzen. Für alle mit sehr hohem Pitta-Anteil empfiehlt es sich, sparsam mit Ingwer umzugehen.

Die Kokosnuß wird ausgebrochen; Sie benötigen die Hälfte vom weißen Fleisch. Trennen Sie es mit einem spitzen Messer heraus, und pürieren Sie es mit dem Kokoswasser, der entkernten Chilischote, Galgant und Ingwer. So entsteht eine homogene Masse.
Die Kokoscreme wird auf großer Flamme so lange erhitzt, bis sie sich vom Weiß ins Gelbliche verfärbt und durchsichtig wird. Dann werfen Sie Korianderkörner hinein und lassen sie springen. Nach zwei Minuten fügen Sie Gelbwurz, die geriebene Karotte und die enthäuteten und gewürfelten Tomaten zu; alles soll zehn Minuten köcheln.
In die sämig gewordene Kokossauce geben Sie das ausgelöste Krebsfleisch für fünf Minuten und schmecken mit Zitronensaft ab.

Reis in allen Variationen und Sorten bietet der indische Subkontinent. Kichadis sind leichte Reisgerichte gegen Magen-Darm-Beschwerden.

Indische Schon-kost Kichadis

Unter dem Namen Kichadi bietet die indische Ayurveda-Küche einige Schongerichte für Kranke und alle, die ihre Verdauungsorgane überstrapaziert haben. Bei leichten Beschwerden sind diese Rezepte besonders als nicht belastende Nachtmahlzeit geeignet; Kranke können sich kurzfristig ausschließlich davon ernähren. Auch für eine leichte Fastendiät sind Kichadis geeignet.

Sie können diese Gerichte mit weiteren Gewürzen und Kräutern variieren. Achten Sie lediglich darauf, daß die Zutaten verdauungsfördernd sind: Bockshornkleesamen, Fenchelsamen, Gelbwurz, Ingwer, Kardamom, Knoblauch, Koriandersamen und -grün, Kreuzkümmel und Kümmel, Senfsamen und Teufelsdreck bieten sich an.

Leiden Sie an bestimmten Symptomen, orientieren Sie sich an den Gewürzbeschreibungen (Seite 76 ff.) oder den Empfehlungen zur Behebung alltäglicher Beschwerden (Seite 288 ff.) und stellen sich mit so ausgewählten Gewürzen oder Kräutern ein individuell heilendes Kichadi zusammen. Die Zubereitung ist stets gleich.

Reis-Mungbohnen-Kichadi

● ▲ ■

100 g Basmatireis	70 g gelbe Mungbohnen
1/2 TL Kreuzkümmel	1/2 TL Fenchelsamen
1/2 TL Koriandersamen	Steinsalz
2 TL Butterschmalz	

Die Gewürze – außer Salz – werden im heißen Butterschmalz angebraten. Dann löschen Sie mit einem guten halben Liter Wasser ab und
schütten Reis und Bohnen dazu.
Lassen Sie das Kichadi eine Stunde leise köcheln; dabei wird sparsam
gesalzen; wird die Masse zu dick, gießen Sie Wasser nach.
Wer mag, kann vor dem Essen noch wenig gemahlenen Koriander dar-
aufstreuen.

Dieses Kichadi hat durch die ausgewählten Gewürze eine kühlende Wirkung auf den Körper und bietet sich im Sommer, bei großer Hitze, aber auch bei Krankheiten mit Fieber oder brennenden Schmerzen an.

Tamarinden-Kichadi

●

100 g Basmatireis	70 g grüne Mungbohnen
1 EL Tamarinde	1/2 TL Senfsamen
1/2 TL Kreuzkümmel	1/2 TL schwarze Pfefferkörner
Steinsalz	2 TL Butterschmalz

Zunächst weichen Sie die Tamarinde in heißem Wasser eine halbe
Stunde ein und drücken sie dann gut aus.
Reis und verlesene Bohnen werden mit Salz in einem halben Liter
Wasser aufgesetzt und in einer Dreiviertelstunde weich gekocht.
In der Zwischenzeit erhitzen Sie das Butterschmalz, geben die Ge-
würze zum Anbraten dazu und löschen mit dem Tamarindenwasser ab.
Gießen Sie die Gewürze mit dem Butterschmalz an die Reis-Bohnen-
Mischung; wer das Gericht sehr säuerlich mag, kann auch die Ta-
marinde mit in den Topf geben. Alles köchelt noch eine Viertelstunde
und ist dann fertig.
Entfernen Sie die Tamarinde vor dem Servieren, und streuen Sie nach
Belieben Koriander- oder Petersilienblättchen darauf.

Das Tamarinden-Kichadi mit seiner säuerlichen Note ist bestens geeignet, um Vata-Störungen wieder auszu-gleichen. Das kann auch für andere Doshas gelten, wenn aktuelle Beschwerden auf eine vorübergehende Vata-Problematik deuten.

Die ayurvedischen Desserts sind nicht immer nur süß: viel frisches Obst wird verarbeitet und manchmal sogar Gemüse oder Gewürze.

Desserts

Der richtige Zeitpunkt für ein Dessert ist der Mittag. Nach dem Ayurveda sollten Sie mittags die Hauptmahlzeit des Tages einnehmen, da zu diesem Zeitpunkt die Verdauungskraft am stärksten ist. Doch wird das an Wochentagen für alle Arbeitenden kaum möglich sein, denn zum einen fehlt die Zeit, zum anderen arbeitet man mit vollem Bauch nur mühsam weiter. Verschieben Sie daher mehrgängige Mittagessen mit Dessert auf die Wochenenden. Schwer, fett und sehr süß dürfen die Ayurveda-Desserts nie sein; sie sollten klein ausfallen und leicht sein: Ein Gelee, etwas Joghurt, ein Joghurtdrink, indisch Lassi, bieten sich an. Die gehaltvolleren und süßen Desserts sind am besten bei viel Vata aufzutischen; sie sollten in Miniportionen verzehrt werden. Gries oder Pfannkuchen sind auch allein als kleinere Mahlzeit einzuplanen.

Den gewohnten süßen Happen bauen Sie besser in der Vorspeise mit ein. Dort paßt auch eher frisches Obst hin, denn es ist nicht so leicht zu verdauen und würde am Ende der Mahlzeit auf einem schon gefüllten Magen landen und dort gären, statt problemlos verdaut zu werden.

Eis ist – wie sollte es auch anders sein – eben eiskalt, und das ist in der Ayurveda-Küche nicht erwünscht. Wenn überhaupt, genießen Sie es im Sommer, aber nicht nach einem warmen Essen, sondern besser zwischendurch. Ganz schlecht ist Eis bei Kindern in der Kapha-Lebensphase und bei allen mit erhöhtem Kapha, da dies Dosha von der Kombination Süß-Kalt verstärkt wird.

Ein Wort zum Thema »Käse«

Gleichgültig welche Käsesorte Sie wählen, immer haben Sie sich ein äußerst reichhaltiges, nahrhaftes, kalorienreiches und zudem schwerverdauliches Lebensmittel eingehandelt. Deshalb die Regel: Käse abends nie!

Die heute zur Verfügung stehende Käsevielfalt steht im völligen Gegensatz zur schlechten Verdaulichkeit und den zahlreichen Beschwerden, die ein regelmäßiger, womöglich noch massiver Käseverzehr hervorrufen kann.

Doch trauern Sie deshalb als echter Käsefan nicht: Weich- und Frischkäse in Maßen belasten nicht zu stark, und bei erhöhtem Vata ist ein wenig Käse sogar gesundheitsfördernd, da er ein dominierendes Vata abschwächt. Zudem ist Käse sauer und bietet damit eine der Hauptgeschmacksrichtungen für Vata.

Frische und cremige Käsearten, auch viel Frischkäse, verstärken Kapha. Reifer, harter Käse ist alt und gilt als sauer sowie scharf; er sollte besser gar nicht verzehrt werden.

Süßer Weizengrieß

1 Tasse Weizengrieß	2–3 Tassen Milch
2 EL Mandelstifte	2 EL Zucker oder Ahornsirup
2 EL Mandelöl	

Die Mandelsplitter werden als erstes in wenig Öl angebraten, dann herausgenommen und beiseite gestellt. Den Weizengrieß rösten Sie im verbliebenen heißen Öl langsam braun – ständig rühren!
Die Milch wird erwärmt und dazugegossen; rühren Sie ständig um, so daß sich keine Klümpchen bilden. Ist die Masse homogen, ziehen Sie den Topf vom Herd.
Zucker oder Sirup werden löffelweise untergerührt, sie lösen sich im warmen Weizengrieß allmählich auf.
Mit den angebratenen Mandelsplittern bestreuen Sie den Grieß.
Sie können dieses süße Dessert mit frischem Obst servieren, dann schmeckt es weniger massig.

Der Weizengrieß eignet sich für alle Liebhaber des Süßen bei erhöhtem Vata oder Pitta auch als Frühstück; dann ist säuerliches Obst die ideale Beilage.

Gratinierte Mandarinen

3 Mandarinen	1 Orange
1 Eiweiß	2 EL Kokosraspeln
1/2 Vanillestange	2 EL Fruchtzucker

Die Mandarinen werden filetiert und entkernt, in eine feuerfeste flache Form geschichtet und mit dem Saft einer Orange und der Hälfte der Kokosflocken bestreut.
Schlagen Sie das Eiweiß mit dem Zucker steif, geben Sie das ausgekratzte Vanillemark dazu, und heben Sie die restlichen Kokosflocken unter.
Diese Masse wird auf die Mandarinen gestrichen und im vorgeheizten Backofen bei 200° C zehn Minuten überbacken.
Sie können das Dessert auch mit Orangen-, Clementinen-, rosa Grapefruitfilets oder Rhabarber (nur bei viel Vata!) variieren.

Süßes Obst mit einem Hauch Säure und süße, frische Kokosraspeln sind passend bei viel Vata oder Pitta. Vanille gilt in der Ayurveda-Küche übrigens ebenfalls als süß.

Süße Nektarinen sind an sich für alle gut geeignet; sind sie gerade nicht verfügbar, können sie durch Pfirsiche ersetzt werden. Bei einer Kapha-Dominanz müßten Sie den Zucker durch Honig ersetzen oder ganz auf die Süße verzichten.

Nektarinen mit Zitronenmelisse

2 Nektarinen	1 Orange
1 TL Rohrzucker	1/2 Bund Zitronenmelisse
1 EL Mandelblättchen	

Pürieren Sie die abgezupften Blätter der Zitronenmelisse mit dem Saft einer Orange, und süßen Sie die Sauce mit braunem Rohrzucker.
Die Nektarinen werden gewaschen, entkernt, in dünne Scheiben geschnitten und fächerförmig auf zwei bis drei Eßlöffeln der Sauce ausgebreitet. Bestreuen Sie das Dessert mit den Mandelblättchen.

Scharfer Meerrettich und süßlich herbe Brombeeren gehen hier mit dem süßen Zucker eine eigenwillige Kombination ein. Bei erhöhtem Kapha könnten Sie die Brombeeren mit Honig süßen.

Brombeersülze mit Meerrettich

250 g Brombeeren	100 g Vollrohrzucker
2 EL Joghurt	frischer Meerrettich
Agar-Agar	

Der Zucker wird in einem heißen Topf geschmolzen. Dann geben Sie die Brombeeren dazu, kochen alles unter ständigem Rühren auf und reiben wenig Meerrettich daran – ein gehäufter Teelöffel.
Dann fügen Sie Agar-Agar hinzu, lassen die Masse noch zwei Minuten kochen, ziehen den Topf vom Herd und rühren den Joghurt unter.

Das säuerlich süße Dessert fällt ganz in die Geschmacksrichtung für Vata; aber auch bei erhöhtem Pitta ist es ohne die Nüsse angebracht. Sie könnten eventuell die Zitrone weglassen.

Pfirsich mit Walnußkrokant

2 weiße Pfirsiche	1 Zitrone
1 EL Walnüsse	3 EL Vollrohrzucker
1/2 Vanillestange	

Die Pfirsiche werden in dünnen Scheiben auf einem Teller angerichtet. Beträufeln Sie sie mit dem Saft der Zitrone.
Für den Krokant schmelzen Sie den Zucker mit einem Teelöffel Wasser, geben die zerhackten Walnüsse und das ausgekratzte Mark der Vanillestange dazu, rühren um und gießen die Masse auf ein Blech.
Mit einer Gabel trennen Sie die Walnußstückchen voneinander und lassen den Krokant erkalten. Er wird auf die Pfirsichscheiben gestreut.

Mandarinengelee

4 Mandarinen	1 Kiwi
3 EL Fruchtzucker	Agar-Agar

Pressen Sie die Mandarinen aus, und passieren Sie die Flüssigkeit mit einem Eßlöffel Zucker durch ein Haarsieb. Hier werden die feinen Mandarinenspalten ganz zerdrückt, so daß eine homogene, orangefarbene Flüssigkeit entsteht.
Die Kiwi wird geschält und gewürfelt.
Kochen Sie den Mandarinensaft mit den Kiwistücken einmal auf, geben Sie Agar-Agar nach Anweisung daran, lassen Sie die Masse noch zwei Minuten kochen, und gießen Sie sie dann knapp zwei Zentimeter hoch in eine flache Form.
Ist das Gelee steif, können Sie kleine Würfel von etwa zwei mal zwei Zentimetern ausschneiden, im restlichen Fruchtzucker wälzen und als apartes, leichtes Dessert anbieten.

Süße Früchte wie Mandarinen sind bei erhöhtem Vata und Pitta zu empfehlen, zumal bei beiden Doshas auch die Geschmacksrichtung süß zu bevorzugen ist; ebenso der hier reichlich verwendete Fruchtzucker.
Die Kiwi bereichert das Dessert mit leichter Säure.

Fencheldessert

2 Fenchel	2 rosa Grapefruits
2 EL eingedickter Birnensaft	1 EL Mandelblätter

Den Fenchel putzen Sie und schneiden ihn in schmale Streifen.
Kochen Sie ihn im frisch gepreßten Saft einer Grapefruit weich, nehmen Sie ihn heraus, und köcheln Sie den Saft mit dem süßen, eingedickten Birnensaft ein. Er soll dick wie Sirup werden.
Richten Sie den Fenchel und die Spalten der zweiten Grapefruit abwechselnd auf einem Teller an, übergießen Sie alles mit der eingekochten Sauce, und streuen Sie Mandelblättchen darüber.

Fenchel und Grapefruit wirken harmonisierend auf alle Doshas. Bei einer Vata-Dominanz könnten Sie etwas geschlagene süße Sahne dazu reichen; bei erhöhtem Kapha eignet sich noch ein wenig mitgekochter Ingwer.

Birnen mit Frischkäse
▲ ■

2 Birnen	2 EL Frischkäse
1 EL Joghurt	1/2 TL roter Pfeffer
1/2 Bund Estragon	

Die Birnen werden geschält und vom Gehäuse befreit.
Den Frischkäse verrühren Sie mit dem Joghurt und den feingehackten Estragonblättern. Er wird in den Birnenhälften angerichtet und mit dem zerstoßenen roten Pfeffer bestreut.

Obst mit Sprossen
▲ ■

1 Apfel	1 Birne
1 rosa Grapefruit	1 EL Sonnenblumenkerne
1 EL Rosinen	2 EL Alfalfa-Sprossen
2 EL eingedickter Apfelsaft	

Schälen Sie Apfel und Birne, und schneiden Sie sie in dünne Scheiben. Die Grapefruit wird filetiert.
Gießen Sie den Apfelsaft über die fächerförmig angeordneten Obst-scheiben. Darauf streuen Sie trocken geröstete Sonnenblumenkerne und die Rosinen nebst Sprossen.

Feigenbällchen
●

4 frische Feigen	100 g Kürbiskerne
50 g Kokosraspeln	1 EL Honig

Die Kürbiskerne rösten Sie trocken in einer Pfanne und hacken sie im Blitzhacker fein. Die Feigen werden geschält und mit einer Gabel zer-drückt. Vermischen Sie sie mit den Kürbiskernen und dem Honig.
Mit einem in kaltes Wasser getauchten Teelöffel formen Sie Bällchen (Durchmesser eineinhalb Zentimeter) und wälzen sie in den Kokos-flocken. Die Feigenbällchen schmecken auch nachmittags zum Tee.

Indische Chutneys und
eingelegte Pickles sind
auch hierzulande bekannt
und beliebt. Bereiten Sie
sie selbst zu.

Chutneys und
Pickles

Alle hier vorgestellten Chutneys und Pickles sind einzelnen Doshas zuge-ordnet, doch in Maßen – das heißt ein bis zwei Teelöffel – dürfen sie alle essen. So bekommen Sie am einfachsten die sechs Geschmacksrichtungen ausgewogen auf den Tisch, ohne von den für Sie nicht zuträglichen Richtungen zuviel zu sich zu nehmen. Gehen Sie daher ruhig ge-schmacklich etwas fremd; das lockert die Mahlzeiten auf!

Chutneys sind aus der indischen Küche nicht fortzudenken; und von dort haben die Engländer sie nach Europa gebracht. Die hier aufgelisteten Rezepte sind von der indischen Küche inspiriert, aber nicht immer klassisch asiatische Chutneys. Sie können sie – wie übrigens auch die einge-legten Pickles – zu den indischen Gerichten ebenso servieren wie zu den anderen. Sie schmecken zu Gemüse und Broten, zu Fleisch und Fisch; bei manchen Vorspeisen wie den indischen Samo-sas oder Pakoras sind sie sogar unentbehrlich.

Chutneys aus Indien

Als säuerliche und/oder scharfe Beilagen haben sich Chutneys von Indien aus die Welt erobert; besonders beliebt sind sie seit der Kolonialzeit auch in der englischen Küche. Greifen Sie nicht aus falscher Bequemlichkeit zu gekauften Gläsern, sondern bereiten Sie ein Chutney für sich und all Ihre Lieben selbst zu. Sie werden überrascht feststellen, daß es fast nebenbei entsteht.

Minz-Chutney

4 EL Minzblätter
2 Prisen Steinsalz
1 Orange

1/2 TL Granatapfelsamen
1/2 TL roter Pfeffer

Zerkleinern Sie den Granatapfelsamen und Pfeffer im Mörser, geben Sie die Gewürze mit dem Salz zu den Minzblättern, und zerstoßen Sie alles. Sie können auch alles zusammen im Blitzhacker pürieren.
Die grüne Paste wird anschließend mit dem Saft einer Orange verdünnt. Dies Chutney schmeckt ausgezeichnet zu Fisch und Lamm, aber es paßt auch gut zu hellen Gemüsesorten.

Basilikum-Chutney

4 EL Basilikumblätter
1/2 TL grüner Pfeffer
1 TL Senföl

2–4 Aprikosen
2 Prisen Steinsalz

Ziehen Sie die Aprikosen ab, entkernen Sie sie, und zerdrücken Sie das Fruchtfleisch mit einer Gabel. Würzen Sie mit zerstoßenem Pfeffer und Salz, und zerreiben Sie die Basilikumblätter im Mörser. Dann kommt alles zusammen gut verrührt in ein Glas und wird mit dem Öl übergossen.

Alle Chutneys bestehen aus zerkleinerten Gemüsen und Früchten oder Kräutern mit Gewürzen, Zucker und Öl. Das Öl dient nicht zuletzt der Haltbarkeit; in Indien wird viel Senföl verwendet – doch auch andere Sorten bieten sich geschmacklich an.

Sellerie-Erdbeer-Chutney

1/2 Knollensellerie
1/4 TL Anis
1/2 TL roter Pfeffer
2 EL eingedickter Birnensaft

10–12 Erdbeeren
1/4 TL Senfsamen
1 Zitrone

Kochen Sie den geschälten und kleingewürfelten Sellerie mit den Gewürzen in Birnen- und Zitronensaft weich.
Dann geben Sie vorsichtig die geviertelten Erdbeeren zum Gemüse. Sie sollten sich nicht auflösen!

Fenchel-Himbeer-Chutney
● ▲ ■

2 kleine Fenchelknollen	2 Prisen Steinsalz
mit Grün	I EL Senföl
2 EL Himbeeren	I/4 TL Kreuzkümmel
I/2 TL Fenchelsamen	I EL Kokosraspeln

Die Fenchelknollen werden gewaschen, in ganz kleine Würfel geschnitten, in wenig Wasser weich gedünstet, abgeschüttet und mit den zerstoßenen Gewürzen vermischt.

Nun rühren Sie vorsichtig die frischen Himbeeren und die Kokosraspeln unter, so daß sie sich nicht völlig auflösen. Ein Chutney ist kein Matsch!

Das Öl gießen Sie zum Schluß über das Chutney, es erhöht die Haltbarkeit.

Auberginen-Beeren-Chutney
▲

I violette Aubergine	I Tasse süße Beeren
I Schalotte	I Zitrone
I/4 TL Kreuzkümmel	I/2 Chili
I gehäufter EL Rohrzucker	I EL Sonnenblumenöl
2 Tropfen Sesamöl	

Bewahren Sie Chutneys in einem Schraubglas an einem dunklen, kühlen Ort; es muß nicht der Eisschrank sein. Besitzen Sie weder Keller noch Speisekammer, dann sollten Sie sie eine Stunde vor der Mahlzeit aus dem Eisschrank holen.

Braten Sie die kleingeschnittene Schalotte mit den im Mörser zerkleinerten Gewürzen hell im Sonnenblumenöl an und fügen Sie die geschälte und kleingewürfelte Aubergine hinzu. Lassen Sie sie weich werden. Es tritt schnell Flüssigkeit aus.

Gießen Sie den Saft einer Zitrone zu, und rühren Sie langsam den Zucker und die Beeren unter.

Zum Schluß würzen Sie mit dem Sesamöl.

In einem Schraubglas verschlossen, dunkel und kühl gestellt, hält sich jedes Chutney mehrere Wochen. Wer mehr Öl daraufgießt, sorgt für längere Haltbarkeit.

Karotten-Ananas-Chutney
● ▲

3 mittelgroße Karotten	1/4 Ananas
1 Zitrone	1 EL Sonnenblumenöl
5 Tropfen Walnußöl	1 cm Galgant
1/4 TL Gelbwurz	1/4 TL Kreuzkümmel
2 EL Rohrzucker	

Waschen und bürsten Sie die Karotten, dann werden sie mit Hilfe einer groben Reibe zerkleinert.

Sie braten den geriebenen Galgant und die Gewürze in geschmacksneutralem Sonnenblumenöl an, fügen die Karotten hinzu und löschen mit Zitronensaft ab. Wenn sie halbweich sind, geben Sie die Ananas in kleinen Stückchen mit in den Topf.

Vergessen Sie nicht, mehrfach umzurühren, so wird alles zusammen eine sämige Mischung mit leichtem Biß. Am Ende lösen Sie den Zucker im fast fertigen Chutney auf und geben zur Aromatisierung das Walnußöl dazu. Es bringt eine pikante nussige Note!

Zucchini-Tomaten-Chutney
● ▲

2 kleine Zucchini	3 mittelgroße Tomaten
1 Zitronengrasstengel	1 cm Ingwer
1/2 TL roter Pfeffer	3 Kardamomkapseln
1 TL Mandelöl	2 EL Rohrzucker
1/4 TL Steinsalz	

Holen Sie die Samenkörner aus den Kardamomkapseln, und braten Sie sie mit geriebenem Ingwer und dem Pfeffer im Öl an.

Fügen Sie die grobgeriebenen Zucchini zu, lassen Sie alles weiterbraten, und dann geben Sie die enthäuteten und entkernten Tomatenachtel in den Topf. Mit dem geschälten, helleren Teil des Zitronengrases dünsten Sie das Chutney weich, salzen und rühren den Zucker gut unter. Vor dem Abfüllen müssen Sie das Zitronengras entfernen.

Wer möchte, kann noch einen zusätzlichen Teelöffel Mandelöl im Glas auf das fertige Chutney träufeln; es hält sich dann länger.

Bei einer Vata-Dominanz reiben Sie einen weiteren Zentimeter Ingwer an das Chutney; er würde Pitta allerdings erhöhen.

Wer möchte, kann die Chutneys vor dem Servieren noch mit Mandelsplittern, Sonnenblumenkernen, weißem oder schwarzem Sesam bestreuen – ganz nach Geschmack und Dosha-Dominanz.

Gemüse-Obst-Pickles

1/4 Knollensellerie
3–4 getrocknete Aprikosen
1 Kardamomkapsel

10–14 säuerliche Trauben
1/4 TL Anis
2–3 Orangen

Der Sellerie wird geschält und in kleine Würfel geschnitten.
Die Trauben müssen Sie halbieren und entkernen.
Dann schneiden Sie die Trockenfrüchte in dünne Streifen, mischen Obst und Gemüse, würzen mit zerriebenem Anis und Kardamom und übergießen alles mit dem frisch gepreßten Orangensaft.

Peperoni-Ingwer-Pickles

4 grüne Peperoni
2–3 Zitronen
1 TL grüner Pfeffer

6 cm Ingwer
1/4 TL Steinsalz

Waschen und zerschneiden Sie die Peperoni; dann entfernen Sie Kerne und weiße Häute und schneiden sie in schmale Streifen.
Der Ingwer wird geschält und in hauchdünne Scheibchen geschnitten. Vermischen Sie beides mit dem zerdrückten Pfeffer und dem Salz, füllen Sie es in ein Glas, und gießen Sie Zitronensaft darauf, bis alles gut bedeckt ist.
Lassen Sie die Pickles zwei bis vier Tage ziehen; dann schmecken sie lecker. Sie halten sich mindestens eine Woche.

Frische Vollmilch und
Sahne sind Natur-
produkte, aus denen
Sie spielend selbst Butter,
Butterschmalz, Joghurt
oder Frischkäse
herstellen können.

Milch-
produkte

Ayurvedische Schriften besagen, Milchprodukte sollten maximal dreimal wöchentlich auf dem Speiseplan stehen. Auf die festen Käsesorten verzichten Sie am besten ganz, sie gelten als scharf und sind meist zudem salzig; damit sind sie extrem schwer zu verdauen.

Milch – damit ist hier immer nur Kuhmilch gemeint – an sich gilt als süß; sie ist ein leichtes Nahrungsmittel, das den Körper kühlt. Alle Milchprodukte verringern Pitta. Ayurveda-Ärzte setzen Milch zur Stärkung, bei Schwäche, Abmagerung, Husten und Fieber sowie Durchfall ein.

Milch in Verbindung mit Gemüsen oder Früchten ist nach dem Ayurveda schlecht verträglich. Sie soll weder mit Saurem noch mit Salz getrunken oder verarbeitet werden. Milch wird nicht mit Joghurt vermischt; zum Verdünnen von Joghurt verwenden Sie stilles Mineralwasser.

Mit Joghurt, Sahne oder Quark dagegen können Sie Obst gut verdauen, diese Kombination bietet sich für Vata- und Pitta-Geprägte zum Frühstück und für alle als Vorspeise, Dessert oder als kleine Zwischenmahlzeit an.

Milch

Kaufen Sie Milch am besten direkt beim Bauern, und kochen Sie sie selbst einmal auf. Wenn Ihnen das in der Stadt nicht möglich ist, suchen Sie sich einen Naturkostladen, der naturbelassene Milch verkauft. Bestehen Sie ansonsten auf Vollmilch; verwenden Sie keinesfalls H-Milch – sie enthält keine Nährwerte mehr.

Mit Gewürzen angereichert ist Milch für viele leichter verträglich. Ideal sind Ingwer, Gelbwurz, eine Kardamomkapsel oder Zimt und Vanille in der erwärmten Milch. Probieren Sie auch Lassis, die indischen Joghurtgetränke, aus. Aber trinken Sie Milch und Lassi nicht direkt zu den Mahlzeiten, sondern für sich.

Buttermilch

Ein ideales Getränk für alle Doshas: Buttermilch vermindert Vata, Pitta und Kapha und tut damit jedem gut. Sie wirkt appetitanregend und stärkt. Wer Magen-, Darm- oder Herzbeschwerden hat, sollte regelmäßig Buttermilch trinken.

Buttermilch entsteht bei der Produktion von Butter aus Sahne. Trennen Sie die übrigbleibende Milch von der festgewordenen Butter, so erhalten Sie dünnflüssige, weniger nahrhafte Buttermilch; lassen Sie einen Teil der Butter in der Milch, erhalten Sie eine äußerst gehaltvolle, aber auch fette und für Kapha-Geprägte nicht mehr geeignete Buttermilch. Verwenden Sie frische Buttermilch innerhalb von zwei Tagen; am besten, Sie bewahren sie in einem Steinkrug oder einer Glasflasche auf.

Fette Buttermilch kann bei einem erhöhten Vata und Auszehrung hilfreich sein.

Bei verstärktem Pitta geben Sie Ahornsirup, süße eingedickte Fruchtsäfte oder Fruchtzucker und Rosinen an die Buttermilch. Auch Mandeln bieten sich an.

Ein erhöhtes Kapha kurieren Sie mit scharfer Buttermilch: Rühren Sie einen halben Teelöffel frisch geriebenen Ingwer in ein großes Glas oder einige zerstoßene, grüne Pfefferkörner.

Milch erhält und stärkt den Körper, sie fördert das Wachstum und ist für gesunde Knochen und Zähne unersetzlich. Sie enthält hochwertiges Eiweiß, Kalzium, die Vitamine A und D und liefert leichtverdauliche Milchfette.

Nicht umsonst sind alle Milchprodukte – also auch Butter – sattvisch, das heißt, es sind gute, vollwertige Nahrungsmittel, die häufig auf den Tisch kommen sollten. Milcheiweiß ist wertvoller für die Ernährung als Eiweiß aus Eiern, Fleisch oder Fisch.

Butter und Butterschmalz

Frische Butter gilt als süß und zugleich etwas herb. Sie stärkt und baut auf, vermehrt den Appetit und vermindert Pitta. Außerdem erhöht sie die Gedächtnisleistung sowie die Verdauung. Und Butter leitet Gifte und Schadstoffe aus.

Selbst buttern

Alle selbst hergestellten Lebensmittel sind wertvoller als industriell gefertigte. Das gilt auch für die Butter. Nun mag so mancher denken, daß das Interesse an der Ayurveda-Küche eine Sache ist, selbst buttern aber eine andere. Doch Sie können hier die moderne Technik nutzen, und schon wird die Herstellung von Butter zu Hause ein Kinderspiel! Kaufen Sie 400 Gramm süße Sahne von bester Qualität. Gießen Sie sie in ein hohes Gefäß, nehmen Sie einen Mixstab zur Hand, und nun beginnt das Buttern: Geschlagen wird aus der flüssigen zuerst feste, süße Sahne; wenn Sie jetzt weiter den Mixstab arbeiten lassen, wird die weiße Sahne immer fester, schließlich gelblich und gleichzeitig tritt Flüssigkeit aus. Die Buttermilch trennt sich von der Butter.

In zehn Minuten haben Sie Ihr Ziel erreicht: Die feste Butter hat sich abgesetzt, die flüssige Buttermilch schwimmt oben. Etwa 120 bis 150 Gramm Butter und ein kleines Glas feinste Buttermilch sind das Resultat.

Sie werden feststellen, daß die selbstgemachte Butter lockerer ist als gekaufte. Sie schmeckt cremiger und sahniger, auch lieblicher als die alten Pakete vom Butterberg. Vielen wird die ayurvedische Geschmackseinordnung »süß« jetzt erst einleuchten. Bei einer Vata-Dominanz können Sie selbstgemachte Butter leicht salzen. Zwei Messerspitzen reichen für die Butter aus 400 Gramm süßer Sahne.

Butterschmalz

Butterschmalz – indisch Ghee – vermindert Vata und Pitta, darf aber wie alle Fette nicht von Kapha im Übermaß konsumiert werden. Wie Butter so ist auch das aus ihr gewonnene Butterschmalz süß. Es stärkt und gilt manchen Ayurveda-Anhängern sogar als Aphrodisiakum. In den ayurvedischen Reinigungskuren, dem sogenannten Panchakarma, wird Butterschmalz zur Ausleitung von Schadstoffen und Giften, die sich im Körper – vor allem in den Venen und Arterien – abgelagert haben, erfolgreich eingesetzt.

Wie Sie Butterschmalz einfach selbst herstellen und lagern, erfahren Sie auf Seite 74.

Joghurt

1 l Vollmilch, naturbelassen(!)   3-4 EL Naturjoghurt

Bringen Sie die Milch in einem sauberen Kochtopf zum Kochen, rühren Sie sie ständig um, damit sie nicht anbrennt, und lassen Sie sie auf die Hälfte der ursprünglichen Menge einkochen.

Gießen Sie eine Tasse der eingedickten Milch in ein anderes Gefäß, geben Sie den Joghurt in die Milch, solange sie noch gut warm ist. Rühren Sie die Masse glatt, und gießen Sie erst dann die restliche Milch langsam hinzu.

Stellen Sie den Joghurt zugedeckt an einen warmen Ort (etwa 35° C), z. B. in den Backofen. Der Joghurt muß zum Eindicken etwa sechs bis acht Stunden warm stehen und sollte innerhalb von zwei bis drei Tagen verzehrt werden.

Wer keine Zeit hat, Joghurt selbst herzustellen, greift auf nicht hitzebehandelte Joghurtcreme zurück.

Sie können Joghurt mit Wasser zu einem Joghurtgetränk verdünnen. Rezepte für leckere Joghurtdrinks und indische Lassis finden Sie ab Seite 266.

Joghurt als Beilage

Joghurt ist auch als Beilage zu Gemüse- und Fleisch- oder Fischgerichten geeignet; selbst als Salatsauce ist er vorzüglich! Verrühren Sie den frisch zubereiteten Joghurt mit Gewürzen wie Kümmel, grünem Pfeffer, Zwiebeln oder fein geriebenen Gurken, kleingehackten und enthäuteten Tomaten, Mandelsplittern und Rosinen.

Joghurt ist sauer und wirkt kühlend im Körper.
Er ist reich an Eiweiß, Kalzium und Vitamin B – daher besonders für Kinder und alte Menschen wertvoll. Joghurt ist für alle Doshas verträglich!

Quark

selbstgemachter Joghurt   1 Leintuch

Geben Sie hausgemachten Joghurt – die Menge spielt ausnahmsweise keine Rolle – in ein ausreichend großes Leintuch, binden Sie es oben zu, und hängen Sie es über Nacht zum Abtropfen auf.

Je weniger Joghurt in dem Tuch ist, um so schneller trocknet er aus. Wenn fast das ganze Wasser aus dem Joghurt geflossen ist, haben Sie besten Quark! Lassen Sie ihn nicht älter als zwei bis drei Tage werden. Süß und sauer zugleich ist Quark aus Kuhmilch. Er wirkt im Körper erhitzend und reduziert Vata. Pitta und Kapha vermehrt er etwas.

Frischkäse

1 l Vollmilch, naturbelassen(!)	2 Zitronen

Erhitzen Sie die Milch, und nehmen Sie sie kurz vor dem sprudelnden Kochen von der Platte.

Nun gießen Sie den Saft der ausgepreßten Zitronen in die Milch. Jetzt muß das Eiweiß sichtbar ausflocken und während der nächsten zehn Minuten dick werden.

Eventuell können Sie zur Beschleunigung dieses Vorgangs noch etwas mehr Zitronensaft in die Milch gießen. Anschließend lassen Sie den Frischkäse in einem engmaschigen Sieb über einer Schüssel abtropfen. Sie sollten ihn innerhalb von zwei Tagen verbrauchen.

Wenn Sie dem Frischkäse geschmacklich und farblich eine pikante Note geben möchten, nehmen Sie nur zur Hälfte Zitronen-, zur anderen Hälfte rosa Grapefruit oder Orangensaft.

Wer möchte, kann den Frischkäse in einem sauberen Leintuch stärker ausdrücken, mit den Händen durchkneten, in eine Form drücken und so kalt werden lassen. Anschließend können Sie ihn in Scheiben oder Würfel schneiden, die Sie in Gemüsegerichten mit erwärmen. Beliebt ist in Indien die Kombination mit Spinat.

Frischkäse läßt sich – besonders wenn er ein, zwei Tage alt und etwas ausgetrocknet ist – im Blitzhacker mit etwas Obst oder Gemüse glatt pürieren. Es eignen sich für alle Doshas Aprikosen oder Pfirsiche, bei erhöhtem Vata oder Pitta ist eine enthäutete Tomate angebracht und schmackhaft zugleich.

Die Weiterverwertung des Frischkäses ist ganz Ihrem persönlichen Geschmack überlassen: Gewürze, Kräuter, Obst oder auch Gemüse bieten sich an.

Da Frischkäse in sich die Geschmacksrichtungen süß und sauer enthält, ist er eine optimale Speise für alle mit erhöhtem Vata.

Frischkäse aus Milch und Joghurt

Ein anderes indisches Rezept rät, einen halben Liter Vollmilch zu erhitzen, 125 Gramm Joghurt einzurühren und den Saft von einer halben Zitrone dazuzugießen. Dann wird die Flüssigkeit so lange gekocht, bis sich fest werdender Frischkäse von der Molke absetzt.

Diese Variante ist etwas ergiebiger und fördert mehr Frischkäse zutage.

Frisches Brot, ganz nach dem eigenen Dosha ausgerichtet und mit den Lieblingsgewürzen angereichert, ist die beste kleine Mahlzeit.

Brot
selbst backen

Brote sind in der indischen und ayurvedischen Küche ebenso bekannt wie in der unsrigen – doch in einer anderen Form: In der Ayurveda-Küche kennt man keine Hefe- und keine Sauerteigbrote. Alle indischen Brote werden aus Getreide, Wasser und/oder Milch und eventuell Butterschmalz oder Öl hergestellt. Dazu können Gewürze kommen.

- Die Hefe würde dem Körper unnötig Pilze auflasten, und zudem führt Hefe zu Vata-Störungen.
- Die bei uns bekannten Roggenbrote mit Sauerteig sind vom Getreide her nur bei einer Kapha-Dominanz angeraten, doch gerade Kapha sollte mit Saurem verschont werden.

Die Konsequenz: Sie backen dünne Weizen-, Mais- oder Dinkelfladen schnell und bequem in der Pfanne. Probieren Sie es aus; Sie werden schnell merken, daß es viel leichter geht, als Sie am Anfang vielleicht befürchten. Eine einfache Pfanne genügt völlig!

Maisfladen

150 g Maismehl	1 Tasse Wasser
2 EL Milch	1 TL Butterschmalz

Kneten Sie aus Mehl und Wasser einen dickflüssigen zähen Teig, und arbeiten Sie mit einem Rührgerät die Milch unter.

Lassen Sie Butterschmalz in einer Pfanne heiß werden; geben Sie zwei gehäufte Eßlöffel von dem Teig in das heiße Fett.

Verteilen Sie den Teig gleichmäßig auf dem Pfannenboden, und lassen Sie ihn von beiden Seiten goldbraun werden.

Ayurvedische – und das heißt indische – Brote ohne Hefe gehen in der Pfanne beim Backen auf; Blasen bilden sich, Luft gelangt in den Teig. Das macht sie so bekömmlich und leicht verdaulich.

Bedecken Sie einen rohen Brotfladen mit einem gehäuften Eßlöffel einer Füllung, legen Sie einen zweiten Fladen darüber, drücken Sie die Ränder fest aneinander, und braten Sie ihn in einer schweren Pfanne von beiden Seiten trocken oder mit etwas Butterschmalz braun.

Weizenfladen

150 g Weizenvollkornmehl	1 Tasse Wasser
Butterschmalz	

Das Mehl wird durch ein feines Sieb geschüttet und mit Wasser zu einem trockenen Teig verknetet, der nicht mehr an den Händen klebenbleibt – dazu wird je nach Mehltype unterschiedlich viel Wasser notwendig sein – und sehr gut durchgeknetet. Idealerweise ruht der Teig eine Stunde vor der weiteren Verarbeitung.

Sie formen tischtennisballgroße Kugeln und rollen sie rund aus.

In einer schweren, heißen Pfanne backen Sie die Fladen ohne Fett trocken braun; dabei drücken Sie den Teig immer wieder an den Pfannenboden.

Die fertigen Brotfladen können Sie – z. B. bei einer Vata-Dominanz – mit wenig Butterschmalz bestreichen, übereinanderstapeln und – falls Sie viele herstellen und es bis zum Essen noch eine Weile dauert – im Backofen bei 50° C warm stellen.

Weizen reduziert Pitta, der frische, neue Weizen verstärkt Kapha.

Selbstverständlich können Sie auch den Brotteig salzen: Ein Teelöffel ist für die angegebenen Mengen ausreichend. Allerdings sollten Sie Salz sparsam verwenden, in den Brotfladen ist es nicht unbedingt notwendig. Bei einer Kapha-Dominanz verzichten Sie auf das Salz.

Roggenfladen

■

100 g Roggenmehl	I TL Butterschmalz
Wasser	I EL Sonnenblumenöl

Kneten Sie das flüssige Butterschmalz in das Mehl, und gießen Sie langsam soviel Wasser zu, wie das Mehl aufnehmen kann. Der Teig soll fest und trocken sein.

Formen Sie tischtennisballgroße Kugeln, die Sie auf einem mit Mehl bestäubten Brett dünn ausrollen.

Jetzt werden die Roggenfladen gebacken: Legen Sie einen Fladen in eine heiße Pfanne ohne Fett; er wird von jeder Seite etwa eine halbe Minute gebacken.

Während er braun wird, bilden sich Blasen im Teig. Das macht den fertigen Brotfladen so leicht.

Anschließend geben Sie ihn in eine zweite Pfanne mit wenig Öl. Noch einmal wird er hier von beiden Seiten kurz gebacken.

Gewürzte Erbsmehlfladen

 ● ▲ ■

50 g Erbsmehl	50 g Weizenmehl
2 Prisen Salz	1/4 TL Koriandersamen
1/2 TL grüner Pfeffer	Wasser

Das Mehl wird zusammen in eine Schüssel gesiebt, mit den zerstoßenen Gewürzen vermischt und mit wenig Wasser zu einem leicht knetbaren Teig verarbeitet.

Lassen Sie den Teig unter einem feuchten Tuch eine Stunde ruhen. Dann wird er noch einmal durchgeknetet, in tischtennisballgroße Kugeln geteilt und dünn ausgerollt – etwa zwei Millimeter dick.

Die Erbsmehlfladen backen Sie in einer heißen Pfanne ohne Fett aus. Bei erhöhtem Vata dürfen Sie die fertigen Fladen mit Butterschmalz bestreichen.

Ganz nach Geschmack und Dosha können Sie den Brotteig würzen. Es eignen sich alle Gewürze und Kräuter, die für eine bessere Verdaulichkeit sorgen: Anis, Kümmel, Kreuzkümmel, Oregano, Ingwer...

Dinkel-Kräuter-Fladen
● ▲ ■

50 g Dinkelvollkornmehl	100 g feines Weizenmehl
1 TL Bockshornkleesamen	Steinsalz
Wasser	Sonnenblumenöl

Sieben Sie das Mehl zusammen, mischen Sie es mit den zerstoßenen Bockshornkleesamen, und salzen Sie es sparsam.

Gießen Sie zunächst eine Tasse Wasser zu, verkneten Sie das Mehl zu einem glatten Teig. Sie können mehr Wasser zugießen; doch sollte der Teig nicht dünn werden.

Teilen Sie nun tischtennisballgroße Kugeln ab, und rollen Sie sie rund aus. In einer schweren Pfanne lassen Sie ein bis zwei Tropfen Öl heiß werden und braten die Fladen von beiden Seiten braun.

Dinkel und Weizen gelten als süße Getreidesorten. Bei einer Vata-Dominanz können Sie die Brotfladen dünn mit Butterschmalz bestreichen.

Sie können die leichtbekömmlichen Weizenfladen wie die Inder füllen; das ist nicht schwierig und ergibt mit einem Chutney, Pickles oder einem frischen Salat eine leckere Sommermahlzeit, die Sie am besten mittags genießen.

Gefüllte Brote
● ▲ ■

4 gehäufte EL Weizenvollkornmehl	1/2 Tasse Wasser
1/4 TL Oreganosamen	

Das gesiebte Mehl wird mit der Hälfte des Wassers und den zuvor zerstoßenen Oreganosamen verknetet; geben Sie erst nach und nach mehr Wasser zu, wenn das Mehl es aufgesaugt hat.

Lassen Sie den Teig eine Stunde unter einem feuchten Tuch ruhen; er sollte sich trocken, aber nicht hart anfassen.

Kneten Sie ihn erneut durch, und rollen Sie aus walnußgroßen Bällchen runde Fladen, die in Ihre Pfanne passen.

Für die Füllung bieten sich verschiedenste Gemüsesorten mit Gewürzen oder frischen Kräutern an. Ihrer Phantasie sind Tor und Tür geöffnet.

Ein Tip: Drücken Sie den Fladen in der Pfanne immer wieder mit einer umgedrehten Gabel oder einem Tuch nach unten. Ohne Butterschmalz können Sie die Hitze sehr groß stellen.

Brotfüllungen

Kochen Sie zwei mittelgroße Kartoffeln weich, zerdrücken Sie sie zu einem Brei, und geben Sie einen Teelöffel Koriandersamen und einen Eßlöffel Korianderblätter sowie eine Prise Steinsalz hinzu.

Kochen Sie drei feingewürfelte Karotten und eine Zucchini weich, reiben Sie eine rohe Zwiebel daran, und würzen Sie das Gemüse mit wenig weißem Pfeffer und einem halben Teelöffel Fenchelsamen.

Lassen Sie 150 Gramm tropfnassen Spinat mit einem Teelöffel Sonnenblumenöl in einem Topf auf dem Herd zusammenfallen, drücken Sie ihn aus, und würzen Sie mit Zitronensaft, wenig Steinsalz und grünem Pfeffer.

Mischen Sie vier Eßlöffel selbstgemachten Frischkäse mit einem Bund Schnittlauch, einem halben Teelöffel Selleriesamen und zwei Prisen Steinsalz.

Bereiten Sie ayurvedische Marmeladen und Fruchtmus selbst entsprechend der Dosha-Empfehlungen. Wichtig sind reichlich frische Früchte.

Frucht-
mus
und Marmeladen

Gekaufte Marmeladen ade! Es lebe das Selbstgemachte. Und wenn es so schnell geht wie diese Marmeladen und das in einer Minute pürierte Fruchtmus, dann macht es doppeltes Vergnügen.

Die Ayurveda-Küche nützt Ihnen wenig, wenn Sie einzelne Produkte nach wie vor industriell vorgefertigt kaufen. Das beste ayurvedisch zubereitete Mittagessen und das genau auf Ihr Dosha ausgerichtete Abendessen wird mit der zum Frühstück aufgetischten Fertigmarmelade oder dem Dosen-Tuttifrutti zum Nachtisch zunichte gemacht.

Deshalb erhalten Sie hier extrem schnell und problemlos herzustellende Marmeladen und Fruchtmuskompositionen, die das Selbermachen auf wenige spannende Minuten reduzieren. Alles, was Sie benötigen, ist ein elektrischer Blitzhacker oder Mixer und jede Menge frisches Obst.

Aprikosenmus

8 Aprikosen   1 TL Honig

Waschen und entsteinen Sie die Früchte; sie kommen in einen Blitz-hacker und werden püriert.

Dann verrühren Sie langsam den Honig im Fruchtmus. Das dauert etwas, doch kürzen Sie das Verfahren nicht ab, indem Sie den Honig erhitzen. Er verliert dadurch wichtige Nährstoffe.

Daß Sie in der Ayurveda-Küche ausschließlich kaltgeschleuderten Honig verwenden, sollte selbstverständlich sein. Mit bizarren Industrie-Gaumenkitzeln wie Kunsthonig tun Sie sich und Ihren Lieben nichts Gutes.

Wer mag, kann einige kleingehackte Blättchen Zitronenmelisse zu-fügen; das gibt einen interessanten Geschmack und sieht hübsch aus.

Pflaumenmus

8 blaue Pflaumen   1 TL Rohrzucker

Waschen, schälen und entkernen Sie die Pflaumen; sie werden püriert. Den Zucker geben Sie am besten gleich mit in den Blitzhacker; er löst sich dann besser auf.

Nektarinenmus
● ▲

3 Nektarinen   1 Zitrone
1 TL Rohrzucker

Schälen und entkernen Sie die Nektarinen. Zusammen mit dem Zucker werden sie püriert. Schmeckt das Mus extrem süß, ist etwas Zitronen-saft angebracht. Probieren Sie es aus.

Statt der Nektarinen können Sie auch Pfirsiche verwenden – eine De-likatesse sind weiße Nektarinen oder Pfirsiche, die Sie nur kurze Zeit bekommen. Die Zitrone kann bei den wäßrigeren Pfirsichen wegfallen.

Fruchtmus und Marmeladen mit wenig Zucker und Agar-Agar halten nicht so lange wie mit Gelierzucker Eingemachtes. Kühl gestellt, können Sie Fruchtmus und Marmeladen bis zu drei Wochen aufbewahren.

Kirschmus

250 g dunkle Süßkirschen	I TL Rohrzucker

Waschen und entsteinen Sie die Kirschen – es sollte eine dickfleischige Sorte sein. Wohl dem, der jetzt einen Entsteiner besitzt; ansonsten denken Sie daran, daß der leckere, frische Geschmack die Mühe wettmacht. Die Kirschen werden zusammen mit dem Zucker püriert.
Das Kirschmus schmeckt als Marmelade ebenso gut wie in Verbindung mit Quark, Joghurt oder Frischkäse. Einen Eßlöffel können Sie auch in eine Fleisch- oder Wildsauce einrühren.
Wenn Sie das Kirsch- oder Nektarinenmus bei erhöhtem Kapha essen möchten, müssen Sie den Zucker durch Honig ersetzen.

Feigen-Grapefruit-Mus

5 reife Feigen	I rosa Grapefruit
I TL Rohrzucker	

Die Mengen sind hier ganz bewußt klein gehalten. Da das Mus nicht sehr lange hält, hat es wenig Sinn, viel herzustellen. Zudem dauert die Zubereitung nur wenige Minuten, und vielleicht haben Sie ja auch Lust, parallel mehrere Sorten zur Auswahl zu haben.

Schälen Sie die Feigen so dünn wie möglich; Geiz ist bei diesen edlen Früchten angebracht. Die Grapefruit schälen, entkernen und zerlegen Sie in einzelne Spalten. Dabei müssen alle weißen Häutchen verschwinden.
Zusammen mit dem Rohrzucker kommen die Früchte in einen Mixer und werden püriert.

Melonenmus

1/2 Netzmelone	I EL Pinienkerne
I TL Rohrzucker	

Schälen und würfeln Sie das orangefarbene Melonenfleisch. Es wird zusammen mit dem Zucker im Mixer püriert. Anschließend rühren Sie die Pinienkerne unter. Sie sorgen für einen farblichen Tupfer.

Bananen-Kiwi-Mus

●

3 kleine Bananen   2 Kiwis
1 Orange   1 EL Fruchtzucker

Achten Sie beim Kauf auf die ganz kleinen, nur zehn bis zwölf Zentimeter langen Bananen. Sie erhalten sie in Asienläden. Sie sind wesentlich aromatischer und farbintensiver als die großen, leicht fad nach wochenlangem Aufenthalt im Bauch eines Frachtdampfers schmeckenden Früchte aus der Obstecke im Supermarkt.

Schälen Sie die Bananen und Kiwis, sie werden grob zerkleinert zusammen mit dem Zucker püriert. Sollte die Masse zu zäh sein, können Sie den Saft einer halben Orange unterrühren.

Kinder mögen Bananen-Kiwi-Mus meist pur am liebsten; Sie sollten es aber auch als Marmelade kosten.

Die süßen Bananen dürfen in Kombination mit den säuerlichen Kiwis nur all jene genießen, die eine Vata-Dominanz haben. Die Bananen nähren, die Kiwis sorgen für den appetitanregenden, sauren Geschmack, den Sie bei einer anderen Dosha-Konstellation nicht häufiger essen sollten.

Preiselbeermus

■

100 g Preiselbeeren   1 Orange
1 EL Honig

Waschen Sie die Preiselbeeren gründlich; sie werden dann gleich im Blitzhacker püriert und mit dem Saft einer Orange verdünnt.

Der Honig wird vorsichtig und langsam unter das Mus gerührt; es dauert, bis er sich verteilt und auflöst.

Da Süßes für Kapha nicht gut ist, könnten Sie versuchen, mit weniger Honig auszukommen. Es ist wie so vieles in der Küche eine Geschmacksfrage.

Ayurvedisch als herb eingestuftes Preiselbeermus paßt phantastisch zu bitterem Gemüse, grünen Blattsorten oder süßlichem Wild und Geflügel. Es paßt auch zum Frühstück als Marmelade oder zu Quark.

Die Konsistenz von Obstmus ist so, daß es sowohl zu löffeln als auch zu streichen ist: Dies Mus macht sich als Marmelade auf einer Brotscheibe ebenso gut wie neben Fisch, Hühnchen oder Wild.

Süßes Mangomus
● ▲

2 reife Mangos	I Zitrone
I EL Fruchtzucker	

Schälen Sie die Mangos, und zerkleinern Sie das Fruchtfleisch. Es wird zusammen mit dem Zucker im Blitzhacker püriert und mit dem Saft einer Zitrone verdünnt.

Grünes Mangomus
■

2 unreife Mangos	I Schalotte
I TL grüner Pfeffer	1/2 Bund Schnittlauch

Die Mangos müssen geschält und entkernt werden. Das Fruchtfleisch ist noch sehr fest.

Geben Sie es zusammen mit einer geschälten und geviertelten Schalotte in den Mixer.

Sind die unreifen Mangos püriert, würzen Sie mit grünem Pfeffer und streuen Schnittlauchröllchen darüber.

Unreife grüne Mangos dürfen nur bei einer Kapha-Dominanz verzehrt werden; sie senken überschüssiges Kapha. Deshalb sollte dieses Mangomus nicht süß, sondern eher herzhaft zubereitet werden.

Bei einer Pitta-Dominanz könnten Sie das Mus ohne Zucker ausprobieren; wenn die Mango reif genug ist, schmeckt das Mus ausreichend süß. Reife Mangos reduzieren Vata und Pitta; und der Sage nach sollen sie die sexuelle Potenz erhöhen.

Rhabarber-Erdbeer-Marmelade

500 g Erdbeeren	2 Stangen Rhabarber
2 EL Fruchtzucker	Agar-Agar

Die Erdbeeren werden gewaschen, vom grünen Blattansatz befreit und mit dem Fruchtzucker püriert.
Die Rhabarberstangen schneiden Sie in winzig feine Scheibchen.
Dann wird alles aufgekocht; Agar-Agar nach Gebrauchsanweisung zugegeben und zwei Minuten weitergekocht.

Clementinen-Dattel-Marmelade

700 g Clementinen	6 Datteln
1 cm Ingwer	Agar-Agar

Die Clementinen werden ausgepreßt, die Datteln gewaschen, entkernt und in feine Streifen geschnitten.
Den Ingwer reiben Sie fein und geben einen gestrichenen Teelöffel an die Marmelade.
Dann kochen Sie alles auf, rühren Agar-Agar nach Gebrauchsanweisung unter und lassen alles noch zwei Minuten weiterkochen.

Sie benötigen einen gestrichenen Teelöffel Agar-Agar für 500 Gramm Früchte oder einen halben Liter Flüssigkeit. Messen Sie genau ab, sonst können Sie die Marmelade mit dem Messer schneiden, oder sie läuft vom Brot.

Marmeladen mit Agar-Agar und wenig oder gar keinem Zucker sind nicht so lange haltbar wie herkömmlich mit Gelierzucker hergestellte. Bewahren Sie sie kühl auf, und essen Sie sie keinesfalls mehr, wenn sich Schimmel gebildet hat.

Orangen-Vanille-Marmelade
● ▲

700 g Orangen	I Vanillestange
2 TL Fruchtzucker	Agar-Agar

Pressen Sie die Orangen aus, schneiden Sie die Schale einer garantiert unbehandelten, halben Orange in ganz schmale Streifen. Auf der Innenseite muß die weiße Haut völlig entfernt sein.
Geben Sie diese Orangenstreifen, das ausgekratzte Mark der Vanillestange und den Fruchtzucker zum Saft der Orangen, erhitzen Sie ihn, und fügen Sie Agar-Agar nach Gebrauchsanweisung dazu.
Jetzt muß die Marmelade noch zwei Minuten kochen, dann können Sie sie abfüllen.

Quittenmarmelade
▲ ■

4 Quitten	I EL Rosinen
2 EL eingedickter Birnensaft	Agar-Agar

Wer mag, kann das herbe Quittenmus mit Rosinen auch als Beilage zu Wildgerichten servieren. Es müssen nicht immer Preiselbeeren sein!

Schälen, entkernen, achteln und kochen Sie die Quitten in wenig Wasser weich. Das beansprucht Geduld; wenige Früchte sind so hart wie die Quitten.
Das weiche Fruchtfleisch wird püriert, anschließend mit dem Birnensaft gesüßt und mit Agar-Agar nach Gebrauchsanweisung geliert. Erst dann geben Sie die Rosinen an die Quittenmarmelade.

Ananas-Himbeer-Marmelade
● ▲

250 g Himbeeren	250 g Ananas
3 EL Fruchtzucker	Agar-Agar

Pürieren Sie die Himbeeren und die geschälte Ananas zusammen mit dem Zucker im Mixer.
Das Fruchtmus wird aufgekocht, mit Agar-Agar nach Packungsanweisung geliert und muß noch zwei Minuten kochen. Bei dieser kurzen Kochzeit bleiben die Vitamine erhalten.

Apfel-Birnen-Marmelade

▲ ■

300 g Äpfel	300 g Birnen
1 Zitrone	3 EL eingedickter Birnensaft
1 Sternanis	Agar-Agar

Äpfel und Birnen werden geschält, geachtelt und mit dem Saft der Zitrone im Blitzhacker püriert. Ohne die Zitrone würde das Obst schnell braun werden.
Erhitzen Sie das Obst mit dem Sternanis und dem Birnensaft, geben Sie Agar-Agar nach Gebrauchsanweisung dazu, und lassen Sie die Marmelade noch zwei Minuten kochen.

Die Äpfel und Birnen bekommen in diesem Rezept durch den Sternanis eine ganz neue Geschmackskomponente. Sie können das rohe, pürierte Fruchtmus auch als Dessert genießen – dann vielleicht mit Körnern oder Mandeln darauf.

Bei einer Vata-Dominanz sind Äpfel nicht gestattet; sie könnten eine reine Birnenmarmelade mit Vollrohrzucker kochen.

Johannisbeermarmelade

500 g Johannisbeeren	2 EL Ananassaft
2 EL Fruchtzucker	Agar-Agar

Die Johannisbeeren werden püriert, mit dem Zucker und Saft vermischt und aufgekocht.
Dann geben Sie Agar-Agar nach Gebrauchsanweisung dazu, lassen die Beeren zwei Minuten kochen und haben eine fertige Johannisbeermarmelade.
Die Marmelade läßt sich geschmacklich abwandeln, indem Sie zur Hälfte Johannisbeeren, zur anderen Hälfte frische Ananas nehmen.

Säuerlich süße Johannisbeeren sind ideal bei erhöhtem Vata; sie decken zwei Geschmacksrichtungen für dieses Dosha ab.

Brombeermarmelade

500 g Brombeeren	2 EL eingedickter Birnensaft
2 Nelken	Agar-Agar

Die Brombeeren werden püriert oder durch ein Sieb gestrichen und mit dem Saft gewürzt.

Kochen Sie das Fruchtmus mit den Nelken auf, geben Sie Agar-Agar hinzu, und lassen Sie die Marmelade zwei Minuten kochen.

Vor dem Abfüllen entfernen Sie die Nelken wieder.

Sauerkirschmarmelade

700 g Sauerkirschen	4 EL Fruchtzucker
2 cm Zimtstange	Agar-Agar

Bei einer Vata- oder Pitta-Dominanz dürfen Sie immer etwas Frucht- oder Vollrohrzucker in den Marmeladen verwenden. Bei erhöhtem Kapha ist das nicht gestattet.

Die Sauerkirschen müssen gewaschen und entsteint werden; das macht wenig Freude, falls Sie keinen Entsteiner besitzen. Doch das Resultat ist eine Zierde von so manchem Frühstückstisch.

Pürieren Sie die Kirschen mit dem Zucker, geben Sie die Zimtstange zum Fruchtmus, und erhitzen Sie alles.

Jetzt kommt Agar-Agar nach Gebrauchsanweisung dazu, und nach zwei Minuten Kochen ist die Kirschmarmelade fertig.

Vor dem Abfüllen entfernen Sie den Zimt.

Heidelbeer-Vanille-Marmelade

500 g Heidelbeeren	Agar-Agar
2 EL eingedickter Himbeersaft	I Vanillestange

Die Heidelbeeren waschen und pürieren Sie mit dem Mark der ausgekratzten Vanillestange.

Dann rühren Sie den Himbeersaft unter, erhitzen das Obst, geben Agar-Agar dazu und kochen die Marmelade noch zwei Minuten.

Kiwi-Mandarinen-Marmelade

400 g Mandarinen	200 g Kiwis
4 EL Fruchtzucker	Agar-Agar

Pressen Sie die Mandarinen aus, und schneiden Sie die Kiwis in Würfel. Die Marmelade sieht schöner aus, wenn sie in Stückchen bleiben und nicht püriert werden.
Erhitzen Sie die Früchte mit dem Zucker, geben Sie Agar-Agar nach Gebrauchsanweisung dazu, und lassen Sie die Marmelade zwei Minuten kochen.
Dann wird sie in Gläser abgefüllt.

Säuerliche Kiwis und lieblich süße Mandarinen vereinen in dieser Marmelade zwei hauptsächliche Geschmacksrichtungen für alle Vata-Geprägten.

Heidelbeergelee
▲ ■

400 g Heidelbeeren	1/8 l eingedickter Apfelsaft
3 Prisen Muskat	Agar-Agar

Die Heidelbeeren werden mit dem Apfelsaft aufgekocht, zerdrückt und durch ein sauberes Leinentuch gegossen. Pressen Sie die Früchte darin gut aus, damit der ganze Saft herausfließt.
Würzen Sie mit Muskat, kochen Sie den Saft mit ausreichend Agar-Agar nach Rezept zwei Minuten auf; dann füllen Sie das Gelee in Gläser.

Heidelbeeren sollten Sie bei erhöhtem Pitta oder Kapha genießen. Süße gibt hier allein der eingedickte Apfelsaft. Mögen Kinder die blauen Beeren, dann bieten Sie sie öfter an – sie sind nicht so süß!

Grüne, nicht fermentierte
Teeblätter bieten einen
ganz besonders gesunden
und wohlschmeckenden
Genuß, wenn Sie sie frisch
aufbrühen.

Getränke

Generell gilt in der Ayurveda-Küche: Warmes zu Warmem, Kühles zu Kühlem. Eiskaltes gibt es nicht. Das bedeutet, daß Sie keine kalten Getränke zu warmen Mahlzeiten trinken sollten. Am Anfang mag das eine Umstellung sein, doch die leckeren Tees werden Sie sicher schnell überzeugen. Sie können Früchte- und Kräutertees im Sommer auch lauwarm oder abgekühlt trinken.

Joghurtdrinks, indisch Lassis genannt, sind süße oder säuerliche Getränke, die die Verdauung stärken und deshalb in Indien am Ende einer üppigen Mahlzeit beliebt sind. Im Sommer wirken sie angenehm erfrischend und kühlend.

Sie können die Lassis süß mit Sirup oder Obst anmachen; aber auch scharfe Lassis mit etwas Ingwer oder schwarzem Pfeffer, Kardamom und Kreuzkümmel sind interessante Geschmacksvariationen.

Wichtig: Mischen Sie den Joghurt in der Ayurveda-Küche zur Verdünnung nie mit Milch; immer nur Joghurt mit einem stillen Mineralwasser verdünnen! Das Mischungsverhältnis ist: ein Teil Joghurt, drei Teile Wasser.

Kombinieren Sie Joghurtdrinks möglichst nicht mit Zitrusfrüchten, Fisch, Fleisch oder Eiern. Trinken Sie Lassi nur allein oder nach Gemüse- und Getreidegerichten!

Heißes Wasser
● ▲ ■

Zu den Getränken, die vom Ayurveda besonders empfohlen werden, gehört auch heißes Wasser. Lassen Sie es mindestens zehn Minuten sprudelnd kochen. Praktisch ist es, dieses Wasser täglich frisch zuzubereiten und in einer Thermoskanne warm zu halten.

Sie sollten es bei den Mahlzeiten bevorzugt trinken; es unterstützt die Verdauung und hat zudem null Kalorien. Trinken Sie zusätzlich tagsüber immer wieder ein paar Schluck heißes Wasser; es entschlackt, unterstützt die Verdauung und erleichtert Nieren wie Leber die Entgiftungsarbeit.

Heißes Wasser eignet sich für alle drei Doshas gleichzeitig, denn es repräsentiert alle:

Beim sprudelnden Kochen nimmt das Wasser Luft auf – Vata.

Der flüssige Zustand des Wasser symbolisiert Kapha, das nicht nur aus Erde, sondern auch aus Wasser besteht.

Die Hitze des warmen Wassers steht für Feuer – Pitta.

Ingwerwasser
● ▲ ■

1/2 l Wasser	3 cm Ingwer, frisch gerieben oder in Scheibchen

Kochen Sie das Wasser mit dem Ingwer auf, lassen Sie es 20 Minuten ziehen, und seihen Sie ab. Warm oder kalt trinken Sie das Ingwerwasser täglich.

Sie können das Ingwerwasser auch mit einem gehäuften Teelöffel trockenen grünen Pfeffer oder einem Eßlöffel getrockneten Orangenschalen und zwei Nelken geschmacklich variieren.

Ingwerwasser ist das Getränk für alle von Kapha Geprägten; es gleicht sie aus und beruhigt. Aber auch bei allen anderen Dosha-Konstellationen ist Ingwerwasser ein geeignetes Getränk. Lediglich bei stark erhöhtem Pitta sollten Sie Ingwer nicht zu oft zu sich nehmen.

Ingwer stabilisiert den Kreislauf, heilt Erkältungskrankheiten und hilft allen, die leicht frieren.

Trinken Sie bei erhöhtem Pitta das Wasser – wie auch alle Speisen – nicht zu heiß, andernfalls verstärkt das Wasser Pitta noch. Das gleiche gilt natürlich für alle Tees.

Chai – indischer Milchtee

3 TL schwarzer Tee   I TL frisch geriebener Ingwer
5 TL Zucker   I/2 I Wasser
I/4 I Vollmilch

Ingwer und Zucker erhitzen Sie im Wasser, dann kommt der Tee dazu. Lassen Sie den Chai eine Minute aufkochen, drei Minuten ziehen, dann wird er abgeseiht. Servieren Sie den Tee zusammen mit der erwärmten Milch, im Verhältnis zwei zu eins oder drei zu eins. Sie können den in Indien gern getrunkenen Tee mit Kardamom und Zimt variieren.

Heilpflanzentees für die drei Doshas

Viele Heilpflanzen, die sich zum Aufbrühen für einen leckeren Tee eignen, können Sie bei allen Dosha-Konstellationen genießen: Fenchel, Holunderblüten, Kamille, Pfefferminze, Rosenblüten, Salbei.
Scheuen Sie sich nicht, Heilpflanzen, Kräuter und getrocknete Früchte oder Obstschalen, die Sie mögen und die nach den Tabellen für Ihr Dosha geeignet sind, zu mischen.

Erkältungstee

I EL getrocknete Hagebutten   I TL Honig/Fruchtzucker
oder Orangenschale   2 Kapseln Kardamom
2 Prisen Muskat

Die Mischung wird mit einem Dreiviertelliter Wasser aufgekocht. Lassen Sie den Tee zehn Minuten ziehen. Er eignet sich besonders in der naßkalten Jahreszeit bei Erkältungen.

Erhitzender Gewürztee

2 Kapseln Kardamom
1 EL Orangenschalen
1 cm Zimt

2 Nelken
1 TL grüner Pfeffer

Die Gewürze werden gemahlen und zu gleichen Teilen mit den getrockneten Orangenschalen gemischt. Überbrühen Sie einen halben Teelöffel der Mischung mit einem Viertelliter kochendem Wasser, der Tee zieht drei Minuten und wird dann abgeseiht.
Der Tee hilft besonders gut in der kalten Jahreszeit nach einem langen Spaziergang oder einem unfreiwillig genossenen Regenguß.

Kühlender Pfefferminztee

1 EL Pfefferminzblätter
1 Zitrone oder Orange

1/4 l kochendes Wasser

Überbrühen Sie die ganzen Blätter, lassen Sie sie zehn Minuten ziehen, nehmen Sie sie nicht aus dem Glas oder Becher, und servieren Sie den frischen Pfefferminztee mit wenig Orangen- oder Zitronensaft. Für süße Genießer bietet sich brauner Zucker oder Kandiszucker an – aber nicht bei einer Kapha-Dominanz. Probieren Sie für diesen Tee auch die rote Pfefferminze; sie ist geschmacklich intensiver als die grüne.

Bei erhöhtem Pitta nehmen Sie keinen Honig zum Süßen, sondern Fruchtzucker. Honig ist nur bei einem erhöhten Vata oder Kapha erlaubt; doch sollten Sie bei einer Kapha-Dominanz sehr sparsam süßen.

Malventee

1 EL rote Malve
1 TL Zitronenschalen
1 Nelke

1 TL Orangenschalen
1/2 Stange Vanille

Überbrühen Sie alle Zutaten mit einem Dreiviertelliter kochendem Wasser. Der Tee zieht zehn Minuten. Er kann an kühlen Tagen warm, an wärmeren auch mit Zimmertemperatur getrunken werden – aber nie eiskalt aus dem Eisschrank!

Ayurvedischer Verdauungsaperitif
● ▲ ■

1 EL Kreuzkümmel	3 cm Ingwer
1 l Wasser	

Kochen Sie einen gehäuften Eßlöffel Kreuzkümmel und ein drei Zentimeter langes Stück möglichst ganz jungen Ingwer, den Sie zuvor geschält und in Scheibchen geschnitten haben, in einem Liter Wasser auf.

Lassen Sie die Flüssigkeit 20 Minuten köcheln, gießen Sie sie durch einen Papierfilter oder ein feines Sieb, und halten Sie den Verdauungsaperitif in einer Thermoskanne warm.

Vor dem Essen trinken Sie langsam ein Sherryglas lauwarm bis heiß – ganz nach Geschmack.

Sie können den Aperitif ohne Alkohol gern täglich genießen. Besonders ansprechend ist die intensiv gelbe Färbung des Getränks. So regen Sie die Verdauungssäfte im Körper an und helfen Magen und Darm.

Ingwer-Bananen-Lassi
●

1/4 l Vollmilchjoghurt	3/4 l stilles Mineralwasser
1 Banane	1 cm Ingwer

Die Banane schneiden Sie in Scheibchen, mischen sie mit Joghurt und Wasser sowie dem frisch geriebenen Ingwer im Mixer und trinken es nicht eiskalt (Zimmertemperatur!).

Pfirsich-Lassi
● ▲ ■

1/4 l Vollmilchjoghurt	3/4 l stilles Mineralwasser
2 Pfirsiche	Rosenwasser
Zitronenmelisse	(aus der Apotheke)

Die Pfirsiche werden geschält, entkernt, in kleine Stückchen geschnitten und mit dem Joghurt und Wasser in einem Mixer gemischt. Anschließend rühren Sie ein paar Tropfen Rosenwasser unter und verzieren die Gläser mit Zitronenmelisse.

Sie können statt Pfirsichen auch Nektarinen oder Aprikosen verwenden; sie sind bei allen Dosha-Konstellationen leicht bekömmlich.

Getränke zu einer indischen Ayurveda-Mahlzeit

In Indien ist es generell üblich, den Gästen vor dem Essen Getränke anzubieten. Heute wird auch Alkohol serviert, wobei sich derzeit zunehmend Wein einer allgemeinen Beliebtheit erfreut. Trauben werden in verschiedenen Teilen des indischen Subkontinents angebaut, und besonders der indische Weißwein ist geschätzt.

Direkt vor dem Essen ist ein ayurvedischer, nichtalkoholischer Aperitif (Seite 266) angebracht, da er die Verdauung anfacht. Sie können ihn leicht selbst herstellen und in einer Thermoskanne warm halten, da er nie kalt getrunken wird.

Zum Essen selbst trinken die Inder gewöhnlich gar nichts. In Familien ist nach dem Essen heißes Wasser oder ein zimmerwarmes süßes oder saures Lassi aus Joghurt, Wasser und Früchten oder Gewürzen üblich.

Vor allem kalte Getränke sind ungünstig, da sie neben den warmen Speisen Magen und Darm unnötig irritieren würden. Sie können warmen Tee, Ingwertee, warmes Wasser oder stilles Mineralwasser mit Zimmertemperatur anbieten.

Ausgesuchte Heilpflanzentees für die drei Doshas

Vata ●	Pitta ▲	Kapha ■
scharf und süß, nicht bitter und herb	süß, auch bitter, und herb, nicht scharf	herb und bitter, eventuell scharf, nicht süß
Eibisch, Eukalyptus, frischer Ingwer, Lavendel, Orangenschale, Weißdorn, Zitronengras – mit wenig Honig, Sirup oder Fruchtzucker süßen	Brombeere, Eibisch, Hibiskus, Jasmin, Johannisbeere, Koriander, Wegwarte, Zichorie, Zitrone mit eingedicktem Fruchtsaft oder Fruchtzucker süßen	Brombeere, Eukalyptus, Gewürznelke, schwarze Johannisbeere, Kardamom, Orangenschale, Zichorie – am besten nicht süßen

Fenchel-Lassi mit Kräutern

▲ ■

1/4 l Vollmilchjoghurt	3/4 l stilles Mineralwasser
1/2 TL Fenchelsamen	1 EL grüne Minze

Rühren Sie die süße Minze und den süßen Fenchelsamen unter den Joghurt und das Wasser, mischen Sie alles im Mixer, und trinken Sie den Pitta wie Kapha vermindernden Drink mit Zimmertemperatur.

Mandelmilch

1/2 l Vollmilch
6–8 Mandeln
1/2 Vanillestange

Mandeln enthalten hochwertiges Eiweiß und Öle, die sie gerade für Vata bedeutsam machen. Vegetarier sollten für eine ausgewogene Ernährung nicht auf Mandeln verzichten.

Die Mandeln weichen Sie über Nacht in wenig Wasser ein, ziehen dann die Haut ab und zerstampfen die Mandeln im Mörser.
Die Vanillestange kratzen Sie aus, geben das Mark mit den Mandeln in die Milch, lassen sie einmal aufkochen und trinken sie noch warm.
Die sich beim Milchkochen leicht bildende Haut ist von den meisten nicht geschätzt; indische Ayurveda-Ärzte sagen ihr jedoch eine heilende Wirkung nach.

Ingwer-Honig-Milch

1/2 l Milch	1–2 TL Blütenhonig
1/2 TL geriebener Ingwer	1 Kardamomkapsel

Diese Milch ist besonders bei Erkältungskrankheiten und Verschleimung ideal – typische Probleme bei erhöhtem Kapha. Auch bei Schlafproblemen hilft warme, aromatisierte Milch am Abend.

Die Milch wird erhitzt, mit Ingwer und Kardamomsamen gewürzt und vom Herd genommen.
Den Honig lösen Sie in der noch warmen Milch auf und trinken sie warm.
Wichtig: Honig dürfen Sie nie erhitzen; er verliert sonst seine wichtigen Nährstoffe.

Frucht- und Gemüsesäfte

Bei frisch gepreßten Frucht- und Gemüsesäften sind der Phantasie keine Grenzen gesetzt. Mischen Sie, was Ihnen schmeckt; aber richten Sie sich nach den für Ihr Dosha empfohlenen Sorten. Zum Würzen eignen sich frische Kräuter wie Minze, Zitronenmelisse und bei erhöhtem Vata viel, bei erhöhtem Kapha wenig, bei erhöhtem Pitta gar kein Honig.

Vata: Wassermelone mit Zitrone (Achtung: schwarze Kerne der Melone vorher entfernen!), Papaya mit Orange.
Pitta: Erdbeeren mit Ananas, Himbeeren mit Ananas und Orangen.
Vata und Pitta: Ananas pur oder mit Wassermelone, Himbeeren mit Orange, Bananen mit Orangen, Mango mit Grapefruit, Tomaten.
Kapha: rosa Grapefruit (auch warm mit Honig), Birnen, Kirschen oder Pfirsiche pur.
Pitta und Kapha: Apfel mit Stangensellerie, Kirschen pur.

Karottensaft

1 Pfund Karotten	1/2 TL Sonnenblumenöl
1 TL Honig	

Pressen Sie die gewaschenen Karotten in einer Küchenmaschine aus, geben Sie das Öl dazu, damit der Körper Karotin aus den Karotten aufnehmen kann, und lösen Sie unter Rühren den Honig im Saft auf. Karottensaft mit Honig hilft gegen Verschleimung und tut daher bei Kapha-Beschwerden gut. Doch sollten Sie bei erhöhtem Kapha nicht zu oft zugreifen; Honig und Öl sind nur in ganz kleinen Mengen für Sie erlaubt. Bei erhöhtem Pitta trinken Sie den Karottensaft ohne Honig.

Tomatensaft

1 Pfund Tomaten	2 Prisen Steinsalz
1/2 Bund Basilikum oder	Schnittlauch 1 TL Rohrzucker

Überbrühen Sie die Tomaten kurz mit heißem Wasser, ziehen Sie sie ab, entfernen Sie den grünen Stielansatz, und geben Sie sie mit zwei Prisen Salz und dem Rohrzucker in den Mixer.

In den fertigen Tomatensaft rühren Sie bei erhöhtem Vata kleingeschnittene Basilikumblätter, mit denen Sie die Gläser auch dekorieren können. Bei starkem Pitta-Anteil würde das Basilikum dieses Dosha nur erhöhen; nehmen Sie ein paar Schnittlauchröllchen.

Ein jeder lebe seiner
Konstitution entsprechend.
Das bedeutet nicht
Verzicht und Kasteiung,
sondern im Gegenteil
neuen Genuß!

**Typ-
gerechte Ernährung**

Haben Sie mit dem Dosha-Test (Seite 33 ff.) Ihr Dosha gefunden und momentane Störungen aufgedeckt, dann können Sie sich individuell die für Sie sinnvollen Speisen zusammenstellen. Richten Sie sich bei der täglichen Ernährung immer nach Ihrem Grundtyp, den Sie tendenziell reduzieren sollten, und nach gestörten Doshas, die Sie erhöhen oder reduzieren müssen – je nach den Beschwerden.

Ziel der optimalen Ayurveda-Ernährung ist ein Ausgleich zwischen den drei Doshas und deren Harmonie im Körper. Wenn die Anteile von Vata, Pitta und Kapha etwa gleich sind, leben Sie in einem Zustand innerer Zufriedenheit und absoluter Gesundheit. Dann sind Sie gegen Krankheiten geschützt.

- Essen Sie stets das Richtige – also nur natürliche, vollwertige, schonend gekochte Lebensmittel.
- Essen Sie immer die ausreichende Menge – aber nie zuviel.
- Essen Sie nur zur richtigen Zeit – regelmäßig, nicht zwischendurch und abends nie zu spät.
- Essen Sie auf die richtige Art und Weise: nicht zu schnell, nicht bei der Arbeit, nicht im Stehen.
- Essen Sie nur in Gegenwart Ihnen angenehmer Menschen.

Diese Richtlinien für die Ernährung der Gesunden sind immer wieder nach den aktuellen Gegebenheiten einzuschränken und zu variieren. Kein Mensch ist täglich in exakt der gleichen Verfassung. Belastungen können mit der Ayurveda-Ernährung ausgeglichen werden. Beobachten Sie sich also genau! Und gehen Sie zwei-, dreimal im Jahr den Test durch.

Ein Vata-Tag

Stehen Sie bei erhöhtem Vata früh auf, aber lassen Sie sich viel Zeit am Morgen. Kleiden Sie sich der Jahreszeit entsprechend ausreichend warm. Frieren ist Gift für Sie! Am Abend gehen Sie früh schlafen; generell brauchen Sie viel Schlaf.

Bevorzugen Sie warme Speisen und Getränke. Rohkost umgehen Sie – ganz besonders im Winter. Dafür trinken Sie reichlich: zwei bis drei Liter am Tag.

Sorgen Sie für Ruhe und Ausgeglichenheit in Ihrem privaten Leben wie am Arbeitsplatz. Vermeiden Sie Hektik und Streß, und lassen Sie sich nicht jagen. Sie brauchen Geborgenheit und Sicherheit.
Lassen Sie sich nicht zu schnell zu etwas hinreißen; überlegen Sie Für und Wider in Ruhe, und entscheiden Sie sich nicht spontan. Doch zwingen Sie sich zu einem klaren Standpunkt, bleiben Sie nicht unentschlossen.

Langsam und in Ruhe

So mancher Zappelphilipp leidet an erhöhtem Vata. Keine Minute kann er ruhig sitzen, ständig ist er in Bewegung. Daß er dabei kein Gramm Fett ansetzt, ist nur zu verständlich. Hier helfen Ruhe und Gelassenheit!
Erlernen Sie eine Entspannungstechnik wie Autogenes Training, Yoga, Tai Chi Chuan, Feldenkrais, Alexander. Zwingen Sie sich, einen Gang langsamer durch das Leben zu schreiten. Vielleicht wird es dadurch noch viel interessanter.

6 Uhr	12 Uhr	18 Uhr
Aufstehen; bis 9 Uhr in Ruhe frühstücken: Getreidebrei mit Obst oder Vollkornmüsli; frische Milchprodukte; reichlich Früchte- oder Kräutertee, eventuell ein Saft. Mit Gelassenheit an die Arbeit gehen.	Ein frühes, reichhaltiges Mittagessen: Lammfleisch oder Seefisch, auch Meeresfrüchte, Gemüse oder Salate mit Salz, eventuell Käse, ein süßes Dessert; viel Mineralwasser. Pausen einplanen.	Ein nicht belastendes Abendessen: Gemüsesuppe oder ein Gemüsegericht mit Körnern oder Samen, Vollkornbrot, Obst, reichlich Getränke. Zeit für sich selbst einplanen; früh schlafen gehen.

VEin Pitta-Tag

Vermeiden Sie überheizte Räume, direkte Sonneneinstrahlung und alles, was Sie unnötig aufheizen würde. Gehen Sie regelmäßig an die frische Luft; lassen Sie sich von kühlem Wind und Regen nicht abhalten. Sie tun Ihnen gut.

Scharfe und salzige Speisen, Alkohol, viel Fett oder rotes Fleisch sind nichts für Sie. Essen Sie statt dessen viel Obst, trinken Sie reichlich Tee und Mineralwasser, bevorzugen Sie Milchprodukte und Getreidegerichte aus dem ganzen Korn.

Leben Sie Ihren Ehrgeiz aus, aber denken Sie auch an Ihre Mitmenschen. Versuchen Sie, miteinander zu arbeiten, statt nur anzuordnen. Und lassen Sie Ihre Wut nicht an anderen aus.

Hunger und schlechte Laune

Bei einer Pitta-Dominanz ist es ein geradezu klassisches Zeichen, daß sich Wut, Ärger und Nörgeln immer bei Hunger einstellen. Wehe, wenn nicht bald die nächste Mahlzeit aufgetischt wird. Füttern Sie abends den kleinen inneren Schweinehund dennoch nicht! Es könnte sich schlecht auf Figur, Verdauung und letztlich auf die Gesundheit auswirken.
Lenken Sie sich lieber ab: Entspannung, Meditation, beruhigende Musik und alle erdenklichen Aktivitäten außer Haus helfen.

6 Uhr	12 Uhr	18 Uhr
Aufstehen und bis 9 Uhr ein reichhaltiges Frühstück einnehmen: Getreidemüsli mit Obst und Joghurt, viel Früchtetee. Mit dem Willen zur Teamarbeit an die Arbeit gehen.	Ein mehrteiliges Mittagessen: Salat, Huhn oder Fisch, Gemüse oder Hülsenfrüchte, ein Dessert, wenig Gewürze und Fette. Bewegung, Entspannung, eventuell Meditation.	Ein leichtverdauliches Abendessen: Gemüsesuppe, Gemüseplatte, Obst; viel Mineralwasser und Kräutertee. Bewegung im Freien, Freundschaften pflegen.

Ein Kapha-Tag

Werden Sie aktiv, und treiben Sie sich selbst an! Kommen Sie in Schwung mit Frühgymnastik, Joggen. Gehen Sie zu Fuß zur Arbeit, oder planen Sie Bewegung für die Mittagspause ein.

Gehen Sie spät schlafen, und schlafen Sie generell wenig – keinesfalls dürfen Sie sich tagsüber hinlegen. Wer das bei einer Kapha-Dominanz tut, wird phlegmatisch und lethargisch.

Grübeln Sie nicht zuviel, sondern zwingen Sie sich manchmal zu schnellen Entscheidungen; werden Sie spontaner. Vergessen Sie einmal Ihre bisherige Arbeitsweise, und handeln Sie impulsiv, schalten Sie Ihre Phantasie ein, versuchen Sie in ungewohnten Bahnen zu denken. Und seien Sie offen für Neues.

Wenn der späte Hunger droht

Nach 20 Uhr plötzlich grimmender Hunger? Ein unersättliches Magenknurren? Oder treiben Sie nur Gewohnheit und Langeweile Richtung Eisschrank? Wechseln Sie den Kurs: Eine überflüssige späte Mahlzeit wird sich als erstes an Kinn und Hüften absetzen und Sie müde und träge machen.
Werden Sie aktiv! Machen Sie einen Abendspaziergang, drehen Sie eine Runde Jogging im nahen Park oder auf weichen Waldwegen. Oder machen Sie Ihren Partner munter.

6 Uhr	10 Uhr	12 Uhr	18 Uhr
Aufstehen, Frühsport, Bewegung im Freien und nur ein Getränk: nicht Früchte- oder Kräutertee. Mit Schwung an die Arbeit gehen und aktiv bleiben.	Eventuell ein leichter Snack: Obst oder Joghurt, wenn der Hunger zu sehr nagt. Wenig Pausen machen, tagsüber immer in Aktion bleiben.	Das kalorienarme Mittagessen: ein Salat, eventuell mit wenig Fleisch oder Fisch, ein großes Gemüse- oder kleines Getreidegericht, kaum Fett; wenig Mineralwasser.	Ein ganz kleines Abendessen: Gemüsesuppe, Schonkost, wenig Matetee. Abends noch Verabredungen pflegen, spät schlafen gehen.

Nahrungsmittel bei Vata-Dominanz

Gemüse	Artischocken, rote Bete, grüne Bohnen, wenig Chinakohl, Erbsen, Fenchel, Frühlingszwiebeln, Gurken, wenig Hülsenfrüchte, Karotten, wenig Kartoffeln, wenig Kichererbsen, Kürbis, Lauch, rote Linsen, Mungbohnen, Okra, wenig gelbe Paprika, Sauerkraut, Schwarzwurzeln, Sojabohnen, Spargel, Steckrüben, Süßkartoffeln, Tomaten, Zucchini, Zuckerschoten, gekochte, gebratene Zwiebeln
Salate	Grüne Blattsalate, Bohnensprossen, Brunnenkresse, Feldsalat, Gurken, Oliven, Radieschen, Rettich, Sauerampfer, Sprossen nur in geringen Mengen; mit Öl angemacht; kein rohes Gemüse
Getreide	Dinkel, gekochter Hafer, Grünkern, Reis, Weizen, Weizennudeln, Wildreis
Fleisch	Huhn, Pute, wenig Ente, wenig Kaninchen, Lamm, wenig Rind und Kalb, Ziege, Truthahn, Wild
Fisch	Wenig Krabben, Shrimps, Garnelen, Langusten, Hummer, Krebse, Tintenfisch, Muscheln; See- und Süßwasserfisch
Milchprodukte	Alle Milchprodukte, aber nicht zuviel; auch gesalzene Butter, Weichkäse, auch frischer Ziegenkäse; Tofu
Eier	Gebratene Eier, Rührei
Obst	Ananas, Aprikosen, Avocados, Bananen, Beeren, gekochte Birnen, Clementinen, Datteln, Feigen, Grapefruits, Himbeeren, Johannisbeeren, Kirschen, Kiwis, Mandarinen, reife Mangos, Melonen, Nektarinen, Orangen, Papayas, Pfirsiche, Pflaumen, Rhabarber, Rosinen, Trauben, Zitronen; besonders süßes, reifes Obst, auch gekochtes Obst
Fette	Alle Öle, besonders Avocado-, Mandel-, Oliven-, Sesam-, Walnußöl – mit Öl zubereitete Speisen gleichen Vata aus. Butterschmalz
Nüsse, Körner, Samen	Cashewnüsse, Haselnüsse, Kokosnüsse, Kürbiskerne, Leinsamen, Mandeln, Pinienkerne, Pistazien, Sesam, Sonnenblumenkerne, Walnüsse
Gewürze/Kräuter	Besonders süße Kräuter und Gewürze; Algen, Basilikum, Bockshornklee, Bohnenkraut, Brunnenkresse, wenig Chili, Dill, Estragon, Fenchel, Gelbwurz, wenig Granatapfelsamen, Ingwer, Kapern, Kardamom, wenig gekochter Knoblauch, Koriander, Kresse, Kreuzkümmel, Kümmel, Lorbeer, Majoran, Meerrettich, Muskat, Nelke, Oregano, Pfeffer, Rosmarin, Salbei, Sojasauce, Steinsalz, Safran, Senfsamen, Selleriesamen, Sternanis, Tamarinde, wenig Teufelsdreck, Thymian, Vanille, Zimt
Süßes	Ahornsirup, Fruchtzucker, kandierte Früchte, wenig Honig, Melasse, Reissirup, Rohrzucker, Zuckerrohrsaft; kein raffinierter weißer Zucker
Geschmacksrichtungen	Salzig, sauer, süß
Zubereitung	Gekochtes, warmes Essen

Nahrungsmittel bei Pitta-Dominanz

Gemüse	Artischocken, wenig Auberginen, rote Bete, grünes Blattgemüse, grüne Bohnen, Blumenkohl, grüne und weiße Bohnen, Brokkoli, Chicorée, Chinakohl, Erbsen, Fenchel, Frühlingszwiebeln, Grünkohl, alle Hülsenfrüchte, Karotten, Kartoffeln, Kichererbsen, Knollensellerie, Kohl, Kürbis, Lauch, Linsen, Mais, Mangold, Mungbohnen, Okra, Paprika, Pilze, Rosenkohl, Rotkohl, wenig Sauerkraut, Schwarzwurzeln, Sojabohnen, Spargel, Spinat, Stangensellerie, Steckrüben, Süßkartoffeln, Tomaten, Weißkohl, Zucchini, Zuckerschoten, wenig gekochte Zwiebeln
Salate	Grüne Blattsalate, Gurken, Löwenzahnblätter, Radieschen, Radicchio, Rettich, Sprossen
Getreide	Dinkel, Gerste, gekochter Hafer, Grünkern, Mais, Weizennudeln, weißer Reis, Basmatireis, Weizen, Weizenkleie, Weizenmüsli
Fleisch	Wenig Huhn und Pute, Truthahn, Rebhuhn, Fasan, Kaninchen, Wild, Ziege
Fisch	Wenig Shrimps, Krabben, Garnelen, Langusten, Hummer, Krebse, wenig Muscheln; Süßwasserfisch
Milchprodukte	Butter, Butterschmalz – reduziert Pitta –, Speiseeis (aber nur im Sommer!), Frischkäse, Weichkäse, Ziegenmilch, Milch, Joghurt, wenig Quark, wenig Sahne; Tofu
Eier	Nur Eiweiß
Obst	Ananas, Äpfel, Aprikosen, Avocados, Bananen, süße Beeren, Birnen, Brombeeren, Clementinen, Datteln, Dörrpflaumen, Feigen, Granatäpfel, Grapefruits, Heidelbeeren, Himbeeren, Johannisbeeren, Mandarinen, reife Mangos, Nektarinen, süße Orangen, Pfirsiche, Pflaumen, Quitten, Rosinen, Süßkirschen, dunkle, süße Trauben, eingeweichte Trockenfrüchte, Wassermelonen
Fette	Oliven-, Sonnenblumen-, Sojaöl, wenig Kokos-, Mais- und Sesamöl; Butterschmalz, Butter
Nüsse, Körner, Samen	Kokosnüsse, Kürbiskerne, eingeweichte Mandeln, Pinienkerne, Sonnenblumenkerne
Gewürze/Kräuter	Algen, Anis, Curryblätter, Fenchel, Gelbwurz, wenig Granatapfelsamen, wenig Ingwer, Kardamom, Koriander, Kreuzkümmel, Kümmel, Lorbeer, Minze, Petersilie, Safran, Sternanis, wenig Vanille; generell wenig und nicht scharf würzen
Süßes	Ahornsirup, eingedickte Fruchtsäfte, Fruchtzucker, Gerstenmalzsirup, kein Honig, Malz, süße Mandeln, keine Melasse, Reissirup, Rohrzucker, Rosinen, Zuckerrohrsaft; kein raffinierter Zucker
Geschmacksrichtungen	Bitter, herb, süß
Zubereitung	Gekochtes, warmes Essen

Nahrungsmittel bei Kapha-Dominanz

Gemüse	Wenig Artischocken, wenig Auberginen, grünes Blattgemüse, rote Bete, Blumenkohl, grüne Bohnen, Brokkoli, Chicorée, Chinakohl, Erbsen, Fenchel, Frühlingszwiebeln, Grünkohl, wenig Hülsenfrüchte – außer weißen Bohnen –, Karotten, Kartoffeln, wenig Kichererbsen, Knollensellerie, Kohl, Kohlrabi, Kürbis, Lauch, Linsen, Mais, Mangold, Mungbohnen, Okra, Paprika, Peperoni, Pilze, grüne Pfefferschoten, Rosenkohl, Rotkohl, Schwarzwurzeln, Sojabohnen, Spargel, Spinat, Stangensellerie, wenig Steckrüben, Weißkohl, Zuckerschoten, wenig rohe und gekochte Zwiebeln
Salate	Alle Blattsalate, Endivien, Feldsalat, Kresse, Löwenzahnblätter, Radicchio, Radieschen, Rauke, Rettich, Sprossen
Getreide	Buchweizen, Dinkel, Gerste, Hafer, Haferkleie, Hirse, Mais, Müsli, wenig Reis, Basmatireis, Roggen, Weizen, Weizenkleie, Weizennudeln
Fleisch	Wenig Huhn und Pute, Kaninchen, Truthahn, Rebhuhn, Fasan, Wild, Ziege
Fisch	Wenig Shrimps, Krabben, Garnelen, Langusten, Hummer, Krebse, wenig Muscheln; Süßwasserfisch
Milchprodukte	Wenig Butter und Butterschmalz, Magermilch, Ziegenmilch, Joghurt, wenig Quark und Frischkäse; kein Käse; Tofu
Eier	Rührei ohne Fett
Obst	Äpfel, Aprikosen, Beeren, Birnen, Brombeeren, Datteln, Dörrpflaumen, getrocknete Feigen, Granatäpfel, Grapefruits, Heidelbeeren, Kirschen, unreife Mangos, Nektarinen, Pfirsiche, Preiselbeeren, Quitten, Rosinen; alle Trockenfrüchte; wenig Zitrusfrüchte
Fette	Distel-, Erdnuß-, Maisöl, wenig Mandel-, Oliven-, Sesam-, Sonnenblumenöl; Butterschmalz; generell nur wenig Fette
Nüsse, Körner, Samen	Kürbiskerne, Leinsamen, eingeweichte Mandeln, Sonnenblumenkerne
Gewürze/Kräuter	Besonders scharfe Gewürze; Anis, Basilikum, Bockshornklee, Cayennepfeffer, Chili, Curryblätter, Dill, Estragon, Fenchel, Gelbwurz, wenig Granatapfelsamen, Ingwer, grüner Kardamom, Knoblauch, Koriander, Kresse, Kreuzkümmel, Kümmel, Meerrettich, Minze, Mohnsamen, Muskat, Nelke, Oregano, Petersilie, Pfeffer, Piment, Rosmarin, Safran, Salbei, Selleriesamen, Senfsamen, Sternanis, Tamarinde, wenig Teufelsdreck, Thymian, Vanille, Zimt. Würzen Sie bei einer ausgeprägten Kapha-Konstitution nie mit Salz!
Süßes	Nur Honig – er reduziert Kapha – und eingedickte Fruchtsäfte, etwas Kandiszucker
Geschmacksrichtungen	Bitter, herb, scharf
Zubereitung	Warmes, leicht bekömmliches, fettarmes Essen

Verdauung – ein wichtiges Thema des Ayurveda

Eine unzureichende Verdauung beeinträchtigt den ganzen Körper und führt langfristig zu Anfälligkeiten und Krankheiten. Alles, was der Körper und seine einzelnen Organe brauchen, erhalten Sie durch die Mahlzeiten; aber erst eine optimale Verwertung garantiert die völlige Aufnahme der lebensnotwendigen Stoffe, die in den Speisen stecken.

Kauen – der erste Schritt zur Verdauung

Die Verdauung beginnt weder im Magen noch im Darm; sie beginnt im Mund! Werden die Speisen nicht sorgfältig zerkaut und in winzigen Bissen hinuntergeschluckt, sind Magen und Darm mit den großen Brocken überfordert. Es kommt zu Störungen der Verdauungsorgane. Eine unregelmäßige Verdauung, Durchfälle oder Verstopfung sind die Folge. Das muß nicht sein.

Schlacken als Reste unzureichender Verdauung

Ama nennen die Inder all die Reste, die im Körper entstehen, wenn die aufgenommene Nahrung nicht vollständig verdaut wurde. Dazu gehören auch Gifte, die mit der Atemluft, industriell verarbeiteten Lebensmitteln, mit Pestiziden und Schwermetallen belasteten Nahrungsmitteln aufgenommen werden.

Erste Anzeichen für überschüssige Verdauungsschlacken im Körper ist häufig eine belegte Zunge. Kontrollieren Sie morgens die Zunge. Man fühlt sich müde, ist lustlos, oft schlecht gelaunt und kann sich zu nichts aufraffen. Auch Übelkeit und Verdauungsbeschwerden sind typisch.

Diese Stoffwechselschlacken und aufgenommenen Schadstoffe sowie Umweltgifte setzen sich im Organismus ab, belasten und behindern die optimale Versorgung aller Organe. Denn sie bleiben vor allem in den Venen und Arterien sitzen. Die Folge: überhöhte Fett- und Cholesterinwerte im Blut, Arthritis, Zuckerkrankheit, Schwermetallbelastung, die Allergien und Immunschwäche auslösen kann.

Die Schlacken können nicht abgebaut werden, sondern müssen durch Fasten fertig verdaut und ausgeschieden werden. Spezielle Kräuter helfen, die Schlacken loszuwerden.

Die Verdauung beeinflussen

Wer Beschwerden mit der Verdauung hat, kann sie durch eine Umstellung der Ernährung beheben. Verdauungsanregend – bei einer langsamen Verdauung oder sogar Verstopfung – sind scharfe, saure und salzige Speisen. Die Verdauung verlangsamen dagegen die Geschmackrichtungen. Süßes, Bitteres und Herbes.

Indische Ayurveda-Ärzte
stellen unzählige Salben,
Pulver und Tinkturen
für Schönheit und
Gesundheit her.
Fertige Produkte erhalten
Sie bei ausgewählten
Adressen (Seite 293).

Ernährung und Krankheit

Nach dem Ayurveda basiert die Behandlung von Krankheiten über Ernährung und ausgewählte Gewürze sowie Heilkräuter auf dem gleichen Prinzip wie die Kost für Gesunde: Sie gleichen die Beschwerden mit ihrem Gegenteil aus.

Ein Beispiel: Hat jemand Fieber, ist die Körpertemperatur zu hoch, er ist zu stark erhitzt, trocknet aus und braucht folglich Kälte und Feuchtigkeit – das Gegenteil seines aktuellen eigenen Zustands. Sinnvoll sind jetzt z. B. feuchte Wickel. Eine geeignete Speise wäre eine nicht weiter belastende Gurkensuppe, die dem Körper viel Flüssigkeit zuführt; zudem kühlen Gurken.

Alle Gesundheitsratschläge und die beschriebenen ayurvedischen Behandlungen bei alltäglichen Beschwerden beruhen auf Informationen ausgebildeter und erfahrener Ayurveda-Ärzte. Besprechen Sie sich bei aktuellen Krankheitssymptomen jedoch zuerst mit einem Ayurveda-Arzt, bevor Sie eine Selbstbehandlung vornehmen.

Störungen der Doshas

Bei einer Krankheit ändert sich der Dosha-Stand, denn nach Ayurveda bedeutet Gesundheit das Gleichgewicht aller drei Doshas im Körper und Krankheit deren Ungleichgewicht.

Jetzt müssen Sie meist kurzfristig die Ernährung umstellen. Dabei können Sie sich weiterhin nach den hier im Buch genannten Rezepten und den Dosha-Empfehlungen richten, wenn Sie beachten, daß Sie stets mit dem Gegenteil heilen. Ein Beispiel:

- Durchfall deutet auf ein erhöhtes Pitta. Jetzt wären all jene Rezepte angesagt, die für Pitta speziell empfohlen sind.
- Verstopfung deutet auf ein verringertes Pitta. In diesem Fall wäre eine Pitta vermehrende Kost angesagt; also die Geschmacksrichtungen salzig, sauer, scharf. Das gelingt Ihnen am einfachsten, wenn Sie abwechselnd Rezepte kochen, die für Vata oder Kapha empfohlen sind.

Ernähren Sie sich daher im Krankheitsfall nach den aktuellen Symptomen, und vergessen Sie für diese Zeit Ihr normalerweise dominierendes Dosha. Ist die Krankheit behoben, schalten Sie die Ernährung wieder auf die gewohnte Kost um.

Krank in vier Schritten

1. Dosha-Störung

Ein oder sogar mehrere Doshas sind gestört, allgemeines Unwohlsein ist die Folge. Eine solche Störung kann äußere Ursachen haben: von Wetterumschwung über Krankheitserreger wie Viren und Bakterien bis hin zu psychischen Belastungen. Aber auch Unzufriedenheit, unausgewogene Ernährung, zuwenig oder zuviel Schlaf können dahinterstecken.

2. Unwohlsein

Noch sind Sie nicht tatsächlich krank, doch es tauchen erste Anzeichen auf: Sodbrennen, Blähungen, Verdauungsbeschwerden, Schlafstörungen, Appetitlosigkeit oder aber Gier, Übelkeit und Erbrechen sind mögliche Reaktionen.

3. Eindeutige Symptome

Jetzt bricht die Krankheit aus: Klare, für den Betroffenen örtlich genau zu lokalisierende Symptome verweisen auf die Störung bestimmter Organe und zeigen, welche Körperbereiche in Mitleidenschaft gezogen sind.

4. Krankheitsausbruch

Die Krankheit ist voll ausgebrochen, eine ärztliche Diagnose ist möglich; der Heilungsprozeß – am besten natürlich die Selbstheilung des Körpers – muß unterstützt werden. Jetzt wird die Krankheit in ihrem Schweregrad eingestuft und die Form der Behandlung festgelegt.

Dosha-Störungen beheben

Zwei Wege können Sie bei gestörten Doshas einschlagen: Stellen Sie die Ernährung der Dosha-Störung entsprechend ein, oder machen Sie eine Pancha-Karma-Kur.

Pancha-Karma-Kur

Die Kur dient der Reinigung des ganzen Körpers. Dabei sollen überschüssige Dosha-Anteile, angesammelte Schadstoffe und Schlacken ausgeleitet werden. Ölmassagen und Schwitzkuren in heißem Kräuterdampf bereiten den Körper auf die Ausleitung vor.

- Überschüssiges Vata wird durch Einläufe mit individuell ausgesuchten Kräutern und Ölen entfernt.
- Zuviel Pitta wird mit Hilfe von natürlichen Abführmitteln ausgeleitet.
- Erhöhtes Kapha baut man durch Erbrechen ab.

Zusätzlich können in der Pancha-Karma-Kur ölige Naseneinläufe durchgeführt werden; sie helfen zudem bei häufigen Erkältungskrankheiten und Heuschnupfen.

Während einer Pancha-Karma-Kur essen Sie rein vegetarisch; die Mengen werden reduziert. Der Grund: Der Körper soll durch das Fasten von der Verdauungsarbeit befreit werden, denn die Kur ist außerordentlich anstrengend. Deshalb sollte sie auch nur unter Aufsicht von ayurvedisch ausgebildeten Ärzten durchgeführt werden.

Gestörte Doshas ins Gleichgewicht bringen

Vata reduzieren

In der Pancha-Karma-Kur: flüssiges Ghee trinken, Einläufe.

Zu bevorzugender Geschmack: süß, sauer, salzig.

Warme und schwere Nahrung im Winter; generell nahrhafte und herzhafte Speisen; ein reichliches Frühstück, z. B. mit Getreide; alle kalorienreichen Speisen, besonders Nüsse; flüssigkeitsreiches Obst gegen die trockene Haut und trockenen Husten; beruhigende Tees und Düfte wie Melisse, Lavendel, Orange gegen die Nervosität und Unruhe.

Keine Rohkostkuren über längere Zeiträume, besonders nicht im Winter; sie würden alle Vata-Beschwerden verstärken. Auch keine scharfen Speisen, sie trocknen unnötig aus.

Pitta reduzieren

In der Pancha-Karma-Kur: Rhizinusöl trinken, Einläufe.

Zu bevorzugender Geschmack: süß, bitter, herb.

Obstkuren (besonders im Sommer, generell bei Bluthochdruck, Hitzewallungen); regelmäßige Ernährung, ohne zu fasten oder übermäßig zu essen; Salate; generell kühlende Speisen und Gewürze. Viel stilles Mineralwasser, Früchtetees und flüssigkeitsreiches Obst gegen das Schwitzen; Süßes für die psychische Balance und gegen Entzündungen; Bitteres, z.B. Gurken, gegen Hautentzündungen und zur Abkühlung.

Keine oder nur wenig scharfe Gewürze, sie würden die typischen Pitta-Beschwerden verstärken. Sehr wenig Salz, es verstärkt die Durchfälle.

Kapha reduzieren

In der Pancha-Karma-Kur: Erbrechen, Einläufe.

Zu bevorzugender Geschmack: bitter, herb, scharf.

Leichte Nahrung und Frischkost, besonders Rohkost gegen die Schwere und Lethargie; Fasten und Rohkostkuren im Sommer; im Winter gedünstetes Gemüse, warme Kost; rohes Obst zum Entgiften und Entschlacken; Salate; nur Obst und Tee am Morgen bei Übergewicht; keine schweren Speisen bis mittags; Früchtetees mit Honig bei Verschleimung und Erkältungskrankheiten; scharfe Speisen feuern an, erhöhen die Verdauung; Hirse und Hafer gegen das Phlegma; herbe und bittere Kräuter gegen Wasseransammlungen.

Nichts Süßes, es würde Übergewicht und Lethargie fördern.

Verringertes Vata

Störung oder Stopp der Bewegungen innerhalb des Körpers: Stauungen, Verkrampfungen, Energieblockaden, Verstopfung, unkoordinierte Bewegungen, Stottern oder Müdigkeit sind die Symptome; die Patienten sind unkonzentriert, manchmal kurzatmig.
Sie müssen Vata vermehren; das geschieht durch bittere, scharfe und herbe Speisen. Essen Sie abwechselnd, was für Pitta und Kapha empfohlen ist.

Erhöhtes Vata

Zu schnelle Bewegungen innerhalb des Körpers: Durchfall, Schlaflosigkeit, rauhe, trockene Haut, ein dürrer Körper, Wärmebedürfnis, Kraftlosigkeit, hektische Bewegungen, große Erregung, zu schnelles Sprechen und damit Verhaspeln sind typisch.
Reduzieren Sie das Vata. Ernähren Sie sich süß, salzig und sauer, und kochen Sie alle für Vata ausgezeichneten Rezepte.

Verringertes Pitta

Verdauungsstörungen, Verstopfung, Bluterkrankungen, Nierenleiden, Frieren, fahle Haut, frühe Faltenbildung deuten darauf hin.
Sie müssen Ihren Pitta-Anteil erhöhen. Dazu essen Sie Salziges, Saures und auch Scharfes. Kochen Sie abwechselnd die Speisen, die für Vata und Kapha empfohlen sind.

Erhöhtes Pitta

Durchfall, Darmentzündungen, Schwellungen der Haut, Schwindel, manchmal bis zur Bewußtlosigkeit, Schwäche und Kraftlosigkeit oder eine gelbliche Hautverfärbung sind die Anzeichen.
Das Pitta muß reduziert werden. Essen Sie reichlich süße, bittere und herbe Lebensmittel und Gewürze. Orientieren Sie sich an allen Rezepten für Pitta.

Verringertes Kapha

Ziellosigkeit, Ruhelosigkeit, Schlaflosigkeit, Unsicherheit, Kraftlosigkeit und manchmal auch auffallender Durst sind charakteristisch.
Erhöhen Sie Ihren Kapha-Anteil. Dazu essen Sie Süßes, Salziges und Saures. Sie richten sich abwechselnd nach den Rezepten für Vata und Pitta.

Erhöhtes Kapha

Schlechte Durchblutung, Müdigkeit, Lethargie, Trägheit, Übergewicht, Gleichgültigkeit, Antriebslosigkeit sind Zeichen; die Betroffenen sind unfähig zu Veränderungen, Depressionen können folgen.
Der Kapha-Anteil muß weniger werden. Essen Sie viel Bitteres, Herbes und Scharfes. Sie wählen die für Kapha empfohlenen Speisen aus.

Was bewirken die Geschmacksrichtungen im Körper?

Geschmacks-richtung	Wirkung auf die Doshas	Positive Wirkung bei mäßigem Genuß	Negative Wirkung bei übermäßigem Genuß
Süß	vermehrt Kapha, vermindert Vata und Pitta	nahrhaft, befriedigend, beruhigend, liefert ausreichend Kalorien, beseitigt Nervosität, Verdauungsbeschwerden	Verschleimung, Erkältungen, Schnupfen, Asthma, Überge-wicht, Verstopfung, Würmer, Lethargie
Salzig	vermehrt Kapha und Pitta, vermindert Vata	appetitanregend, heilt Erkältungskrankheiten, Verdauungsbeschwerden, Hautentzündungen, beruhigend	trockene Haut, Falten, Haut-krankheiten, Gallenstörungen, Magen- und Darmreizungen, wirkt abführend, Bluthochdruck, Zahnschäden, Durst
Sauer	vermehrt Kapha und Pitta, vermindert Vata	geistig anregend, zufriedenstellend, appetitanregend, verdauungsfördernd	Übersäuerung, vermehrter Gallenfluß, Magenbeschwerden, vermehrte Schleimabsonderungen, Hautreizungen, Entzündungen und Wunden heilen schlecht
Bitter	vermehrt Vata, vermindert Kapha und Pitta	appetitanregend, reduziert Durst, blutreinigend, ver-dauungsfördernd, hilft bei der Entgiftung des Körpers, fiebersenkend, hemmt Juckreiz und Sodbrennen, heilt Erkäl-tungskrankheiten, strafft die Haut, vermindert Wasseran-sammlungen im Körper	Verdauungsbeschwerden, mangelnde Energie, Schwäche, Müdigkeit, Nervosität, Unzufriedenheit
Scharf	vermehrt Vata und Pitta, vermindert Kapha	kreislauf- und stoffwechsel-anregend, beseitigt Darm-trägheit, heilt Erkältungskrank-heiten, fördert Wundheilung, anregend, belebend, verhilft zu geistiger Klarheit	Halsbeschwerden, trockene Kehle, Magenreizungen, Gastritis, Ver-dauungsbeschwerden, Augenpro-bleme, Durst, trockener Mund und Lippen, geschwollene Zunge, Lippen und Augen, vermehrter Schweiß, Wutausbrüche
Herb	vermehrt Vata, vermindert Kapha und Pitta	belebend, kühlend, besänftigt die Psyche, blutreinigend, blut-stillend, heilt Hauterkrankun-gen, Verdauungsbeschwerden, besonders Durchfall, Ent-zündungen, fördert Wundhei-lung, stoppt starken Schweiß, vermindert Wasseransammlun-gen und Übergewicht	trockener Mund, Durst, trockene Haut, Kältegefühl, Muskelver-spannungen, Verstopfung, Blähungen, Abmagerung, Energieverlust, Nervosität

Mit Ayurveda alltägliche Beschwerden heilen

Appetitmangel: Tee aus Brennessel, Löwenzahnblättern oder Tausendgüldenkraut; Gelbwurz, Ingwer und Koriandersamen im Essen

Atembeschwerden: Heiße Senfumschläge; dazu zwei Eßlöffel Senfsamen mit wenig Wasser aufkochen, pürieren und warm in einem Leinentuch um die obere Brust legen. Vorsicht: Senf reizt die Haut!

Blähungen: Ingwertee, Majorantee, heißes Wasser mit frisch gepreßtem Zitronensaft: Anis, Teufelsdreck, Selleriesamen und Koriander an das Essen geben; Lorbeerblätter mitkochen

Blasenentzündung: Tee aus Eibischwurzel oder Königsblüten

Bronchitis: Tee aus Königsblüten; Zwiebelsirup aus zwei mittelgroßen Zwiebeln, die kleingeschnitten mit Schale zehn Stunden in zwei Eßlöffeln Rohrzucker gezogen haben

Durchblutungsstörungen: Knoblauch und Fenchelsamen essen

Durchfall: Tee aus Eibischwurzel, getrocknete Heidelbeeren, wenig Haferschleim mit Muskat; Pitta reduzierende Kost

Erbrechen: Kokosnußmilch; trockene Kartoffelwickel, dazu zwei bis drei große Kartoffeln in wenig Wasser weichkochen, ohne Wasser zerstampfen, in ein trockenes Leintuch die Masse streichen und in Magenhöhe um den Leib legen; Anis, Granatapfelsamen, Koriander und grünen Kardamom an die Speisen geben

Erkältung: Inhalieren im Dampf von heißem Ingwerwasser, Pfefferminz- oder Eukalyptusöl in heißem Wasser auflösen und den Dampf einatmen; Knoblauch essen; schwarzen Pfeffer an das Essen geben

Fieber: Fasten; Lehmumschläge am Oberkörper; kalte, nasse Umschläge; heißes Zitronenwasser, Ingwertee, Kokosnußmilch; viel Basilikum und Pfeffer an die Speisen geben; Gurkensuppe, Joghurt mit Gurken

Gicht: Bäder in Haferstroh; viel Safran an die Speisen geben

Halsschmerzen: Zwei Prisen Gelbwurz und eine Prise Salz in heißem

	Wasser aufgelöst trinken; an einer Nelke oder an grünem Kardamom lutschen; Bockshornkleesamen an das Essen geben
Hämorrhoiden:	Aloesaft, täglich dreimal ein kleines Glas
Hautentzündung:	Bad mit Weizenkleie; Gelbwurz an das Essen geben – wirkt desinfizierend
Hautunreinheiten:	Aloesaft, zweimal täglich ein kleines Glas; Tee aus grünem Koriandersamen trinken und damit die betroffenen Stellen betupfen
Husten:	Zwei Prisen Gelbwurz und eine Prise Salz in heißem Wasser auflösen und damit gurgeln; bei Vata-Dominanz können Sie an einer Nelke, die Sie in Zucker getaucht haben, lutschen; Knoblauch, Koriander, schwarzen Pfeffer und Basilikum an die Speisen geben; bei trockenem Husten heißes Fett als Umschlag auf Brust und Hals
Juckreiz:	Pfefferminz- oder Thymianöl auf die betroffenen Stellen reiben; Gelbwurz an die Speisen geben
Kopfschmerz:	Ingwer reiben, mit heißem Wasser vermischen und auf die Stirn streichen; Basilikum und Safran essen
Kreislaufstörungen:	Senfsamen regt den Kreislauf an; Chili beruhigt; Ingwer senkt den Blutduck
Lebensmittelvergiftung:	Selbstgemachtes Butterschmalz erwärmt trinken
Leberbeschwerden:	Tamarindensaft trinken; viel Tamarinde an das Essen geben
Magenverstimmung:	Gersten-, Hafer- oder Weizenschleim je nach Dosha-Konstellation; Ingwertee; Kreuzkümmel und Teufels-dreck an die Speisen geben; ayurvedischer Aperitif
Menstruations-beschwerden:	Zimt hilft bei zu starken Blutungen; Fenchelsamen fördert die Menstruation bei zu schwachen und schmerzhaften Blutungen; Lorbeer und Teufelsdreck regulieren Zyklusstörungen; Knoblauch hilft bei generellen Menstruationsbeschwerden
Mundgeruch:	Fenchelsamen kauen
Ohrenschmerzen:	Pfanzenöl mit einer zerpreßten Knoblauchzehe mischen und davon einen Tropfen in das Ohr geben; Zwiebelsaft und Honig im Verhältnis zwei zu eins mischen und acht Tropfen einträufeln
Pickel:	Gelbwurz und Sandelholzpulver zu gleichen Teilen vermischen, mit Wasser anrühren und dünn auf die Haut streichen
Rheuma:	Wassereinlauf; feuchte Wickel mit Oregano- und

Weihrauchblättern; viel Basilikum, Ingwer, Koriander, Teufelsdreck, Zimt und Zwiebeln essen; an einer
Nelke lutschen

Schlaflosigkeit: Tee aus frisch geriebener Muskatnuß; warme Milch
mit Kandis und Honig abends trinken; eine Prise
Teufelsdreck in warmer Milch; viel Anis an das
Essen geben

Schnupfen: Eukalyptusöl außen auf die Nase reiben; Kalmus-
wurzelpulver in die Nasenlöcher streichen; Ingwertee; Kapha reduzierende Kost; viel Anis an das Essen
geben

Schwäche: Sanddornsaft; Bockshornkleesamen und -sprossen
Übelkeit: Zitronensaft mit einer Prise Salz trinken
Träge Verdauung: Chilis, Kardamom, Kreuzkümmel, Kümmel, Pfeffer,
Safran, Selleriesamen, Senfsamen, Teufelsdreck und
Zimt reichlich an die Speisen geben

Verstopfung: Ein Glas heiße Milch mit einem halben Teelöffel
Butterschmalz trinken; morgens heißes Wasser
trinken; Ingwersaft; fasten; Trockenfrüchte; reichlich
Kreuzkümmel, Knoblauch, Koriander und Fenchel
an die Mahlzeiten geben

Zahnfleischbluten: Zahnfleisch mit Kokosöl einreiben
Zahnfleischentzündung: Tee aus Eibischwurzeln trinken
Zahnschmerzen: Ingwertee, viel Ingwer an die Speisen geben; an
rotem Kardamom lutschen; frischen Oregano essen

Sie sind in diesem Kochbuch den unterschiedlichsten Pfeffersorten begegnet: rotem, grünem, schwarzem und weißem. Sie stammen alle von einer Pflanze und sind zu verschiedenen Zeiten geerntet.

Adressen/ Register

Adressen
für ayurvedische Produkte

Ayurmedica Gmb & Co KG   Karl-Theodor-Str. 14
                                D-82343 Pöcking / Possenhofen
                                Tel.: 08157/7811

Karlstadt Apotheke   Elisabethstr. 57
                                D-80796 München
                                Tel.: 089/1292800

MA GmbH   Biberstr. 22/2
                                A-1010 Wien
                                Tel.: 01/5127859

Mandl, Ann-Christelle   Dieselstr. 5
                                D-80993 München
                                Tel.: 089/1407100

MTC Holland   Postfach 1126
                                D-41845 Wassenberg
                                Tel.: 02432 / 2494

Adressen für asiatische Gewürze und Nahrungsmittel

*Mit * versehene Geschäfte verschicken Gewürze und Lebensmittel.*

Asia Food DONG-A

Bebelstr. 54b
D-70193 Stuttgart
Tel.: 0711 / 632089

Choi Sung Su

Bahnhofstr. 8
D-30159 Hannover
Tel.: 0511 / 321741

Gewürzhaus Alfred Ewert*

Weender Str. 84
D-37073 Göttingen
Tel.: 0551 / 57020

Indische Gewürze und Spezialitäten*

Marienstr. 9–11
D-30171 Hannover
Tel.: 0511/3631711

Indu Versand*

Turmstr. 7
D-35085 Ebsdorfergrund
Tel.: 06424 / 3988

KaDeWe*, Feinschmecker-Etage

Tauentzienstr. 21–24
D-10789 Berlin
Tel.: 030 / 2132455

Ku Long Laden

Nollendorfstr. 8
D-10777 Berlin
Tel.: 030 / 2166698

Maharani*

Düsseldorfer Str. 13
D-60329 Frankfurt
Tel.: 069 / 234776

Mai Ling

Westenriederstr. 6
D-80331 München
Tel.: 089 / 294011

Que-Huong-Shop

Fuhlsbüttler Str. 417
D-22309 Hamburg
Tel.: 040 / 2991118

Claire Zurgeissel*

Rostocker Str. 68
D-20093 Hamburg
Tel.: 040 / 2802747

Literatur

Banchek, Linda: Cooking for Life: Ayurvedic Recipes for Good Food and Good Health. Harmony Books, New York 1978

Bajra, Mana: An Outline of Ayurveda. Piyusavarsi Aushala, Kathmandu 1975

Burang, Theodor: Tibetische Heilkunde. Origo, Zürich 1974

Chopra, Deepak: Die heilende Kraft. Ayurveda, das altindische Wissen vom Leben und die modernen Naturwissenschaften. Lübbe, Bergisch Gladbach 1990

Dash, Vaidya Baghwan; Junius, Acarya Manfred M.: A Hand Book of Ayurveda. Concept Publishing Company, New Delhi 1983

Gandhi, Mahatma: Wegweiser zur Gesundheit. Die Kraft des Ayurveda. Diederichs, München 1988

Heyn, Birgit: Die sanfte Kraft der indischen Naturheilkunde. Ayurveda – die Wissenschaft vom langen Leben. Scherz, Bern 1992

Johari, Harish: Grundlagen der ayurwedischen Kochkunst. Windpferd, Aitrang 1988

Dr. Lad, Vasant; Frawley, David: Die Ayurveda Pflanzen-Heilkunde. Windpferd, Aitrang 1995

Leslie, Charles: Asian Medical Systems. University of California Press, Berkeley 1976

Lonsdorf, Nancy; Butler, Veronica; Brown, Melanie: Ayurveda für Frauen. Knaur, München 1994

Morningstar, Amadea: Gesund mit der Ayurveda Heilküche. Windpferd, Aitrang 1996

Prof. Sharma, Priyavrat; Vaidya Bhagwan Dash: Charaka Samhita. Bd. 1–3. (Englische Übersetzung) Chowkanbe Sanskrit Series Office, Varanasi 1976

Prof. Srikanta Murthy, K. R.: Sarngadhar-Samitha. A Treatise on Ayurveda. Chaukhambha Orientalia, Varanasi 1984

Svoboda, Robert E.: Ayurveda: Life, Health and Longevity. Penguin, Arkana 1992

Tiwari, Maya: Das große Ayurveda Handbuch. Windpferd, Aitrang 1996

Dr. Verma, Vinod: The Yoga Sutra of Patanjali: A Scientific Exposition. Clarion Books, New Delhi 1992

ders.: Ayurveda – der Weg des gesunden Lebens. Scherz, Bern 1992

Zimmer, Heinrich: Hindu Medicine. John Hopkins Press, Baltimore 1948

Zimmermann, Francis: The Jungle and the Aroma of Meats. University of California Press, Berkeley 1987

Zyst, Kenneth G.: Religious Healing in the Veda. The American Philosophical Society, Philadelphia 1985

Bildnachweis

Register

Vorspeisen

Artischocken, gekochte 90
Auberginenmus 89
Blattsalat mit Erdbeeren 91
Blattspinat mit Shrimps 96
Dinkelgrieß, überbackener, auf Tomatenmus 92
Feigenjoghurt 94
Fisch-Pakoras 190
Fleisch-Samosas 189
Frischkäse mit süßen Beeren 93
Gemüse-Pakoras mit Koriander-Chutney 190
Gurken-Raita 193
Hühnerbällchen 191
Kartoffel-Raita 194
Kichererbsen in Joghurt 193
Mangold mit Krebsfleisch 95
Pilze, gefüllte 90
Rote Bete mit Shrimps 88
Rührei, scharfes, mit Shrimps 95
Samosas, vegetarische 189
Spargel, grüner, in Orangensauce 88
Süßkartoffelsalat 89
Tomaten mit Frischkäse 92
Weißkohl mit Pfirsichsauce 91
Zuckerschoten mit Truthahn 94

Salate

Avocadosalat, süßer 102
Blattsalate mit Shrimps 107
Blattsalate mit Tomatengelee 104
Bohnensalat, roter 191
Chicorée, süßer 102
Dinkelsalat mit Frischkäse 106
Feldsalat mit Meerrettich 104
Grapefruitsalat 100

Grünkernsalat mit roter Bete 105
Gurken-Karotten-Salat 101
Karottensalat 192
Kohlsalat, scharfer 192
Linsensalat, roter 101
Orangen-Tomaten-Salat 99
Pilzsalat 105
Radicchio mit Löwenzahn 103
Radieschen mit Orangen 99
Rindfleischsalat 108
Salat mit Ziegenkäse 107
Sellerie-Karotten-Ananas 100
Spinatsalat mit Sprossen 103
Sprossensalat mit Huhn 108
Weizensalat mit Zuckerschoten 106

Suppen

Avocadosuppe 115
Bohnensuppe, rote 114
Brokkolisuppe 111
Fisch-Gemüse-Topf 118
Fischsuppe, klare 118
Gemüsebrühe, klare 110
Grünkernsuppe mit Pfifferlingen 116
Hafer-Kräuter-Suppe 116
Hühnersuppe mit Gemüse 117
Kartoffelsuppe 112
Kürbiscremesuppe 113
Rote-Bete-Suppe mit Rindfleisch 117
Selleriecremesuppe 112
Spinatsuppe 114
Tomatensuppe 111
Zucchini-Grünkern-Suppe 115
Zucchinicremesuppe 113

Vegetarische Gerichte

Auberginen mit Joghurtsauce 123
Auberginen, weiße 200
Auberginen, weiße, mit Pfirsichen 124
Auberginencurry, violettes 203
Bandnudeln mit Kürbis 144
Bhaji 201
Biryani 205
Blumenkohl mit scharfer Kruste 123
Chinakohl mit Heidelbeeren 122
Dhal 197f.
Dinkel-Gemüse-Plätzchen mit Pickles 141
Dinkelgrieß mit Karotten 137
Eiernudeln, gebratene, mit Tofu 150
Erbsen mit Frischkäse 199
Gemüse-Biryani, süßes 205
Gemüsecurry, gemischtes 201
Gerstengrütze mit grünem Gemüse 143
Gerstenklößchen mit Quark 133
Gerstenpfannkuchen mit herbem Gemüse 136
Getreiderösti 133
Gewürzreis 204
Grünkernklößchen mit Kräutern 135
Grünkernplätzchen mit Auberginen 136
Grünkernschnitten mit roher Tomaten-
    sauce 137
Gurken mit Aprikosensauce 126
Haferflockenplätzchen 140
Haferklößchen aus Grütze 142
Hirse mit grünem Gemüse 139
Kartoffelcurry 202
Kichadi 223
Kichererbsencurry 202
Koftas 206
Kokoscurry mit Gemüse 203
Lasagne, rot-grüne 146
Lauch mit Selleriemus 121
Linsen, rote 197
Linsen, schwarze 198
Linsengemüse, fruchtiges 129
Maisschnitten mit scharfem Mangold 138

Makkaroni in grüner Knoblauchsauce 145
Mangold mit gelber Paprika 125
Mungbohnen und Karotten 127
Mungbohnen, gelbe 197
Mungbohnen, grüne 198
Nudeln, gebratene, mit Gemüse 206
Okras auf Kürbissauce 124
Okras in Tomatensauce 200
Panir 199
Penne, überbackene, mit Sellerie 146
Pilze, scharfe 201
Pilau 204
Reis, gebratener, mit Gemüse 204
Roggen mit Grünkohl 134
Roggenbratlinge 142
Roggenklößchen 134
Schalotten, geschmorte 130
Spaghetti mit roten Linsen 144
Spaghettini mit Spargel 145
Spargel, grüner 130
Spargel, weißer 128
Spinat mit Frischkäse 199
Spinat mit Schalotten 125
Spinatröllchen mit Hirse 138
Spitzkohl mit Granatapfel 122
Stangensellerie mit Erdbeeren 129
Süßkartoffeln auf Auberginenmus 121
Tofu in Eihülle 150
Tofu in Pfirsich 149
Tofu, gedünsteter, in Rote-Bete-Sauce
    151
Tofu, gegrillter, süß-sauer 152
Tofu, marinierter, mit Sesam 149
Tofubällchen 206
Tofuklößchen auf Blattspinat 151
Tofuspieße 152
Tomaten mit Weizengrütze 139
Tomaten-Gurken-Ananas 126
Weizenfrikadellen aus Grütze 143
Weizenpfannkuchen 135
Zitronenreis 205
Zuckerschoten, süß-saure 127

Fleisch

Biryani 212
Ente mit Walnüssen 157
Entenbrust süß-sauer 157
Fasan mit Kumquat-Chutney 160
Hähnchenbrust, gegrillte, marinierte 210
Hähnchencurry, herbes 209
Hähnchencurry, mildes, mit Joghurt 209
Hähnchenschenkel mit Kichererbsen 155
Hase mit Kürbissauce 158
Huhn mit Blumenkohl 211
Hühnerbrust mit Avocadocreme 155
Kalbsrouladen mit Sardellen 162
Kaninchen mit Oliven 161
Kardamom-Lamm 212
Lamm in Joghurt 165
Lamm mit Kapernsauce 166
Lamm mit Koriander 165
Lamm mit Kürbis 213
Lammfilets mit Petersiliensauce 166
Putenbrust in Zitronensauce 156
Putenstreifen auf Himbeersauce 156
Rehrücken auf Himbeersauce 159
Rindfleisch mit roten Linsen 211
Rindfleisch mit Sesam 162
Rindfleisch-Biryani 212
Truthahnbrust mit Blattgemüse 158
Ziegenfilets in Wirsing mit Pilzen 164
Ziegentopf mit Kartoffeln und Tomaten 163
Zucchini, gefüllte 161

Fisch und Meeresfrüchte

Bachforellen mit Minze 175
Blaufelchen mit Chicorée 173
Fisch in Tamarinde 218
Fisch mit Senfsamen 218
Fischfilet mit Koriander 217
Fischfrikadellen mit Gemüse 169
Fischgulasch, fruchtiges 169

Fischkokoscurry 217
Fischspießchen, gemischte 184
Flußbarsch mit Apfel 174
Flußkrebs auf Pfirsichsauce 183
Hechtfilet mit Rosinen 175
Hechtklößchen 171
Herzmuschelpaprika 180
Hummer mit Himbeersauce 183
Jakobsmuscheln mit Karottenmus 179
Jakobsmuscheln mit Zuckerschoten 178
Kabeljau, roh marinierter 178
Krabben auf Feigensauce 181
Krebsfleisch in Kokoscreme 220
Lachsforelle in Tomatensauce 170
Langostinos, gegrillte 182
Languste mit Paprikasauce 182
Makrelen mit Kürbisfüllung 177
Masala-Langusten, scharfe 220
Meerbrasse mit Birnen 172
Red Snapper mit Knoblauch 176
Renke mit Heidelbeersauce 173
Riesenshrimps auf fruchtiger Sauce 181
Rotbarben in Papierhülle 177
Scholle, süß-saure 176
Seeteufel mit Thymian 174
Seezunge mit Mungbohnen 172
Shrimps mit Blumenkohl 219
Shrimps, süß-saure 180
Shrimps, süßlich-scharfe 219
Stör exotisch 170
Tintenfischtuben auf Tomaten 184
Venusmuscheln mit Fenchel 179
Zanderfilet in Korianderbutter 171

Desserts

Birnen mit Frischkäse 230
Brombeersülze mit Meerrettich 228
Feigenbällchen 230

302

Fencheldessert 229
Mandarinen, gratinierte 227
Mandarinengelee 229
Nektarinen mit Zitronenmelisse 228
Obst mit Sprossen 230
Pfirsich mit Walnußkrokant 228
Weizengrieß, süßer 227

Chutneys und Pickles

Auberginen-Beeren-Chutney 234
Auberginen-Nektarinen-Chutney
Basilikum-Chutney 233
Fenchel-Himbeer-Chutney 234
Gemüse-Obst-Pickles 236
Karotten-Ananas-Chutney 235
Minz-Chutney 233
Peperoni-Ingwer-Pickles 236
Sellerie-Erdbeer-Chutney 233
Zucchini-Tomaten-Chutney 235

Milchprodukte

Butter 240
Buttermilch 239
Butterschmalz 240
Frischkäse 242
Ghee 240
Joghurt 241
Quark 214

Brote

Brote, gefüllte 247
Dinkel-Kräuter-Fladen 247
Erbsmehlfladen, gewürzte 246
Maisfladen 245
Roggenfladen 246
Weizenfladen 245

Marmeladen

Ananas-Himbeer-Marmelade 256
Apfel-Birnen-Marmelade 257
Aprikosenmus 251
Bananen-Kiwi-Mus 253
Brombeermarmelade 258
Clementinen-Dattel-Marmelade 255
Feigen-Grapefruit-Mus 252
Heidelbeer-Vanille-Marmelade 258
Heidelbeergelee 259
Johannisbeermarmelade 257
Kirschmus 252
Kiwi-Mandarinen-Marmelade 259
Mangomus, grünes 254
Mangomus, süßes 254
Melonenmus 252
Nektarinenmus 251
Orangen-Vanille-Marmelade 256
Pflaumenmus 251
Preiselbeermus 253
Quittenmarmelade 256
Rhabarber-Erdbeer-Marmelade 255
Sauerkirschmarmelade 258

Getränke

Chai 264
Erkältungstee 264
Fenchel-Lassi mit Kräutern 268
Gewürztee, erhitzender 265
Ingwer-Bananen-Lassi 266
Ingwerwasser 263
Karottensaft 269
Malventee 265
Mandelmilch 268
Milchtee, indischer 264
Pfefferminztee, kühlender 265
Pfirsich-Lassi 266
Tomatensaft 269
Verdauungsaperitif, ayurvedischer 266
Wasser, heißes 263